Martin Odermatt
Der Fundamentalismus

Martin Odermatt

Der Fundamentalismus

Ein Gott – eine Wahrheit – eine Moral?

Psychologische Reflexionen

BENZIGER

Die Deutsche Bibliothek – CIP-Einheitsaufnahme

Odermatt, Martin:
Der Fundamentalismus : ein Gott – eine Wahrheit – eine Moral? ; Psychologische Reflexionen / Martin Odermatt. – Zürich : Benziger, 1991
ISBN 3-545-21067-7

ISBN 3-545-21067-7

Inhalt

Einleitung

In fast allen *christlichen* Kirchen und Gemeinschaften hat sich in den letzten Jahrzehnten eine innere Polarisierung herausgebildet, die für manche von ihnen zu einer Zerreißprobe geworden ist. Die Spannungen zwischen »Traditionalisten« und »Progressiven« (oder wie diese divergierenden Tendenzen auch immer benannt werden mögen) droht bislang stabile Gemeinschaften zu spalten; die gegenseitige Verketzerung und Bekämpfung zwischen «Orthodoxen» und «Liberalen» ist innerhalb mancher Religionsgemeinschaften zu einem Dauerprozeß geworden, in den ein beträchtlicher Teil der Zeit, Energie, Mittel und Kreativität investiert wird.

Seit Jahren haben die andauernden innenpolitischen Machtkämpfe in Israel gzeigt, daß es auch im *Judentum* eine stetig wachsende Anzahl von «Rechtsextremen» oder «Radikal-Religiösen» gibt, die mit allen – für ein modernes demokratisches Staatswesen oft fragwürdigen – Mitteln für die Durchsetzung ihrer religiös-politischen Anschauungen kämpfen und deren Respektierung durch alle Einwohner über die gesetzliche Verankerung zu erzwingen versuchen.

Nach dem Sieg der islamischen Revolution im Iran sind auch in den übrigen *islamischen* Ländern die fundamentalistischen Bewegungen in einem Ausmaß, erstarkt, daß sie nicht mehr länger als fanatische Randgruppen vernachlässigt und belächelt oder als unliebsame, aber letztlich bedeutungslose innenpolitische Ruhestörer unterdrückt werden können. Zur Zeit haben die Fundamentalisten in den meisten islamischen Staaten einen solchen Einfluß gewonnen, daß sie auch von laizistischen oder liberal-religiösen Regierungen als maßgebliche politische Kräfte ernstgenommen werden müssen und entsprechend gefürchtet oder allenfalls benützt werden.

In den letzten Jahren ist der Fundamentalismus immer häufiger zum Thema von Publikationen, Vortragsreihen und Tagungen geworden. Der Bestandsaufnahme folgen meist kritische Stellungnahmen philosophischer, theologischer oder sozial-politischer Art. Ein Großteil dieser Beiträge läßt schon in den Titelformulierungen nicht nur eine ungewöhnlich starke emotionale Betroffenheit, sondern eine eindeutige Vorverurteilung durchscheinen. Der Fundamentalismus ist ein «Gespenst», das umgeht; eine «Verleugnung der Aufklärung» und ein «Rückfall in ein mittelalterliches Weltbild»; er wird benannt als «Aufstand universaler Unvernunft»; als «Versuchung» zu «eindeutigen Antworten» und als «Angst vor dem eigenen Mut».

«Flucht in scheinbare Sicherheiten»

Die Anregung für das vorliegende Buch geht zurück auf einen Vortrag, den ich im Herbst 1989 in einer vom Romero-Haus, Luzern (Schweiz)[1] veranstalteten Tagung und Vortragsreihe «Zum Phänomen des Neokonservatismus in der nachkonziliaren Kirche» hielt. Mein Referat wurden von den Organisatoren mit *«Flucht in scheinbare Sicherheiten»* angekündigt. Damals wie heute erscheint mir die mit dieser Formulierung angedeutete Sicht dem Phänomen des Fundamentalismus nur teilweise gerecht zu werden. Das Bedürfnis nach Sicherheit ist zweifellos eine der wichtigen psychologischen Wurzeln der fundamentalistischen Bewegungen. Die Auflösung fester moralischer Wertsysteme und sozialer Strukturen in einer immer rascher sich wandelnden und mannigfach bedrohten Welt stellt eine radikale Verunsicherung dar, die kompensiert werden muß, damit das seelische Überleben und ein Mindestmaß an seelischem Wohlbefinden möglich sind. Das Sicherheitsbedürfnis ist nicht nur Ausdruck der defizienten Autonomie einer kindlich-regressiven Persönlichkeit; es gehört auch zur Psyche des reifen Erwachsenen und zu jeder Grundbefindlichkeit des Menschen, die als seine Identität bezeichnet wird. Der Fundamentalismus in seinen vielen Schattierungen hat mit der Sicherung der bedrohten Identität oder mit dem Versuch der Wiederherstellung der verlorenen Identität zu tun. Der Rückgriff auf traditionelle Werte und Strukturen dient der Erhaltung oder Wiedergewinnung der seelischen Orientierung und Einheit.

Die Krise des monotheistischen Bewußtseins

Der Ausgangspunkt für meine psychologischen Reflexionen ist die Beobachtung, daß der «Fundamentalismus» in allen drei traditionell-monotheistischen Religionen, also im Judentum, Christentum und Islam, zu einer *Massenbewegung* geworden ist. Es genügt darum nicht, ihn nur – oder auch nur primär – als Problem narzißtisch gestörter Individuen zu betrachten oder mit der typologischen Struktur seiner Anhänger zu erklären. In den Ländern und Kulturräumen nicht-monotheistischer Religionen gibt es kein fundamentalistisches Phänomen vergleichbarer Größenordung.

Die Massenmedien, die Mobilität der Menschen und die Vermischung der Bevölkerung haben in den letzten Jahrzehnten eine *pluralistische Wirklichkeit* geschaffen; und dieser neue weltanschauliche und religiöse Pluralismus hat zu einer Identitätskrise nicht nur vieler Einzelner, sondern auch ganzer Kollektive jener Kulturen geführt, die seit Jahrtausenden von einer monotheistischen Tradition geprägt sind. Die traditionellen Glaubensweisen an einen einzigen, universalen Gott – im Judentum, Christentum und Islam – entsprechen einer Bewußtseins-Struktur, mit der eine pluralistische Weltanschauung zutiefst unvereinbar und damit existenzbedrohlich ist. Der traditionelle Monotheismus gehört zu den Wurzeln der Identität der Menschen dieser Religionen und Kulturen. Die pluralistische Realität der Gegenwart stellt die monotheistische Tradition in Frage. Das überlieferte Gottesbild garantierte in seiner Geschlossenheit auch die Stabilität und Geschlossenheit der Seele, insbesondere der Ich-Struktur der Menschen.

Der faktische Pluralismus der Moderne hat rascher und wirksamer einen Bewußtseinswandel eingeleitet als die theologischen und philosophischen Entwicklungen ganzer vorausgehender Jahrhunderte. Durch die Allgegenwart des Pluralismus im modernen Alltag erleben sich die Menschen monotheistischer Tradition nachhaltiger in ihrer Identität gefährdet als durch alle Propheten der Aufklärung oder fremder Religionen: Von ihnen war äußere oder innere Abgrenzung möglich; die pluralistische Wirklichkeit macht Distanz oder Gegenüberstellung äußerst schwierig.

Das vorliegende Buch verzichtet auf eine vollständige Darstellung fundamentalistischer Bewegungen; es wird nur exemplarisch auf typische Strömungen hingewiesen. Der Gesichtspunkt ist ein tiefenpsychologischer; dies gilt auch dort, wo theologische Aussagen und Traditionen angesprochen werden. Das Gottesbild ist nicht nur eine theologische, sondern auch eine eminent psychologische Realität. In der Gottesvorstellung spiegeln sich die Grundstrukturen des kollektiven Bewußtseins und des kollektiven Unbewußten ganzer Kulturräume.

Es ist das Anliegen des Autors, das Gespräch über ein weltweit bedeutsames Phänomen anzuregen und sich selbst diesem Gespräch zu stellen.

Ich danke Frau Elke Lütjens, die mir bei der Redaktion des Textes in mancherlei Weise geholfen hat.

1 Erscheinungsformen des Fundamentalismus

1.1 Fundamentalismus im Christentum: zwei Bewegungen

1.1.1 Der amerikanische Fundamentalismus

Der Ausdruck «Fundamentalismus» geht auf eine von amerikanischen Protestanten zwischen 1910 und 1915 herausgegebene Schriftenreihe mit dem Titel «The Fundamentals» (die Grundprinzipien, die Grundlagen) zurück. Zu diesen für den amerikanischen Protestantismus unverzichtbaren «Fundamentals» gehörten damals insbesondere: der Glaube an die Unfehlbarkeit der Bibel, an die Sündhaftigkeit der Welt und an die nahe Wiederkunft Christi.

Immigration, Industrialisierung, Verstädterung

Die Wurzeln des amerikanischen Fundamentalismus reichen weit ins 19. Jahrhundert zurück. Die *Immigration* bedrohte die Identität der «Gründergeneration». Die wirtschaftliche Prosperität lockte in immer neuen Wellen ganze Heerscharen von Einwanderern in die USA. Die protestantischen Anglo-Amerikaner fühlten sich in ihrer Eigenart bedroht durch die massenhafte Zuwanderung irischer Katholiken in der Mitte des 19. Jahrhunderts und durch die orientalischen Einwanderer (aus Ost- und Südost-Europa) gegen Ende des Jahrhunderts.

Das Land wandelte sich von einem Agrar- in einen *Industrie- und Handelsstaat.* In den davon besonders betroffenen Regionen, vor allem im Nordosten der USA, führte dies innerhalb weniger Jahre zu tiefgreifenden Veränderungen der Lebensgewohnheiten und der sozialen Strukturen. Und es waren vorwiegend diese Regionen, in denen sich zunächst der Fundamentalismus verbreitete.

Mit der Industrialisierung setzte auch eine rasche *Verstädterung* ein. Ungezählte Menschen hofften, in den Städten Arbeit zu finden. Die alten Familienstrukturen der Agrargesellschaft und der Kleinstädte wurden erschüttert; neue Sozialstrukturen waren nicht vorhanden. Zehntausende gerieten in Zeiten wirtschaftlicher Depression in extreme Armut und Not. Kirchliche Bewegungen reagierten darauf mit einer *sozialen Auslegung des Evangeliums.*

Die Evolutionstheorie von Charles Darwin

Die von Charles Darwin entwickelte Evolutionstheorie[2] erschien als eine ernsthafte Infragestellung des christlichen Glaubens an den Schöpfergott und an den Wahrheitsgehalt biblischer Texte. Die Verunsicherung war um so größer, als die neue Sicht als wissenschaftlich fundierte Theorie vorgetragen wurde. Insbesondere die amerikanische Gesellschaft hatte in die naturwissenschaftliche Forschung und Erkenntnis unbegrenztes Vertrauen, das sich durch die handgreiflichen Erfolge mehr als zu rechtfertigen schien. Nun stellte mit Darwins Evolutionstheorie dieselbe Naturwissenschaft die religiösen Überzeugungen dieser Gesellschaft in Frage. Was vordem zu den Grundfesten der Weltanschauung gehört hatte, wurde mit Darwin plötzlich in den Bereich der Mythen und Märchen verwiesen und schien dadurch allen Wert zu verlieren.

Die historisch-kritische Bibelauslegung

Die *«religionsgeschichtliche Schule»*[3] wandte die historisch-kritische Methode auch auf die biblischen Texte an. Sie untersuchte den Einfluß der antiken Religionen auf die biblischen Stoffe und Motive und versuchte, durch Vergleich und Abgrenzung den Sinn der biblischen «Sprache» neu zu entdecken. Biblische Geschichten wie die Erzählungen über die Erschaffung der Erde und der Menschen mußten nicht mehr unbesehen als «Geschichte» im strikten Sinn dieses Wortes verstanden werden, sondern sie konnten oder mußten vielmehr als Bilder und Visionen verstanden werden, deren Aussagen der Theologie, der Sinndeutung des Daseins zuzurechnen waren.

Die historisch-kritische Bibelexegese eröffnete dadurch die Möglichkeit einer «Versöhnung» zwischen den neuen naturwissenschaftlichen Erkenntnissen (Darwin) und biblischen Anschauungen, insofern die beiden gar nicht mehr zueinander in Widerspruch geraten konnten. Der Wahrheitsgehalt der biblischen Erzählungen mußte entsprechend der literarischen Gattung des biblischen Stoffes oder Textes bestimmt werden. Neben historischen Texten im engeren Sinn gibt es in der Bibel (nach der religionsgeschichtlichen Schule) auch Allegorien, Legenden, Märchen, Mythen usw. Deren Aussage-Intention ist grundsätzlich keine (im modernen Sinn) historische oder naturwissenschaftliche. Die biblischen Texte formulieren religiöse Welt-Anschauung; sie sind religiöse Geschichtsinterpretation; sie stellen Bild gewordene Visionen der eigenen Identität dar; sie verkörpern die «seelische Sprache» der Nöte und Hoffnungen einzelner Menschen oder des Volksganzen; sie dienen der Ermutigung oder Ermahnung. Die biblischen Texte sind all dies aber nie zeitlos und abstrakt, sondern immer eingebettet in einen ganz konkreten Kontext. Der religiöse Wahrheitsgehalt ist nicht im Buchstaben biblischer Aussagen zu finden, sondern nur im Gesamtzusammenhang, im «Sitz im Leben» eines Textes.

Nicht nur in den USA, sondern allerorten erschien dieser neue Zugang zur Bibel einer Großzahl von Gläubigen keineswegs als erlösender Ausweg aus der Kontroverse Naturwissenschaft gegen Glaube. Für viele war die historisch-kritische Exegese eine zusätzliche und noch viel größere Bedrohung des überlieferten christlichen Glaubens als die Naturwissenschaft selbst. Die Infragestellung des bisherigen Bibelverständnisses kam jetzt von innen, aus den eigenen Reihen. Dies war für die protestantischen Kirchen und Gemeinschaften schwerwiegender als für die katholische Kirche, obwohl auch diese unter Papst Pius X. aufs heftigste reagierte.[4]

Die *«Sola Scriptura»*-Lehre der Reformatoren (die Bibel als alleinige Richtschnur des religiösen Lebens und des sittlichen und sozialen Handelns) wurde für die evangelikalen Strömungen der Jahrhundertwende in den USA zu einem Angelpunkt ihrer Doktrin. Gegen den mit der historisch-kritischen Bibelexegese einsetzenden intellektualisierenden Predigtstil reagierten die Evangelikalen mit der Betonung des Bekehrungs-*Erlebnisses* und dem Apell an die *Emotionen.*

Wie für Pius X. ging es auch für die Fundamentalisten der USA zur Zeit des 1. Weltkrieges und in den 20er-Jahren vorwiegend um den Kampf gegen die «Modernisten». Es kam zu einer eigentlichen «Anti-Evolution-Crusade», die um 1925 ihren Höhepunkt erreichte. Die Fundamentalisten gründeten überall Bibelschulen und suchten darüber hinaus Einfluß auf die Bildungsinstitutionen zu bekommen oder selbst Bildungsinstitutionen zu schaffen. Ein Gesetz im Staate Louisiana schrieb bis 1987 (als es vom amerikanischen Obersten Gerichtshof als verfassungswidrig erklärt wurde) den Lehrern vor, in den Schulen die biblische Schöpfungslehre im Sinn einer wortwörtlichen, auch naturwissenschaftlich gemeinten Aussage gleichrangig neben die Evolutionstheorie zu stellen.

In den beiden größten Denominationen der USA, bei den Presbyterianern und Baptisten, führten die starken fundamentalistischen Gruppierungen zu Spaltungen der religiösen Gemeinschaften. Ähnliche Spaltungen bestehender Kirchen in fundamentalistisch ausgerichtete und «liberale» Flügel wiederholten sich im Laufe der Zeit vielerorts. Die fundamentalistischen Gruppierungen selbst erlebten solche Spannungen in großer Zahl; sie zerfielen immer wieder in immer noch radikalere oder gemäßigtere Organisationen oder Kommunitäten.

In den 60er und 70er Jahren erlebten die USA politische, wirtschaftliche und militärische Krisen, welche den Glauben speziell der jungen Generation an die Führungsrolle der USA und an eine gesicherte Zukunft erschütterten: die Ermordung Kennedys, das militärische Debakel in Vietnam, der Watergate-Skandal, die wachsende Zahl der Arbeitslosen und Verarmten usw. Die fundamentalistische Bewegung, die von manchen schon tot geglaubt wurde, erwachte zu neuem Leben. Sie formierte sich jetzt erstmals auch als politische Kraft in der *New Religious Right* oder *New Christian Right* . Erstmals in der Geschichte taten sich in dieser Bewegung militante Protestanten und Katholiken zusammen. Für die amerikanischen Fundamentalisten der ersten Jahrhunderthälfte hatte der Kampf gegen alles Katholische in Lehre, Liturgie und Leben noch zum unverzichtbaren Bestandteil der Bewegung gehört. Ende der 70er Jahre kam es zur Gründung weiterer politisch-religiöser Organisationen fundamentalistischer Orientierung: *Christian Voice, Moral Majority Inc.* und *Religious Roundtable.*

Der Fundamentalismus der 80er Jahre trat gegen zwei Feinde an: gegen den *säkularen Humanismus* und gegen den *Kommunismus.* Beide galten als Handlanger Satans. Die Sprache dieses politischen Fundamentalismus ist martialisch. Es wird aufgerufen zu «Schlachten» und «Kreuzzügen» gegen die Homosexuellen-Bewegung; gegen die Gleichberechtigung der Frauen (bzw. den diesbezüglichen Verfassungszusatz); gegen Pornographie (bzw. das, was für die Fundamentalisten als Pornographie gilt); gegen Schulbücher, die den «säkularen Humanismus» propagieren usw. Fundamentalistische Eltern strengen Prozesse gegen die öffentlichen Schulen an, die ihrem Welt- und Menschenbild widersprechen.

Für diese neuen politisch-religiösen Fundamentalisten gibt es nur Freunde oder Feinde. In den 80er Jahren trennte der Eiserne Vorhang noch immer die Welt. Jenseits dieser Grenze war für die Fundamentalisten das «Böse». Selbst der amerikanische Präsident Reagan bezeichnete die kommunistische Welt als das «Reich des Bösen»; von amerikanischen Fernsehpredigern wurde sie unablässig als die Welt des «Anti-Christ» gebrandmarkt. Die atomare Bedrohung und die Möglichkeit einer atomaren Zerstörung der ganzen Erde führten in den fundamentalistischen Bewegungen zu einer ausgeprägten Endzeit-Stimmung und zur Erwartung der «letzten großen Schlacht» zwischen dem Reich Gottes und dem Reich Satans. Seit der durch Gorbatschow eingeleiteten Perestroika und dem Fall des Eisernen Vorhangs ist die Projektion des zu bekämpfenden Teufels auf die kommunistische Welt plötzlich wie gegenstandslos geworden; wenigstens vorübergehend – denn je nach der politschen Entwicklung in der Sowjetunion könnte es auch wieder zu einem ebenso raschen rückläufigen Meinungsumschwung kommen.

An die Stelle des kommunistischen Feindes trat 1990 für viele (allerdings nicht nur für die Anhänger fundamentalistischer Richtungen) ein neuer Feind: der irakische Herrscher Saddam Hussein. Wie seinerzeit Hitler wurde auch er für viele zu einer sehr konkret verstandenen Personifikation des Teufels. Bekanntermaßen meinte Saddam Hussein seinerseits in seinem Gegenspieler, dem amerikanischen Präsidenten Bush, den leibhaftigen Satan orten zu können. In zahllosen Kommentaren und Debatten über den Golfkrieg wurde von den westlichen Gesprächspartnern mit aller Deutlichkeit klargemacht, daß sie Saddam Hussein als Person mit dem Bösen identifizieren, nicht aber den Islam als Religion. Trotzdem war oft die Angst herauszuspüren, daß der Islam als solcher in naher Zukunft zur eigentlichen Bedrohung der religiösen, politischen und kulturellen Existenz der ehemals christlichen Länder würde.

Der neue politisch-religiöse Fundamentalismus der Vereinigten Staaten fällt durch ein weiteres Charakteristikum auf. Die Fundamentalisten betrachten sich selbst als die «Mehrheit» der Bevölkerung (vgl. die Gruppierung der «Moral Majority»), die von Minderheiten in ihren Grundrechten eingeschränkt und vielfach tyrannisiert würde. Ihr politisch-aggressiver Kampf für die gesetzliche und administrative Durchsetzung ihrer eigenen Moralvorstellungen in Schule und Gesellschaft, der sich alle gleichermaßen zu unterziehen hätten, wird nicht als gewaltsame Minderung der Freiheit Andersdenkender betrachtet, sondern als gerechtfertigter Selbstschutz. Es gehört zu den Wesens-Elementen fundamentalistischer Einstellung, nicht nur die zugehörigen Gläubigen, sondern ausnahmslos alle auf ihre eigenen moralischen Richtlinien verpflichten zu wollen. Dies gilt vor allem im Bereich der sogenannten öffentlichen Sittlichkeit und in Fragen der Abtreibung, Ehescheidung usw. In den islamischen Ländern machen sich die Fundamentalisten unter anderem für ein allgemein gültiges Alkoholverbot stark. In Israel sollen *alle* auf die Sabbat-Ruhe und koscheres Essen verpflichtet werden.

1.1.2 Der Neo-Konservatismus in der katholischen Kirche

In der katholischen Kirche gab es seit dem 1. Weltkrieg bis nach dem 2. Vatikanischen Konzil keine selbständige fundamentalistische Bewegung. Zuvor hatte es als Reaktion auf die «Aufklärung» und die Französische Revolution die *«Katholische Restauration»* gegeben; sie stellte den großenteils gelungenen Versuch dar, die vorrevolutionären Anschauungen und Werte wenigstens in der Kirche wieder voll zur Geltung zu bringen; sie wurden teilweise sogar noch radikaler formuliert und noch konsequenter durchgesetzt. Zu diesen vorrevolutionären Anschauungen gehörte allen voran das *hierarchisch-monarchische Denken,* das im 1. Vatikanischen Konzil (1869/70) in der Proklamation des päpstlichen Unfehlbarkeitsdogmas seine extremste Formulierung und Konkretisierung fand. Die «Katholische Restauration» zielte darüber hinaus auf einen *«religiösen Totalitarismus»* ab, *«der aus dem Glauben (allein) die Antwort auf alle Fragen des privaten und öffentlichen Lebens entnehmen»* wollte.[5] Für dieses Denken stellt die katholische Lehre ein in sich geschlossenes Ganzes dar, aus dem kein Stück herausgebrochen werden kann, ohne dadurch das Ganze in seinem Sinn und Bestand zu gefährden. Dies gilt nicht nur für zentrale Glaubensinhalte, sondern auch für relativ marginale, die für Lehre und Leben kaum bedeutsam sind. Es gehört zur Eigenart fundamentalistischer Einstellung, daß auch «zweitrangige» Inhalte gleichsam zu Teststücken gemacht werden, an denen die Orthodoxie der Gläubigen gemessen wird. So gilt beispielsweise bei vielen protestantischen Fundamentalisten in den USA der Glaube an die jungfräuliche Geburt Jesu als absolut unverzichtbar, obwohl dieser Glaubensaspekt weder in der Dogmatik noch in der Liturgie der betreffenden Gemeinschaften eine Rolle spielt.

Ganz auf der Linie der «Katholischen Restauration» erschien 1907 das Dekret des «Sanctum Officium»[6] *«Lamentabili»*, in dem die sogenannten modernistischen Irrtümer aufgelistet und verurteilt wurden. Der Titel dieses Dokuments bringt deutlich die *emotionale Gestimmtheit* zum Ausdruck, die in allen fundamentalistischen Strömungen anzutreffen ist. Es ist eine Atmosphäre der Trauer und der Klage *(des Lamentierens)* über den Zustand der Welt und der religiösen Gemeinschaft, der die Betreffenden angehören. 1910 folgte dann der von den Klerikern abverlangte *Anti-Modernisten-Eid* Papst Pius' X.

Als Folge der «Katholischen Restauration» stellte die katholische Kirche in der ersten Hälfte des 20. Jahrhunderts in ihrer Gesamtheit einen kompakten und weitgehend homogenen Block dar, in dem die Fundamente des Glaubens, Bibel und Tradition, auch unter dem Druck wissenschaftlicher Forschung und sich rasant verändernder Lebensumstände nie ernsthaft gefährdet oder auch nur in Frage gestellt erschienen. Das emotionale Einheits- und Sicherheitserlebnis wurde vor allem gestützt durch die lateinische Messe (in der «tridentinischen» Form Pius' V.); an ihr nahmen weltweit – von Japan bis nach Nordamerika und vom Nordkap bis nach Südafrika – Sonntag für Sonntag Millionen von Katholiken teil. Die lateinische Messe, die überall in der gleichen Form und Sprache gefeiert wurde, gab den katholischen Christen das Gefühl einer weltumspannenden Zusammengehörigkeit und Verbundenheit und das Erlebnis einer relativ überzeitlichen und überräumlichen Wirklichkeit.

Nicht nur verdeckt wie andere christliche Gemeinschaften, sondern ganz offenkundig war die katholische Kirche in ihren Strukturen und in ihrer Führung streng *hierarchisch-autoritär,* und sie verfügte über ein durch 2000 Jahre Tradition mythisch verklärtes *«heiliges» Zentrum: Rom.* Die zahlenmäßige Größe[7] gab der römischen Kirche auch von jeher die Selbstsicherheit, sich als *die* Kirche den vielen anderen Kirchen gegenüberzustellen. Bis zu Beginn der 50er Jahre brachte die weltumspannende Missionstätigkeit der katholischen Kirche dieser jährlich einen imponierenden Zuwachs an Mitgliedern. Auch ihr politischer Einfluß nahm in vielen der damaligen Kolonien – besonders in Afrika – rasch zu.

In den 50er Jahren begann das Zeitalter der Entkolonialisierung, das in den 60er Jahren zur Unabhängigkeit fast aller schwarzafrikanischer Staaten führte. Die ehemaligen Kolonien wurden zu Ländern der «Dritten Welt», die national, kulturell und religiös ihre Eigenständigkeit suchten. Der *quantitativ* abgestützte Triumphalismus der katholischen Kirche wich mehr und mehr der ernüchternden Feststellung, daß die nicht-christlichen Völker einen Bevölkerungszuwachs verzeichneten, der den prozentualen Anteil der Katholiken und der Christen an der Weltbevölkerung immer mehr schwinden ließ. In Schwarzafrika, wo die Missionsarbeit der christlichen Konfessionen die größten Erfolge zu verzeichnen hatte, wurde der Islam mehr und mehr zur dominierenden Kraft. In Südamerika, dem «katholischen Kontinent», sah sich die römische Kirche mit der hoffnungslosen Not der wirtschaftlich Schwachen und mit korrupten politischen Machtsystemen konfrontiert. Eine wachsende Zahl von Christen, auch Priester und Bischöfe, stellten sich gegen die herrschende Klasse und verlangten ein soziales Christentum. Die «Theologie der Befreiung» geriet in Konflikt mit einer kirchlichen Hierarchie, die noch weitgehend mit den politisch und wirtschaftlich Mächtigen verkoppelt war. In Europa und Amerika fehlten Leitbilder zur Gestaltung der Zeit und der Zukunft. Mehr und mehr Menschen wandten sich von der Kirche ab und suchten ihr Heil auf östlichen Meditationswegen.

In diese Situation hinein berief Papst Johannes XXIII. 1959 das 2. Vatikanische Konzil ein, das von Oktober 1962 bis Dezember 1965 dauerte. Nach dem Willen und aufgrund der Pläne der vorbereitenden Kommission hätte die große Kirchenversammlung eigentlich nur eine grandiose Schau katholischen Glaubens und katholischer Freiheit im Angesicht der Welt werden sollen. Der Fortgang des Konzils verlief anders. Es kam ein demokratischer Prozeß in Gang, dem die meisten der in absolutistischer Manier vorbereiteten Dokumente zum Opfer fielen. In jahrelangem Ringen in den Kommissionen und im Plenum im Petersdom wurden Texte erarbeitet, die keine Bestandsaufnahme des immer schon Überlieferten und «ewig Gültigen» darstellten; sie wurden zu Äußerungen der Weiterentwicklung und Neuorientierung; sie waren authentische Versuche eines Gesprächs mit einer Welt, die sich in ihren Denkansätzen und Wertsystemen, in ihren politschen, wirtschaftlichen und gesellschaftlichen Strukturen verändert hatte und weiter in einer immer rascheren Veränderung begriffen war.

Die brisanten Dokumente des 2. Vatikanischen Konzils betrafen die *innerkirchliche Demokratisierung* («Volk» Gottes statt «Mutter» Kirche; Kollegialität der Bischöfe); den *Ökumenismus* (die Dialogbereitschaft mit den nicht-katholischen Christen und mit den nicht-christlichen Religionen unter Verzicht auf den Anspruch auf den alleinigen

Heilsweg); die *Religionsfreiheit* (als Respekt für andersartige religiöse und weltanschauliche Überzeugungen und Verzicht, eigene Überzeugungen mit gesetzlichen oder anderweitigen Druck- oder Machtmitteln Andersdenkenden aufzudrängen); und schließlich die *Liturgie* (insbesondere die Erneuerung der Messe).

Erzbischof Lefebvres Traditionalismus

Erzbischof Marcel Lefebvre (1905–1991) gehörte der zentralen Vorbereitungs-Kommission des Konzils an. Weil in seinen Augen die Konzilsarbeit von Anbeginn an von «progressistischen Kräften» unterlaufen wurde, schloß er sich rasch einer konservativen Gruppe von Konzilsvätern an, welche schon während des Konzils systematisch gegen die «progressive» Mehrheit in der Kirchenversammlung und gegen deren Beschlüsse kämpfte. Für Lefebvre waren die Anschauungen der «Progressiven» und die von ihnen verabschiedeten Konzilsdokumente auf einer Linie mit dem Modernismus, Liberalismus und Protestantismus. Lefebvre sah in ihnen den heimlichen Einfluß der Freimaurerei, und er setzte sie den Idealen der Französischen Revolution gleich. Dies alles bedeutete für ihn und seine Gesinnungsgenossen den Verlust der Fundamente der christlichen Tradition. Die Dokumente über Ökumene und Religionsfreiheit verwischten nach ihm die Grenzen zwischen «Licht und Finsternis»; in seiner Sicht widersprachen die Ansätze zur Demokratisierung der von Gott gegebenen patriarchalen und hierarchischen Welt-Ordnung, die da ist: Gott – Christus – Papst – Bischof – Pfarrer – Laien – Männer – Frauen. In diesem vertikalen System wurde den Menschen auf der untersten Stufe, den Laien, selbst in der Sprache die Mündigkeit Erwachsener abgesprochen. Bis tief in die 50er Jahre hinein pflegten in den Ländern des deutschen Sprachraums katholische Pfarrer ihre Gemeinde mit «meine lieben Pfarr*kinder*» anzusprechen; und der beichthörende Priester war der Beicht*vater*, der beichtende Gläubige jeden Alters das Beicht*kind*.

In allen fundamentalistischen Bewegungen gibt es eine extreme Betonung der *Vertikalen*, wenn sie sich auch nicht überall zu dieser differenzierten Stufenleiter ausgebildet hat. Die Wahrheit kommt immer von oben, von der institutionell verankerten oder moralisch akzeptierten Autorität. Eine solche absolute Autorität kann auch ein «begnadeter» Prediger (häufig im amerikanischen Fundamentalismus), ein Sektengründer oder Sektenleiter sein. In der *Horizontalen* müssen

Wahrheit und *Irrtum* klar trennbar und getrennt sein. Da gibt es kein «mehr oder weniger»; kein «ja – aber» und kein «sowohl – als auch»; da gibt es nur das klare «entweder – oder«. Nach fundamentalistischer Anschauung dürfen Wahrheit und Irrtum in den Verfassungen und vor den Gesetzen des Staates auch nicht gleiches Recht genießen. Zum Schutz der Wahrheit dürfen die Freiräume des Irrtums auch mit den Mitteln der Macht eingegrenzt werden. Dabei wird immer vorausgesetzt, daß die fundamentalistisch Gläubigen nicht nur Wahrheit und Irrtum sauber zu unterscheiden wissen, sondern daß sie selbst im Besitz der Wahrheit und von wesentlichen Irrtümern verschont sind.

Nicht-katholische Christen und Nicht-Christen mag es erstaunen, daß Lefebvres Kampf vor allem der «neuen» Messe galt. Die Messe, unbestritten die wichtigste Gottesdienstform der katholischen Kirche, wird nach der Liturgiereform nicht mehr nur lateinisch, sondern in der Muttersprache der Teilnehmer zelebriert. Manche ihrer Riten wurden vereinfacht, andere weggelassen; die Texte wurden der Sprache der heutigen Menschen und der zeitgenössischen Theologie angenähert. Dabei sollte die Messe in ihrer Substanz als eucharistisches Mahl unangetastet bleiben. Offensichtlich bedeutete für Lefebvre und für zahllose andere, im übrigen nicht fundamentalistische Katholiken die Veränderung der Messe eine emotionale Verunsicherung, einen emotionalen Heimatverlust und einen Verlust an emotionaler Erfahrung überhaupt. Sowohl im frühen amerikanischen Fundamentalismus wie im zeitgenössischen katholischen Traditionalismus ist die Sorge um den Erhalt *emotionaler* Elemente in der religiösen Praxis ein vorrangiges Anliegen.

Der Neo-Konservatismus der zentralen römischen Kirchenleitung

Lefebvre hatte sich mit seinen Thesen und mit seinem Verhalten gegen das Konzil und gegen die Päpste Johannes XXIII. und Paul VI. gestellt und es unter Johannes Paul II. im Juni 1988 sogar auf einen eigentlichen Bruch ankommen lassen. Gleichzeitig ging aber ganz offensichtlich eine Annäherung der traditionalistischen Anschauungen Lefebvres mit denen der zentralen römischen Kirchenleitung einher. Bereits seit den 70er Jahren wurden von Rom meist gegen den offenkundigen Mehrheitswillen der Diözesen vakante Bischofssitze mit neokonservativen traditionalistischen Bischöfen besetzt. Diese bejahten die Konzilsbeschlüsse zwar verbal; in der autoritären Art der Kirchenleitung und in ihren theologischen Anschauungen gingen sie aber wieder auf die vorkonziliäre Zeit zurück. Der Großteil der in den letzten zwanzig Jahren von Rom eingesetzten Bischöfe sind als «Fundamentalisten» zu bezeichnen, weil für sie die vorkonziliäre Kirchenverfassung und die ihr zugrundeliegende Theologie das unabdingbare Fundament katholischen Glaubens und Lebens darstellen. Nicht nur im Fall der Neo-Konservativen der katholischen Kirche, sondern auch in anderen christlichen und nicht-christlichen Fundamentalismen bedeutet Rückkehr zu den Fundamenten nicht Rückkehr zu jener Form des Glaubens und religiösen Lebens, die als Verkörperung der ursprünglichen Intention des Religionsgründers betrachtet wird. Konkret bedeutet dies meist eine Rückkehr zur unmittelbar voraufgehenden geschichtlichen Epoche, die zum mythischen Anfang gemacht wird. Darum konnte die traditionelle, vorkonziliäre Form der lateinischen Messe von den Traditionalisten zur «Messe aller Zeiten» erklärt werden; zur Messe, wie sie «immer» war, «ewig und unabänderlich». Dabei wissen natürlich auch die Traditionalisten, daß diese «ewige» Messe keinesfalls auf die Ursprünge des Christentums zurückgeht, sondern als sogenannte «tridentinische» Messe ihre Form von Papst Pius V. im Jahr 1570 erhalten hatte. Der Inhalt der Begriffe «ursprünglich», «immerwährend», «Anfang» und «Fundament» hat nichts mit Zeit und Geschichte zu tun; er ist qualitativer Art. Eine historische Episode, eine zeitgebundene Gestalt der religiösen Praxis und eine ebenso zeitbedingte Formulierung der religiösen Wahrheit wird als überzeitliche Praxis und zeitlos gültige Wahrheit dekretiert. Fundamentalistische Einstellung verabsolutiert das Fragment. Als Fragment hat es seine unbedingte Gültigkeit und dient dem Leben; als verabsolutiertes Fragment steht es dem immer größeren Ganzen und der Entfaltung des Lebens, der Erkenntnis und der Religiosität im Wege.

Der Neo-Konservatismus in der katholischen Kirche hat auch andere fundamentalistische Züge, die ihn vom vorkonziliären Traditionalismus unterscheiden. Er ist aggressiv und defensiv. Er braucht alle ihm zu Gebote stehenden Machtmittel – und dies sind innerhalb der bestehenden Strukturen nicht wenige – um sich personell und ideell durchzusetzen. Wie alle Fundamentalismen rechtfertigt er den Einsatz ökonomischer, politischer und moralischer Macht mit dem Hinweis auf den notwendigen Schutz der Wahrheit gegen deren Aufweichung und Verfälschung durch die «progressiven» Neuerer.

1.2 Fundamentalismus im Judentum: zwei Gesichter

1.2.1 Die Satmarer Chassidim

Der Begriff Fundamentalismus existiert als solcher im Judentum nicht. Eigentlich gibt es ihn als *Selbstbezeichnung* nur bei den amerikanischen Protestanten und bei einem Flügel der politischen «Grünen» der Bundesrepublik Deutschland. Wenn er für andere christliche Bewegungen und für religiöse Gruppierungen im Judentum und im Islam gebraucht wird, muß immer in Erinnerung behalten werden, daß er in den verschiedenen religiösen Traditionen neben wesensgleichen auch wichtige Sondermerkmale aufweist. Es gibt kein adäquates Verständnis fundamentalistischer Bewegungen, wenn diese nicht auch mit ihrem verschiedenartigen geschichtlichen Hintergrund und dem «Sitz» im je anderen kulturellen und politischen Umfeld gesehen werden.

Im Zusammenhang mit dem jüdischen Fundamentalismus ist meist die Rede von den «Ultra-Rechten» oder «Ultra-Orthodoxen». Diese Bezeichnungen weisen auch schon auf die sehr enge Verbindung von fundamentalistischer *religiöser Einstellung* und *Politik* hin. Diese Nähe bzw. Einheit von Religion und Politik wurzelt in der jüdischen Tradition als solcher. Die jüdische Religion war von jeher die Religion einer Sippe, eines Stammes, eines Volkes und damit einer sozial-politischen Einheit. Im Zentrum der jüdischen Tradition waren nicht Glaubensinhalte, sondern Weisungen und Gebote, Verheißungen und Erwartungen, die unmittelbar mit der Existenz dieses Kollektivs zu tun hatten. Dies ist in der christlichen Tradition grundsätzlich anders. Eine ähnliche Nähe von Religion und Politik gibt es dagegen auch im Islam.

Der fromme Jude zeichnet sich nicht durch das aus, was er glaubt, sondern dadurch, daß er sich im täglichen Leben den in der Tora niedergelegten Weisungen und Geboten unterwirft. In der jüdischen Tradition versteht sich der Gläubige auch nicht primär als Einzelner, sondern als Teil einer Gemeinschaft; allenfalls als Einzelner innerhalb der Gemeinschaft. Von dieser Basis her fühlen sich orthodoxe Juden unmittelbar dafür verantwortlich, daß alle Angehörigen der Gemeinschaft Leben und Handeln möglichst nach den rechtlichen, rituellen und ethischen Weisungen und Geboten der religiösen Tradition ausrichten. Die Durchsetzung der Gebote und Weisungen auch in der Öffentlichkeit wird nicht nur als ein fundamentales Recht, sondern als eine religiöse Verpflichtung betrachtet.

Die Freiheit des Individuums ist zweitrangig. Bei den Ultra-Orthodoxen gilt die individuelle Freiheit sogar als eine laizistische Wertvorstellung, die dem Judentum substantiell zuwiderläuft und darum grundsätzlich abzulehnen ist. Die Orthodoxie hält nicht nur an einem wortwörtlichen Verständnis der Weisungen und Gebote fest; sie betont auch ihre Unwandelbarkeit und überzeitliche Gültigkeit.

Als «fundamentalistisch» sollten aber nur jene Gruppierungen bezeichnet werden, welche sich im täglichen Leben kompromißlos am Gesetz orientieren und jedwede Neuerungen oder Anpassungen an die veränderten Lebensbedingungen einer modernen Gesellschaft radikal ablehnen und dies auch mit allen zu Gebote stehenden Mitteln in der Öffentlichkeit durchzusetzen versuchen. Nicht nur die eigene Lebensführung, sondern auch jene aller Andersdenkenden im gleichen Lebensraum müßte danach ausgerichtet werden.

Eine fundamentalistische Bewegung dieser Art sind die *Satmarer Chassidim.* Sie sondern sich nicht nur so weit wie möglich von den Nicht-Juden ab, sondern sie gehen ebenso auf Distanz zu den übrigen Juden, die nach ihrer Einschätzung der jüdischen Tradition nicht genügend nachleben. Konsequenterweise haben ihre Kommunitäten mancherorts eine eigene gesellschaftliche Infrastruktur errichtet. Ihre Schulbildung ist fast nur religiöser Art. Universitäten sind für sie nicht erlaubt, weil ihnen dort die Gefahr der Häresie droht. Die Satmarin sind von ihrer religiös-mystischen Ausrichtung her apolitisch und extrem antizionistisch eingestellt: Der Zionismus ist für sie schlimmste Ketzerei. Nach ihrer Überzeugung ist der Holocaust die Strafe Gottes für die zionistische Verirrung. Sich selbst betrachten sie als die kleine Gruppe der Auserwählten, durch die einmal die große Erlösung geschehen wird.

Die Tatsache, daß sie zahlenmäßig keine große Gruppierung sind, deprimiert sie nicht, sondern bestärkt sie in ihrem elitären Bewußtsein. Anhänger der Satmarins und anderer ultra-orthodoxer jüdischer Gruppen haben in den vergangenen Jahren wiederholt mit Steinwurfaktionen auf fahrende Autos der Sabbat-Ruhe und mit anderen Handgreiflichkeiten den jüdischen Geboten Beachtung zu verschaffen gesucht. Ihre mystische Orientierung ist keineswegs ein introvertierter Individualismus, sondern geht zusammen mit einem aggressiven Engagement für die öffentliche Durchsetzung der religiösen Gebote.

1.2.2 Gusch Emunim

Einen Fundamentalismus ganz anderer Ausprägung vertritt die *Gusch Emunim.* Sie ist eine religiös-*politische* Bewegung, die den Staat Israel in einem direkten Zusammenhang mit dem messianischen Zeitalter sieht. Aufgrund der Versprechungen Gottes an die Erzväter Abraham, Isaak und Jakob setzen sie sich gegen jeden territorialen Kompromiß zur Wehr und erheben einen Rechtsanspruch auf ganz «Erez Israel», auf das ganze «Land Israel». Die demokratische Staatsform wird zwar als die zur Zeit bestmögliche anerkannt. Aber sie hat nur Geltung im Rahmen der Grundbestimmungen der Tora, «die die Wurzel der Seele des Volkes darstellt und dessen ewige Exklusivität über der ganzen Welt steht»[8].

Der demokratische Grundgedanke sowie die Freiheit des Individuums als solche gelten als modernistisch und antijüdisch und werden nur aus pragmatischen Gründen toleriert. Ihre Umsetzung wird möglichst eingeschränkt, und das Ziel ist eine messianische Monarchie, ein Staat, dessen Gesetze und Lebensformen mit denen der Tora völlig übereinstimmen bzw. zusammenfallen. Für die *Gusch Emunim* ist der manifeste Gegensatz zwischen Israel und «den Völkern» ein Ausdruck der Konfrontation zwischen dem Guten und dem Bösen der Welt. Es sind die satanischen Mächte, welche das Volk der Tora zu vernichten suchen. Gott aber wird seinen Zorn über die Gegner und Ungläubigen ausgießen. Auch dieses *Drohmotiv* findet sich in fast allen fundamentalistischen Bewegungen.

Die Gegenüberstellung der beiden genannten Ausprägungen des jüdischen Fundamentalismus macht auch ersichtlich, wie fundamentalistische Bewegungen einzelne Elemente der Tradition herausgreifen und diese mit aggressiver Intoleranz zu den Angelpunkten der von ihnen festgelegten Orthodoxie machen. Die getroffene Selektion kann dabei für diametral entgegengesetzte Anschauungen ins Feld geführt werden: in einem Fall für eine strikt anti-zionistische Einstellung, im andern Fall für eine konsequent religiös-politische Ausrichtung. Beide sind jedoch gleichermaßen *integristisch*; es gibt keine Freiräume und keinen Spielraum für Kompromisse; alle Lebensäußerungen des Individuums und der Gruppe sollen bis ins Detail der religiösen Ideologie und den konkreten Vorschriften unterstellt werden.

1.3 Fundamentalismus im Islam: zwei religiös-politische Gruppierungen

1.3.1 Die Muslim-Bruderschaft

Vor *Ayatollah Khomeini* und der gewaltsamen Re-Islamisierung des Iran hatte die westliche Welt den islamischen Fundamentalismus kaum zur Kenntnis genommen. Diese Ignoranz stellte allerdings nur ein Element einer fast totalen Unkenntnis des Islam insgesamt dar. Außer bei wenigen Gelehrten gab es kaum irgendwo ernsthaftes Interesse an der islamischen Religion, Kultur und Geschichte. Die islamische Welt war nicht verschieden und fremdartig genug, um die Faszination des «ganz anderen» auszustrahlen, wie etwa der Hinduismus und Buddhismus. Unklar und vage wurde von der jüdisch-christlichen Welt die kulturelle und religiöse Verwandtschaft und Nähe immer geahnt. Andererseits war der Islam doch zu andersartig und verschieden, um ohne ein sorgfältiges und kontinuierliches Hinhören auf die Zeugen der islamischen Tradition und die religiösen und kulturellen Exponenten der Gegenwart wirklich gekannt werden zu können.

Das Verhältnis zum Buddhismus und Hinduismus ist kaum geschichtlich belastet. Dies ist anders im Verhältnis der Juden und Christen zum Islam. Eine vorurteilsfreie Offenheit dem Islam gegenüber ist aufgrund der gegenseitigen historischen Erfahrungen unvergleichlich viel schwieriger. In den Tiefen der Seele, im sogenannten kollektiven Unbewußten sind die Spuren brutaler Eroberungskriege, religiöser und nationaler Bedrohung und vielfacher Demütigungen noch nicht getilgt, und sie konstellieren noch heute Gefühle der Angst und aggressiven Abwehr. In einer breiten Öffentlichkeit vermochten nicht einmal die dramatischen religiösen und politischen Umwälzungen und Konflikte im Iran, in Pakistan und in Staaten Nordafrikas ein tieferes Interesse an der islamischen Religion und Kultur zu wecken. Erst die Golfkrise und der Golfkrieg brachten der westlichen Welt dieses jahrhundertealte Defizit ins Bewußtsein und lösten eine Welle von Interesse, Fragen und Informationen aus.

Die «Islamische Revolution» im Iran wirkte in der islamischen Welt wie ein Signal. In den Ländern mit einer islamischen Bevölkerungsmehrheit schienen sich seit Jahrzehnten mehr oder weniger unbemerkt gewaltige Kräfte aufgestaut zu haben, die jetzt mit Macht ans Tageslicht drängten und darauf abzielten, die Gesellschaft dieser Länder und Regionen wieder auf ihre islamischen «Fundamente» zu stellen. Allenthalben wurde und wird von militanten Gruppen alles unternommen, um Gesetzgebungen, Sozialstrukturen und Lebensgewohnheiten in teils rigider Weise diesen «Fundamenten» entsprechend zu restaurieren. Freilich sind die Unterschiede innerhalb der islamischen Welt auch in diesem Re-Islamisierungs-Prozeß immens. Die geschichtlichen und kulturellen, politischen und wirtschaftlichen Gegebenheiten sind andere im Iran oder im Sudan, in Pakistan, Afghanistan, Indonesien, in Nordafrika, in der Türkei usw. Trotzdem gibt es auch wichtige Züge, die allen islamischen Fundamentalismen gemeinsam sind.

Zu den «Fundamenten» des Islam gehört als wichtigstes Element das Bild eines absolut *transzendenten* Gottes. Es gibt nur *einen* Gott und dieser eine Gott ist der *«ganz andere»*, Unvergleichbare. Er ist der Schöpfer der Welt und des Menschen; aber er ist in seiner absoluten Erhabenheit von seiner Schöpfung völlig getrennt. Nur in der islamischen Mystik wurde Gott auch als der *immanente*, der in den Dingen Anwesende erlebt und ausgesagt. Die islamische Orthodoxie war immer wieder gegen diese mystischen «Irrlehren» angetreten und hatte sie im Lauf der Geschichte wiederholt blutig verfolgt.[9] Das Gottesbild des Islam ist das am konsequentesten monotheistische. Es ist in dieser Hinsicht rigider als das jüdische und christliche und stellt den absoluten Kulminationspunkt monotheistischer Entwicklung dar.

Von seinen Fundamenten her sollte der Islam eine *Einheit* darstellen. Diese hatte es freilich nur in den ersten Jahrzehnten wirklich gegeben. Aber der Anspruch blieb durch die Jahrhunderte und wurde nicht geringer, als sich der Islam durch die im 3. Jahrhundert seiner Geschichte entstehenden Rechtsschulen in verschiedenen, einander widersprechenden und einander oft auch bekämpfenden Richtungen verfestigte.

Ein drittes Element, das zu den islamischen Fundamenten gehört, ist die *Gleichheit* der Gläubigen. Es gibt im Islam kein Priestertum und keine Hierarchie. Darin unterscheidet sich der Islam wesentlich von der christlichen Tradition, und es könnte darum auch so aussehen, als ob durch das Fehlen der hierarchischen Grundstruktur auch eine wichtige Voraussetzung für fundamentalistisches Denken fehle. Dem ist allerdings nicht so. In Wirklichkeit verdeckt das Gleichheitsprinzip die doch vorhandenen Hierarchien und die Dominanz und Machtfülle einzelner exponierter Träger des religiös-politischen Lebens. An der Gestalt des Ayatollah Khomeini und anderer Ayatollahs oder Imame in den Ländern des Islam wird auch ersichtlich, daß die Gleichheit der Gläubigen keineswegs einem modernen Demokratieverständnis (etwa im Sinn der Französischen Revolution) entspricht. Wenn es um die Wahrung der Einheit der islamischen Gesellschaft und deren Effizienz geht, wird das Gleichheitsprinzip meist umgehend und selbstverständlich geopfert.

Gleichheit als Prinzip, als theologisches oder politisches Axiom hat in der Realität religiöser Gemeinschaften und politischer Systeme oft dazu gedient, auch massivste Ungleichheiten im sozialen, politischen, kulturellen oder wirtschaftlichen Bereich zu verschleiern oder zu rechtfertigen. Die kommunistisch regierten Länder sind hierfür ein eindrückliches Beispiel. Wenn bei Paulus von der Gleichheit von Mann und Frau, von Juden und Griechen, Freien und Knechten und ihrer Einheit *«in Christus»* (Brief an die Galater 3,27 f.) die Rede ist, so hat dies wenig zur Überwindung von krassen Über- und Unterordnungen beigetragen, sondern im Gegenteil zur Festigung bestehender Macht- und Ohnmachtstrukturen beigetragen. Das «gleich und eins *in Christus»* ist seit jeher als eine so hohe theologische und mystische Aussage verstanden worden, daß sie die konkrete soziale Wirklichkeit nie anzutasten vermochte; das *«eins und gleich in Christus»* hatte für die meisten Interpreten nur auf dieser höchsten Ebene Geltung. Das *theologische* Gleichheitsaxiom pervertierte zur Rechtfertigung der *sozialen* Ungleichheit.

Die islamische Welt ist auch nach dem Ende der Kolonialzeit noch immer daran, sich kulturell und wirtschaftlich von den ehemaligen nicht-islamischen Kolonialmächten zu entkoppeln. Der industrielle und technische Aufbau macht sie aber in neuer Weise von der säkularisierten westlichen Welt abhängig. Die westliche Zivilisation faszinierte lange die breiten Volksmassen der islamischen Völker mit ihrem technischen Fortschritt und ihrer wirtschaftlichen Effizienz; die eigene kulturelle und religiöse Tradition wurde als rückständig und inferior erlebt. Die Re-Islamisierungs-Bewegung in den islamischen Ländern ist vor allem anderen eine Reaktion auf ein kollektives Minderwertigkeitsgefühl, und sie stellt im wesentlichen das Suchen nach einer gesicherten eigenen *Identität* dar. Im Zuge dieses Prozesses werden manche Äußerungen der westlichen Zivilisation nicht nur als mit dem Islam unvereinbar betrachtet, sondern pauschal als Zeichen menschlicher Dekadenz gewertet. Diese extreme Ablehnung westlicher Kultur stellt eine eindrückliche Überkompensation erlittener Demütigungen und erfahrener Bedeutungslosigkeit dar.

Die islamische Orthodoxie orientiert sich wieder an der – idealisiert vorgestellten – islamischen Urgemeinde. Der Rückgriff auf den Anfang ist auch im Islam nicht geschichtlich konkret zu verstehen; er ist wie in der jüdisch-christlichen Tradition die Projektion der Idealvorstellungen der islamischen Gesellschaft in eine mythische Vergangenheit.

In vielen islamischen Gruppierungen ist die Orthodoxie durch die nach außen oder innen militant gewordene Einstellung ihrer Mitglieder erst zum «Fundamentalismus» geworden. Als älteste und aggressivste ihrer Art gilt die *Muslim-Bruderschaft.* Sie wurde 1928 in Ägypten gegründet und tat sich anfänglich vor allem im Bildungs- und Sozialbereich hervor. In ihrem Verständnis sollte der Islam – im Gegensatz zur Anschauung der «Säkularisten» – nicht nur als kulturelles Erbe und als Grundlage für eine Morallehre dienen; «die Ordnung des Islams» sollte vielmehr zur Staatsorientierung als solcher werden. Aus Koran und *sunna* (das Beispiel des Propheten Mohammed) ließ sich für jedes Problem auch der Gegenwart eine Lösung finden. Intern ist die Muslim-Bruderschaft streng hierarchisch strukturiert; der Umschlag des Gleichheitsprinzips in sein Gegenteil ist offenkundig. Seit den 70er Jahren spalteten sich immer neue noch viel radikalere und fanatischere Sekten von der ursprünglichen «Muslim-Bruderschaft» ab. Eine dieser Splittergruppen wurde durch die Ermordung des ägyptischen Präsidenten Sadat weltweit bekannt.

1.3.2 Die «Islamische Gemeinschaft»

Theoretiker und Gründer der *«Islamischen Gemeinschaft»* ist der Pakistani Maudûdî. Für ihn und die Islamische Gemeinschaft war es unverzichtbar, daß in einem islamischen Staat die Sharîà – das auf dem Koran beruhende Gesetz – wieder vollumfänglich zur Anwendung kommen sollte. Die authentische Auslegung der Sharîà bleibt nach islamischer Tradition den entsprechend qualifizierten Gelehrten vorbehalten. Maudûdî verwirklichte seine Ideen eines auf der Sharîà aufgebauten Gemeinwesens in der von ihm gegründeten und hierarchisch-autoritär geleiteten Partei Jamâât. In dieser Bewegung blieben Frauen von der Politik grundsätzlich ausgeschlossen und konnten auch nur in den traditionellen Frauenberufen tätig werden. Erziehung und Bildung wurde zwar auch den Mädchen zunehmend ermöglicht, blieb aber streng geschlechtsspezifisch.

Es ist zu beobachten, daß sich alle Fundamentalismen christlicher, jüdischer oder islamischer Gestalt kompromißlos für die Beibehaltung der traditionellen Rollen von Mann und Frau einsetzen. Die Emanzipation der Frauen und der Feminismus gehören in jeder Form zu den gefährlichsten Irrtümern der «progressiven» oder «säkularen» Moderne.

In den beiden angeführten fundamentalistischen Bewegungen des Islam ist der *Griff nach der politischen Macht* unverkennbar. In beiden Bewegungen ist aber auch festzustellen, daß die als Fundament für die Zukunft beschworene Vergangenheit nicht kritisch reflektiert wird oder werden darf. Sie dient vielmehr als unantastbare religiös-politische Vision.

1.4 Die Sikhs in Indien: eine mißlungene Reform

Zeitgenössische Entwicklungen und die Geschichte der Religionen insgesamt zeigen, daß es bedeutsame fundamentalistische Bewegungen im engeren Sinn nur innerhalb und im Umfeld monotheistischer Traditionen gegeben hat und gibt. In Zeiten der Krise, in Epochen politischer Umwälzungen oder wirtschaftlicher Not, in Perioden religiöser, sozialer und kultureller Veränderungen haben die Anhänger monotheistischer Religionen offensichtlich die Tendenz, regressiv und repressiv zu reagieren. Die Krise selbst wird als Resultat und als Strafe für das Abweichen von der «reinen Lehre» verstanden. Folgerichtig wird zu ihrer Überwindung alles unternommen, um den «ursprünglichen» Zustand der religiösen Tradition mit allen moralischen und politischen Machtmitteln zu erhalten bzw. wiederherzustellen. Solche Reaktionen sind in der jüdischen, christlichen und islamischen Geschichte wiederholt feststellbar.

Eine relativ kleine und im Westen so gut wie unbekannte Religionsgemeinschaft hat in den letzten Jahren immer wieder für dunkle Schlagzeilen in der Weltpresse gesorgt: die *Sikhs*. Seit den Parlamentswahlen im April 1980 mehrten sich im indischen Unionsstaat Pandschab Demonstrationen und Zusammenstöße zwischen Sikhs und Hindus; meistens gab es dabei zahlreiche Tote und Verletzte. Autonomie- und Sezessionsbestrebungen wurden laut und zunehmend vehementer; extremistische Sikhs forderten nicht nur einen vollständig souveränen, sondern zugleich auch einen religiös definierten Staat Khalistan. Amritsar, die Stadt des «Goldenen Tempels», sollte zur «heiligen Stadt» erklärt werden, in der Zigaretten, Alkohol und Metzgereien verboten würden.

Für die militanten Sikhs der 80er Jahre waren Politik und Religion wieder untrennbar miteinander verbunden. Der Kampf um die Reinerhaltung der Religion führte von daher notwendigerweise auch zur sozialen und politischen Intoleranz und Kompromißlosigkeit, die keinen Spielraum mehr zuließ für andere Überzeugungen und Lebensformen.

Soziale, politische und wirtschaftliche Benachteiligungen haben wesentlich zur fundamentalistischen Reaktion innerhalb des Sikhismus beigetragen.[10] Die tiefste Ursache ist aber die Angst um die kulturelle und religiöse Identität, die durch die rasch zunehmenden Veränderungen und den um sich greifenden gesellschaftlichen Pluralismus in einem bislang stark traditionsgebundenen Raum einem wachsenden Druck ausgesetzt worden ist.

Die Besetzung des «Goldenen Tempels» von Amritsar und seine Erstürmung durch indische Truppen im Juli 1984 und die Ermordung Indira Gandhis durch ihre Sikh-Leibwächter im Oktober desselben Jahres bedeuteten nicht nur für die Hindus einen schweren Schlag. Auch die westliche Welt war schockiert und konnte es nicht verstehen, wie im Lande Gandhis und der traditionell toleranten Hindu-Kultur so viel todbringende Intoleranz und Gewalttätigkeit möglich war.

Nun ist der Sikhismus zwar ein Abkömmling des Hinduismus; er unterscheidet sich aber von diesem vor allem durch seinen konsequenten Monotheismus. Ursprünglich stellte er eine religiöse Reformbewegung mit einer ausgeprägt mystischen Orientierung dar. Als Gründer des Sikhismus gilt *Nanak* (1469–1538), ein Schüler des Dichters und Mystikers *Kabir*. Nanak versuchte die beiden großen Religionen *Hinduismus* und *Islam* auf streng *monotheistischer* Grundlage zu vereinen. Was als friedlich und mystische Glaubenserfahrung, als Reform und Versöhnung zweier großer Religionen begonnen hatte, entwickelte sich nach kürzester Zeit zu einer der aggressivsten und im engeren Sinn kriegerischen Religionsgemeinschaften. Die Sikhs betrachten sich – wie die Juden – als auserwähltes Gottesvolk und suchen ihre Sonderstellung auch äußerlich durch Haartracht und Kleidung zu dokumentieren. Der im indischen Pandschab beheimatete Sikhismus zählt heute rund 8 Millionen Gläubige.

Auf dem indischen Subkontinent insgesamt hat die explosive Bevölkerungsvermehrung zu einer wachsenden wirtschaftlichen Notlage geführt, die alle familiären, sozialen und politischen Rahmenstrukturen zu sprengen droht. Die ökonomischen Probleme haben einen breiten Import an westlicher Technologie notwendig gemacht, mit deren Einzug aber die Grundlagen der traditionellen Kultur immer mehr in Frage gestellt schienen. Die dadurch hervorgerufene Identitätskrise betrifft nicht nur die Sikhs; auch in den hinduistischen Religionsgemeinschaften hat sie zu einzelnen militanten Reaktionen geführt. Es scheint aber offensichtlich, daß es nur in der monotheistischen Religionsgemeinschaft der Sikhs eine eigentliche fundamentalistische Massenbewegung gibt. Die zeitgenössischen Entwicklungen stellen für sie die bedrohlichste Identitätskrise dar, und ihre monotheistische Denkstruktur hat offenbar das kleinste Potential an kreativen Integrations- und Verarbeitungsmöglichkeiten. Nur die puritanische Abgrenzung gegen alle Andersdenkenden und die fanatische Durchsetzung der religiösen Anschauungen innerhalb der eigenen Gemeinschaft erscheinen als genügende Sicherung der seelischen Ganzheit und Einheit.

1.5 Säkulare Fundamentalismen: Orthodoxie-Probleme in Politik und Wissenschaft

Der kommunistische Dogmatismus

Die Geschichte des Kommunismus ist unter anderem eine Geschichte unerbittlicher Kämpfe gegen alle «Abweichler» vom reinen Marxismus-Leninismus. Dies galt bis vor kurzem für die Sowjetunion und gilt noch uneingeschränkt für China; Dogmatismus beherrschte die Länder des europäischen Ostblocks, insbesondere die ehemalige DDR, Albanien und Rumänien. Bis zur Stunde bestimmt rigide Parteidoktrin noch das Leben in Kuba. Die westliche Welt hat das starre Festhalten an ideologischen Positionen interpretiert als den unbedingten Willen der Parteigewaltigen dieser Länder, ihre Macht und ihre Privilegien zu verteidigen. Das ist zweifelsohne wahr; aber es ist nur die halbe Wahrheit. In diesen Ländern gab es insgesamt Millionen von Menschen, die sich mit der Vision einer neuen menschlichen Gesellschaft identifizierten und sich für sie engagierten. Dieses Engagement gab ihrem Leben Sinn und Zukunftsperspektiven. Jede grundsätzliche Infragestellung des Systems und jede wesentliche Modifikation desselben mußte von daher als Bedrohung der individuellen und sozialen Identität erlebt und darum entschieden abgewehrt werden. Die offensichtlichen wirtschaftlichen Mißerfolge und die nicht minder greifbaren politischen und sozialen Mißstände führten nicht zu einer Strukturkritik; sie wurden im Gegenteil auf die ungenügende Durchsetzung der «reinen Lehre» und auf «menschliches Versagen» zurückgeführt. Damit blieben die Identität der innerlich Engagierten und die Macht und der Besitzstand der Nutznießer gleicherweise unangetastet. Die kommunistischen «Gläubigen» unterschieden sich diesbezüglich auch nicht von den christlichen Gläubigen aller Jahrhunderte, welche die massiven Ungerechtigkeiten zwar meist erkannten, aber sie nie der Struktur der Kirche oder der Art der Verkündigung, sondern nur der menschlichen Schwachheit des Einzelnen anlasteten.

Trotz seines rigorosen Atheismus ist der Kommunismus ein später Abkömmling der jüdisch-christlichen Tradition und in seiner Grundeinstellung monotheistisch, eingeschworen auf das Prinzip eines einzigen höchsten Wertes, auf die einzige Wahrheit der Parteidoktrin und auf die einzig tolerierbare Lebensform der Parteidisziplin. So wie es für die religiöse Tradition nur *einen* Gott und *einen* Heilsweg gab, so war auch für den Kommunismus nur *eine einzige* Gesellschaftsform möglicher Raum für Humanität. Und es war gerade dieser dogmatische Anspruch auf Exklusivität, der die kommunistische Wirklichkeit zu einer menschenfeindlichen Einengung entarten ließ.

Die Umwälzungen in Osteuropa und in der Sowjetunion haben nach einer ersten Welle der Euphorie bereits erkennen lassen, welch bedrohliches Vakuum bei Millionen von Menschen zurückbleibt, wenn ihre bisherige, weitgehend auf das System gestützte Identität verloren geht. Der fundamentalistische Rückgriff auf die alte Parteidoktrin ist nicht nur Kampf für den Erhalt von Privilegien, sondern für viele ein verzweifelter Versuch, ihre Seele zu retten, die in der eschatologischen Hoffnung auf eine gerechtere Welt ihren Daseinssinn gefunden hatte.

Wo der Rekurs auf die Parteidoktrin nicht mehr möglich ist, da stellen die mit elementarer Gewalt aufbrechenden Nationalbewegungen einen spontanen Versuch des Kollektivs dar, die verlorene Identität neu zu fundieren. Die nationalistischen Entwicklungen in der Sowjetunion und in Jugoslawien bedeuten viel mehr als die Wiederentdeckung und Wiederbelebung der lange unterdrückten Eigenart der verschiedenen ethnischen Gruppen. Die Nationalismen in diesen Regionen sind darüber hinaus Reaktionserscheinungen auf einen kollektiven Identitätsverlust nach dem Zusammenbruch des kommunistischen Systems, und sie tragen ganz eindeutig fundamentalistische Züge. Fanatismus, Intoleranz gegen Minoritäten und politische Opponenten und ein geradezu messianischer Heilsanspruch gehören zu ihrem Bild.

Individuen und Kollektive, deren Identität sich einseitig auf einen als allein und absolut gültig erachteten Wertkanon abstützt, tendieren nach dem Kollaps dieses Wertsystems, sich von neuem einem einseitigen und ausschließlichen Leitbild zu verpflichten. Die reaktionär-regressive Wiederholung der Einstellung garantiert die innere Kontinuität und rettet vor dem seelischen Vakuum. Allerdings ermöglicht dies langfristig weder eine persönliche noch eine kollektive Bewußtseinsentwicklung; der Wechsel der Inhalte bedeutet noch keinen wirklichen geistigen Fortschritt, solange die Grundeinstellung nicht kritikfähiger, autonomer und offener wird.

Allein in der CSFR scheint diese Identitätskrise weniger dramatische Ausmaße anzunehmen, weil seit vielen Jahren mit *Alexander Dubček* und besonders mit *Václav Havel* Symbolfiguren entstanden sind, mit denen sich große Teile der Bevölkerung in neuer Weise identifizieren können. *Michail Gorbatschow* hat mit der von ihm eingeleiteten Perestroika schöpferische Visionen für eine künftige Gesellschaft entfaltet und neue Werthorizonte eröffnet; aber seine Ideen vermochten offenbar im Innern des sowjetischen Riesenreiches nicht zum Fundament einer neuen Identität zu werden; und seine Person wurde für die Massen der Bürger zu keiner Identifikationsfigur für den Übergang in ein neues kollektives und individuelles Selbstverständnis. Daß sich viel mehr Menschen spontanerweise mit Boris Jelzin identifizieren können, hat sowohl mit dem Radikalismus seines Reformkurses als auch mit seinem unverhohlenen Nationalismus zu tun. Erst die künftige Entwicklung wird zeigen, wie weit seine Einstellung Freiräume erschließt und offenhält und geistesgeschichtlichen Fortschritt ermöglicht. Sein Radikalismus und Nationalismus könnte sich auch als politischer Fundamentalismus entpuppen, der zwar die Freiheit vom kommunistischen System brachte, aber nicht die Befreiung von reaktionären, eingleisigen Denkstrukturen.

In Polen gibt es mit dem ehemaligen Arbeiterführer und derzeitigen Staatspräsidenten *Lech Walesa* eine ähnliche Symbolfigur wie in der CSFR. Seine enge Verbindung zur katholischen Kirche schafft aber gleichzeitig für Millionen ein neues Identitätsproblem. Vor der Ablösung des kommunistischen Regimes ermöglichte die Kirche eine Identität außerhalb der Parteiideologie. Die politische Veränderung und Öffnung zog notwendigerweise vielfältige und tiefgreifende Veränderungen in allen Bereichen des Lebens und der Kultur nach sich. Als einzige organisierte Opposition hatte die Kirche zur Zeit der kommunistischen Herrschaft wie ein Fels im Meer gestanden. Jetzt sieht sie sich nach einer jahrzehntelangen Isolierung von den kirchlichen und gesellschaftlichen Entwicklungen in der übrigen Welt einem Druck von Fragen und Strömungen ausgesetzt, welche sie in ihrer Identität mehr bedrohen als die kommunistische Unterdrückung. Die Reaktion auf diese neue Krise zeichnet sich zur Zeit mit aller Deutlichkeit in Richtung eines massiven Fundamentalismus ab. Im Augenblick ist es die Abtreibungsfrage, die zur Arena für den Kampf zwischen religiöser Orthodoxie und Häresie gemacht wird. Im Spiegel des kommunistischen Totalitarismus wird am besten anschaulich, worauf auch jüdische, christliche und islamische Fundamentalismen aufbauen und hinauslaufen.

Der «grün-alternative» Puritanismus

Der Fundamentalismus der «Grünen» stellt eine Sonderform dar. Die «grün-alternative Bewegung» kennt keine «heiligen Bücher» wie die großen Religionen und keine Symbolfiguren wie der Marxismus-Leninismus; und sie ist von allem Anfang an mit dem Anspruch auf eine radikale demokratische Struktur an die Öffentlichkeit getreten. Obwohl es scheinbar keine «Fundamente» gab, auf die man sich in reaktionär-regressiver Weise hätte berufen können, kam es in der «grün-alternativen Bewegung» schon innerhalb weniger Jahre zu einer extremen internen Polarisierung, deren einer Flügel sich selbst als «Fundamentalisten» bezeichnete. Ähnlich wie im Islam galt bei den «Grün-Alternativen» der *Konsens, die gemeinsame Grundüberzeugung* als das Fundament der Bewegung. Von der Struktur her gibt es keine hierarchisch festgelegte Autorität. Aber gerade dieser strukturelle Freiraum ist – wie anderswo – offensichtlich bald von Führungspersönlichkeiten beschlagnahmt worden, welche die «gemeinsamen Grundüberzeugungen» festzulegen und allen anderen zu diktieren versuchen. Das demokratische Prinzip wird selbst zu einer Ideologie, für die kompromißlos und undemokratisch-autoritär gekämpft wird. Die Ideologie verliert den Charakter einer kreativitätsfördernden Utopie; sie wird autonom und tritt an die Stelle der gesellschaftlichen Wirklichkeit. Die Intransigenz des ideologischen Fundamentalismus geht bis zur sadistischen Fremd- oder masochistischen Selbstzerstörung. Lieber die Spaltung als Kompromisse; lieber als einzelne oder als Gruppe untergehen als die Grandiosität absoluter Konsequenz opfern. «Fiat iustitia, et si pereat mundus.» «Der Gerechtigkeit muß Genüge getan werden, selbst wenn die Welt daran zugrunde ginge.» In diesem Satz des ideologischen Puritanismus (ursprünglich theologischer Provenienz) wird erschreckend deutlich, wie weit sich fundamentalisitisches Denken vom Leben entfernen und verabsolutieren kann. Die Ablehnung der Empfängnisverhütung durch die Hierarchie der katholischen Kirche (ausgenommen sogenannte «natürliche» Methoden) ist

Ausdruck eines solchen ideologisches Fundamentalismus. Die Weise, wie das «Naturgesetz» und seine Respektierung verstanden wird, gilt als unanfechtbar und absolut. Man kann davon nicht abrücken, auch wenn diese Haltung der Kirche dazu beiträgt, daß in den Ländern der Dritten Welt die Bevölkerungsexplosion in Gang bleibt. Als Folge des immensen Bevölkerungswachstums aber werden jährlich zusätzliche Millionen von Menschen unter menschenunwürdiger Armut und an Hunger leiden oder daran sterben. Dies wäre auch dann der Fall, wenn alle nur denkbaren wirtschaftlichen und politischen Anstrengungen zu einer gerechteren Weltordnung unternommen würden. Das Leben von ungezählten Millionen wird der Reinheit des Prinzips geopfert; die lebenschützende Vision verkehrt sich in Lebensverachtung.

Der Wahrheitsanspruch der «Schulmedizin»

Auch die vermeintlich «objektive und vorurteilslose Wissenschaft» ist nicht frei von dogmatisch-fundamentalistischem Denken. So stößt man zum Beispiel im Streit zwischen der «Schulmedizin» und der «Erfahrungsmedizin» immer wieder auf die Haltung, daß nicht sein *kann*, was aufgrund der herrschenden wissenschaftlichen Theorien nicht sein *darf*. Die in den letzten Jahren sich verstärkende Tendenz auf eine Ganzheitsmedizin hin hat bei vielen Ärzten und in Krankenhäusern zu einer noch einseitigeren naturwissenschaftlichen Haltung geführt, welche die Krankheit und das kranke Organ von der Wirklichkeit des kranken Menschen isoliert. Nach einer vorübergehenden Öffnung für die *psycho*-therapeutische Behandlung von psychisch Kranken ist es auch in diesem Umfeld zu einer fundamentalistischen Reaktion gekommen, welche alle seelischen Störungen wieder ausschließlich auf chemische Prozesse zurückführen und darum auch ausschließlich mit Chemie (Psycho-Pharmaka) angehen möchte.

Die «Gralshüter» der Psychoszene

Auch die großen psychologischen Strömungen des Jahrhunderts, die Tiefenpsychologien Sigmund Freuds und Carl Gustav Jungs blieben von Orthodoxie-Streitigkeiten nicht verschont, welche zu Spaltungen von entsprechenden Berufsverbänden und Ausbildungsinstitutionen führten. Nicht anders als im Umfeld religiöser Fundamentalismen wurden einzelne Teile der «Lehre» von den Vertretern der Orthodoxie als unverzichtbar erklärt, zum Beispiel Freuds Libido-Theorie oder

Jungs Animus-Anima-Konzept. Nur wer sich in diesen Bereichen der orthodoxen Interpretation anschloß, konnte damit rechnen, der Gruppe der rechtmäßigen Vertreter der freud'schen oder jung'schen Psychologie zugerechnet zu werden. Wie in der Theologie wird auch hier von Einzelnen oder Gruppen der Anspruch erhoben, allein und verbindlich zu wissen, was Freud oder Jung «wirklich sagte» oder mit dem Gesagten «wirklich meinte». Die Tendenz, Abweichler von der einzig gültigen Interpretation und «Neuerer» auszuschließen, ist unverkennbar. Das (versteckt) hierarchische Prinzip und ein monistisches Wahrheitsverständnis hat sich selbst in der jung'schen Schule immer wieder bemerkbar gemacht, obwohl zu den erklärten Fundamenten Jungs die Komplexität und je individuelle Wahrheitsfindung gehört.

Es ist offenkundig, daß sich auch im Wissenschaftsbetrieb und in der Psychologie entgegen der bewußten Einstellung und Absicht eine unserer Kultur zugehörige und darum in den unbewußten Schichten der Seele verankerte Denkstruktur niederschlägt. Fundamentalistische Reaktionen sind Folgeerscheinungen einer monotheistischen Bewußtseinsstruktur, welche die psychische und kulturelle Entwicklung der jüdischen, christlichen und moslemischen Welt geprägt haben.

2 Die «Geschichte» des Monotheismus[11]

2.1 Ur-Monotheismus oder Evolution

Die Forschungsarbeiten zur Bibel (des Alten und Neuen Testamentes) haben in den letzten Jahrzehnten Ausmaße angenommen, durch die sie unübersehbar geworden sind. Erstaunlicherweise ist dabei die Monotheismus-Frage selten thematisiert worden, so daß diesbezüglich von den Fachleuten nur wenig zu erfahren ist. In der allgemeinen Religionsgeschichte sind es im wesentlichen *zwei Modelle,* welche die Entstehungsverhältnisse bzw. die Zuordnung von Monotheismus (ein Gott) und Polytheismus (viele Götter) zu klären versuchen.

Die Evolutions-Hypothese
Eine Gruppe von Forschern betrachtet den Monotheismus als das Ergebnis eines langen Entwicklungsprozesses der religiösen Anschauungen. Dieser Vorgang wäre in seiner Eigenart der biologischen Evolution vergleichbar. Aus primitiven, unpräzisen Vorstellungen über eine göttliche, numinose Macht, für die es noch kein fest umrissenes Gottesbild gab, hätte sich allmählich der Polytheismus herausgebildet. Parallel zur Kulturentwicklung einer Gesellschaft wäre daraus in einem weiteren Entwicklungsschub der Monotheismus entstanden.

In diesem Prozeß hätte – wie in der biologischen Evolution – die *Selektion* die entscheidende Rolle gespielt. Der Polytheismus hätte sich den primitiven, noch über kein klares Gottesbild verfügenden Religionen gegenüber als stärker erwiesen; mächtigere Götter hätten schwächere verdrängt oder deren Attribute übernommen, bis sich am Ende eines langen Entwicklungsweges alle Gottesvorstellungen zum Bild eines einzigen Gottes vereinigt hätten. Monotheistische Religionen hätten sich in der Folge den polytheistischen gegenüber als überlegen erwiesen und sich deswegen auch politisch und kulturell auf der ganzen Welt durchzusetzen und Jahrtausende zu überleben vermocht.

Radikal vereinfacht wäre die Entwicklung der Gottesvorstellungen so vorstellbar:

Primitive, prä-theistische Anschauungen
über eine numinose, göttliche Wirklichkeit

|

Polytheismus

|

Monotheismus

Tatsache ist, daß die beiden großen monotheistischen Religionen, das Christentum und der Islam, innerhalb relativ kurzer Zeit weltpolitisch bedeutsame Mächte wurden und die polytheistischen antiken bzw. arabischen Religionen zum Verschwinden brachten. Trotzdem erachten die zeitgenössischen Religionswissenschaftler die Evolutionstheorie zur Erklärung der Entstehung des Monotheismus aufgrund des kulturgeschichtlich gesicherten Materials als nicht mehr vertretbar.

Ur-Monotheismus

Das andere Erklärungsmodell behauptet ganz im Gegenteil die Existenz eines *Ur-Monotheismus*. In den einfachsten Kulturen der Menschheit, den sogenannten Ur-Kulturen, hätte es auch einen ursprünglichen Monotheismus gegeben. Erst die zivilisatorische Entwicklung dieser frühen Kulturen hätte zu seinem Zerfall geführt. Der Polytheismus wäre demnach nicht als religiös-kulturelle Entwicklungsstufe, sondern als eine Dekadenzerscheinung zu werten. Richtig ist, daß es in den Anschauungen vieler einfacher Kulturen nur *ein* höchstes Wesen gibt. Es muß aber ergänzt werden, daß dieses «höchste Wesen» keine Individualität im engeren Sinn hat und darum nicht als «ein Gott» oder «eine Gottheit» betrachtet werden darf. Meist wird diesem «höchsten Wesen» keine Verehrung entgegengebracht, und es wird auch nicht um Hilfe angegangen. Es ist das «Unfassliche», «Absolute», «Numinose» (geheimnisvoll Kraftgeladene), «Göttliche» schlechthin: namen- und gesichtslos. Auch die Hypothese eines Ur-Monotheismus ist von den Gelehrten inzwischen fast völlig fallengelassen worden.

2.2 Die gescheiterte Revolution: die monotheistische Phase Echnatons

Um 1350 v. Chr. leitete der Pharao Echnaton in Ägypten eine beispiellose religiöse und gesellschaftliche «Perestroika» ein. Der Kern seiner revolutionären Vorstellungen war ein Gottesglaube, der im strengen Sinn dieses Wortes monotheistisch war. Jede der großen ägyptischen Gottheiten war zuvor verehrt worden als «Gott ohne seinesgleichen». Nun aber gab es nur noch einen Gott, *Aton*; er war ein «Gott, ohne einen anderen außer ihm». Das war etwas völlig Neues. Mit dem Glauben an diesen *einen* Gott wurde erstmals in der Geschichte Ägyptens ein Anspruch auf *Ausschließlichkeit* erhoben; aus ihr folgten Unvereinbarkeit und *Orthodoxie*. Dieser Monotheismus ist die religiöse und politische Vision eines Königs, und er wird vom König dem Volk aufgedrängt. Aton, der eine Gott, herrscht jetzt und immer über die ganze Welt. Dieser eine universale Gott hat keine Tier- noch Menschengestalt; er ist zur Sonne geworden, die unerreichbar hoch am Himmel steht. Damit ist die Gottheit dem menschlichen Erleben und Verstehen ferner gerückt. Der Gott *ist das Licht;* und ohne sein Licht gibt es kein Leben. Er ist das Leben und die Lebenszeit. Die Welt hat nur Bestand durch diese eine Gottheit. Das Wesen dieses *einen* (unerreichbar und abstrakter gewordenen) Gottes wird in logischer Parallelität nur noch von *einem einzigen* Menschen verstanden: vom Pharao. Dieser legt auch das *Gottesbild* verbindlich fest: die Sonne mit den Strahlenhänden. Dieses Bild übt noch heute auf viele Betrachter eine außergewöhnliche Faszination aus. In den Strahlenhänden scheint die absolute Geistigkeit Gottes mit einer liebevollen menschlichen Nähe zusammen zu sein. Freilich übersieht der Betrachter leicht, daß diese Strahlenhände nur dem Pharaonenpaar gelten, der absoluten Spitze der gesellschaftlichen Hierarchie. Für alle anderen ist diese Gottheit nur noch indirekt, über die Verkündigung und Vermittlung des Pharao zugänglich. Der in die Ferne gerückte, eine Gott bedarf des Propheten, der als Mittler zwischen ihm und den Menschen steht und ihnen sein Wesen und seinen Willen kundtut.

Der Verabsolutierung des einen und einzigen Gottes entspricht die Verabsolutierung des Königs. Diese Aussage läßt sich auch umkehren: Die Ansprüche des Pharao auf absolute Macht und alleinige Herrschaft werden auf die Gottheit und auf das Verhältnis zwischen Mensch und Gott projiziert. Es gibt keinen direkten Zugang zur Gottheit mehr, und es gibt auch keine Vielzahl von Mittlern mehr. So wie es nur einen König gibt, der universale und absolute Macht beansprucht, so gibt es nur noch einen Gott, der als himmlisches Abbild, gleichsam als archetypisches Urbild die königliche Allmacht legitimiert. Der zwischen Gott und das Volk geschobene Mittler macht dieses selbst in seiner religiösen Existenz völlig von ihm abhängig.

Im vereinfachten Modell sieht die Ordnung der Wirklichkeit so aus:

Ein Gott

|

ein Mittler (Pharao)

|

Volk

Im Monotheismus Echnatons gibt es auch das *Weibliche* nicht mehr; keine der großen Göttinnen: Mut, Isis, Hathor, Nut sind im Bilde Atons mitenthalten. Echnatons Monotheismus war nicht die Ausformulierung einer seit langem in Gang befindlichen Kulturentwicklung. Sie bedeutete vielmehr einen Bruch mit den vorgängigen religiösen Traditionen; sie war eine geistige Revolution, die im wesentlichen von einer einzigen Persönlichkeit initiiert wurde. Der Monotheismus der Echnaton-Zeit entstand auch nicht durch eine «kontinuierliche Addition» monotheistischer Tendenzen, sondern sie «erforderte einen radikalen Umschlag des Denkens».[12]

Von diesem monotheistischen Denken im engeren und eigentlichen Sinn muß jene religiöse Einstellung abgegrenzt werden, die *einen Gott* über alle anderen emporhebt und die ganze Verehrung auf ihn häuft, ohne die *Fülle der übrigen Götter* deswegen zu leugnen. Diese Art des Monotheismus hatte es in Ägypten, im Alten Israel und anderswo immer gegeben. Mit dieser besonderen und eingeschränkten Art des Monotheismus – von Religionswissenschaftlern auch als *Henotheis-*

mus bezeichnet – verband sich oft auch eine *gegenseitige Erwählungsvorstellung;* ein Gott erwählt sich einen König oder ein Volk als seinen besonderen Liebling und Schützling; der König oder das Volk seinerseits zollt diesem Gott in besonderer oder ausschließlicher Weise seine *Verehrung*; letzteres wurde in der Religionsgeschichte als *Monolatrie* bezeichnet. Der so verehrte Gott ist für den Beter ein *«unvergleichlicher»* und *«einzigartiger»*; so wie für einen Verliebten die Geliebte eine «unvergleichliche» und «einzigartige» ist. Dabei gilt als selbstverständlich, daß es auch andere Götter – außerhalb oder auch innerhalb der eigenen Volks- oder Religionsgemeinschaft geben kann; auch für den Verliebten gibt es keinen Zweifel, daß auch noch andere Frauen außer seiner «einzigartigen» Geliebten existieren, und daß diese anderen Frauen für andere ebenfalls «einmalig» und «unvergleichlich» sein können. In beiden Fällen, bei den Liebenden und bei den Gottesgläubigen, ist es auch möglich, daß die Stelle des *jetzt* «Unvergleichlichen» und «Einzigartigen» morgen ein anderer oder eine andere einnimmt.

Es ist wichtig, daß die Vorzugsstellung einer Gottheit, so monotheistisch sie auch anmuten mag, nicht als monotheistische religiöse Struktur mißverstanden wird. Tatsächlich machte die theologische Reflexion und Spekulation aus diesem monolatrischen Verhalten der gläubigen Beter oft eine monotheistische Theorie. Die «Einzigkeit Gottes» in der eben beschrieben religiösen Praxis hatte aber noch nichts zu tun mit monotheistischer Theologie, sondern sie war hymnische Beschreibung der Einheit der Weltwirklichkeit.

Im Sinn der Monolatrie, nicht des Monotheismus, ist z. B. der Hymnus zu verstehen, mit dem die Orphiker Zeus priesen:

«Zeus ist der Erste, Zeus der Letzte,
der Gott mit dem blendenden Blitze.
Zeus ist der Kopf, Zeus ist die Mitte,
von Zeus hat alles sein Ende.
Zeus ist der Grund der Erde und des gestirnten Himmels.
Zeus ist männlich.
Zeus ist eine unsterbliche Frau.
Zeus ist der Hauch von allem,
Zeus der Schwung des unermüdlichen Feuers.
Zeus ist die Wurzel des Meeres,
Zeus die Sonne und der Mond.

Zeus ist der König,
Zeus ist der Beginner von allem,
der Gott mit dem blendenden Blitze.
Denn er hat alles in sich verborgen
und brachte es wieder hervor,
zum Licht voller Freude,
aus seinem heiligen Herzen,
Wunder wirkend.»[13]

Es sind im wesentlichen die gleichen Anreden, mit denen früher – vor der konsequenten Patriarchalisierung der Kultur – und noch gleichzeitig anderswo von anderen Betern zur großen *Göttin Rhea* und später zu *Demeter* gebetet wurde. Sie war die «Große Mutter und höchste Gottheit», der im Überschwang der Verehrung alle göttlichen Attribute überhaupt gegeben wurde; dies aber nicht als theologische Festlegungen, sondern als Formulierung der aktuellen Bedeutsamkeit der betreffenden Gottheit und als Ausdruck der persönlichen Ergriffenheit des Beters.

Der Monotheismus im eigentlichen Sinn, der Monotheismus als Prinzip und theologische Grundaussage dagegen läßt keine anderen Gottheiten mehr zu; er wird zur allumfassenden Theorie, zum verpflichtenden Erklärungsmodell für das Dasein überhaupt. Der strikte Monotheismus Echnatons – und nach ihm auch der jüdische, christliche und islamische – mußte von seiner Grundanschauung her alle anderen Götter entwerten, verleugnen und schließlich vernichten. Der universale Gott Echnatons, der Gott der Bibel und der Gott Mohammeds war kein «Gefäß», in dem alle anderen Gottheiten in einer Art grandioser Synthese zu einer einzigen Wirklichkeit zusammengefaßt wurden; Monotheismus hieß für Echnaton, die Juden, die Christen und die Moslems, daß sie dem von ihnen verehrten Gott allein Existenz und Macht zuerkannten und alle anderen Gottheiten für ohnmächtig und schließlich für inexistent erklärten. Der als universal proklamierte eine Gott integriert die vielfältigen Aspekte des Absoluten nicht, sondern verabsolutiert einzelne Aspekte. Das Fragment wird durch Verfügung und Deklaration zum Ganzen gemacht.

Echnatons Monotheismus war in seinem Wesen aggressiv, intolerant und auf die Auslöschung anderer Götter und damit anderer Überzeugungen und Wertsysteme angelegt. In Ägypten blieb dieser Monotheismus eine kurze Episode der Geschichte. Die religiöse Revolution, die auch das ganze gesellschaftliche und kulturelle Leben zu verändern beanspruchte und zu verändern begann, scheiterte und endete mit der Vernichtung ihres Protagonisten. In Ägypten kam es nicht zur «Perestroika», zur Umwandlung der Gesellschaft. Dieser Erfolg sollte in beschränktem Ausmaß erst dem jüdischen und nachhaltiger dem christlichen und islamischen Monotheismus beschieden sein.

Echnatons Monotheismus ist in seiner Substanz aber das Urbild, der Archetyp des strikten theologischen Monotheismus geworden und geblieben. Damit ist nicht gemeint, daß er kulturgeschichtlich einen maßgeblichen Einfluß auf die Entwicklung des Monotheismus im Alten Israel hatte. Aber der jüdische, der christliche und der islamische Monotheismus weisen die gleichen Grundzüge auf. Alle diese Monotheismen sind hierarchisch, prophetisch, exklusiv, männlich, geistig und theokratisch (auf den Anspruch und die Ausübung weltlicher Macht aus).

Die geschichtlichen Monotheismen waren und sind keine Räume der Integration; aber sie waren in der Vergangenheit revolutionär-kreative Gestaltungs- und Umgestaltungskräfte. Von daher waren sie auf den Konflikt mit dem Bestehenden und allen andersartigen Weltanschauungen und Lebensformen angelegt. Auch in ihrer Kreativität führten sie zur Zerstörung fremder Werte, wo sie sich durchzusetzen vermochten, oder zur Selbstzerstörung ihrer Anhänger, wo sich die «Vielfalt der Götter» oder ein anderer Monotheismus als stärker erwies.

2.3 Der Polytheismus der antiken Hochkulturen

Der Polytheismus war keineswegs nur eine Erscheinungsform des Religiösen in wenig entwickelten Kulturen. Er kam im Gegenteil auch in Hochkulturen vor, welche über komplexe Gesellschaftsstrukturen und hochdifferenzierte Sozialsysteme verfügten. Die Welt der Götter war keine chaotische Vielfalt, sondern eine reich und fein gegliederte Ganzheit; das Pantheon spiegelte die verschiedenen menschlichen Grundbedürfnisse und die schöpferischen und emotionalen Möglichkeiten ebenso wieder wie die sozialen, politischen und ökonomischen Strukturen. In jedem Gott und in jeder Göttin wurde ein spezifischer Aspekt menschlicher Existenz und menschlicher Entwicklungsmöglichkeiten ansichtig. In den Gottheiten personifizierten sich zugleich auch kosmische (z. B. astronomische und meteorologische) Phänomene. Zeus war der Gott des Gewitters. Aber er war nie *nur* das Gewitter; innerpsychische Erfahrungen (z. B. sein Zorn) und zwischenmenschliche Prozesse (z. B. die Konflikte mit Hera, seiner Frau) bildeten sich in den dramatischen Vorgängen der Natur ab; sie waren von ihnen unterschieden und mit ihnen vergleichbar und in einem wesentlichen Sinne analog.

Die vielen Götter und Göttinnen hatten je ihr spezifisches Persönlichkeitsprofil; aber dieses war nicht starr und nie endgültig festgelegt; es ließ sich auch von den anderen Göttern und Göttinnen nicht exakt abgrenzen; die Rangfolge innerhalb der Götter-Vielheit und die Charakteristika der einzelnen Gottheiten war in stetem Wandel begriffen; trotzdem stellte die Gesamtheit des Pantheons, der Götter-Vielheit, ein relativ stabiles und verläßliches Gefüge dar. Auch das Alter der Götter und Göttinnen spielte seine Rolle: ältere Götter konnten Repräsentanten einer ursprünglichen, elementaren Daseins-, Bewußtseins- oder Gesellschaftsform sein. Sie waren die Vergegenwärtigung des Urgrunds der kosmischen oder psychischen Energie, der keinen entwicklungsmäßigen Kulminationspunkt darstellte, sondern den Ort, aus dem jede schöpferische Energie stammte. Alter konnte bei den

Göttern auch heißen, daß sie an Bedeutung für eine Kultur verloren und sie Göttern und Göttinnen Platz machen mußten, in deren Gestalt die kulturellen und psychischen Kräfte und Entwicklungsmöglichkeiten des Volkes besser zur Darstellung und Wirksamkeit kamen.

Die Götterwelt war ein geordneter und zugleich dynamischer Kosmos. Ein Götterkönig hatte als höchster Gott eine zentrale Machtposition inne und nahm auch die Verantwortung wahr, die Kräfte des Daseins im Gleichgewicht zu halten oder sie wieder in Bewegung zu bringen, wenn sie – z. B. durch die Fesselung des Liebespaares Ares/Aphrodite oder durch die (depressive) Trauer der Demeter – zum Stillstand gekommen waren. Der Kosmos der Götterwelt war allerdings auch bedroht durch das Chaos undifferenzierter Elementarkräfte – z. B. die Riesen – oder durch «überalterte» Götter, die alle neuen Entwicklungen zu verhindern oder wieder rückgängig zu machen drohten. Der griechische Gott *Chronos* war einer, der die eigenen Kinder verschlang. Chronos ist das Prinzip des Alten, das keine Neuentwicklung zuläßt. Er ist das rigide gewordene Vater-Prinzip, das die heraufkommenden Söhne und Töchter vernichtet. Es ist eine unzulässige Vereinfachung, wenn in der zeitgenössischen Psychologie fast nur von den «verschlingenden Müttern» die Rede ist und diesen für einen Großteil der seelischen Störungen die Schuld zugeschoben wird.

Der Mensch, der diese Götter verehrte, sie fürchtete und zu ihnen betete, wurde sich dadurch immer wieder der Vielfalt kosmischer und seelischer Wirklichkeit bewußt. Er wurde durch Ritual und Liturgie mit jenen ewigen Daseinskräften in Berührung gebracht, die Stabilität und Wandel der gesellschaftlichen und persönlichen Wirklichkeit im Gleichgewicht hielten. Die Vielzahl der Mythen ließ die Menschen aller Volksschichten miterleben, daß auch die großen Götter, die einmal Leben und Fortschritt bedeutet hatten, sich in ihr Gegenteil verkehrten und zur tödlichen Bedrohung des Lebens wurden, wenn sie nicht rechtzeitig von der Bühne der Geschichte abtraten. Der private Beter und der in offizieller Mission opfernde Liturge (König oder Priester) ließ sich rituell in die Erfahrung ein, daß Kosmos, geordnete Weiterentwicklung des Lebens nur möglich ist, wenn alte Symbole des Absoluten, so heilig und göttlich sie auch sein mochten, geopfert wurden, wenn ihre Zeit abgelaufen war.

2.4 Der Monotheismus Israels

«El»

Der israelitische Monotheismus ist von seiner Entstehung her anderer Art als der ägyptische Echnatons. Die kulturelle Vorgeschichte und das kulturelle Umfeld der beiden Monotheismen waren völlig verschieden. Israels Vorfahren waren nomadisierende Kleinviehzüchter mit einer wenig differenzierten Gesellschaftsstruktur. Wie in anderen vergleichbaren Gesellschaften, den sogenannten Stammeskulturen, gab es auch in Israel den Glauben an ein «Höchstes Wesen», dem eine gewisse, aber keinesfalls absolute Sonderstellung zukam. Es gab keine vielfältige und strukturierte Götterwelt, sowenig wie es eine komplizierte und differenzierte Gesellschaftsstruktur gab. Das «Absolute», «Numinose», «Heilige» oder «Göttliche» manifestierte sich als nur ungenau definiertes Wesen. In den Volksgruppen, aus denen sich das Volk Israel herausbildete, wurde dieses wenig fassbare «Höchste Wesen» *«El»* genannt. *«El»* war nur an wenigen Orten ein mehr oder weniger abgegrenzter persönlicher Gott; fast immer und überall bezeichnete *«El»* »das Göttliche» überhaupt oder es wurde zum Attribut «göttlich». Bekannterweise hat sich *«El»* in unzähligen Gottesnamen bzw. den menschlichen Namensträgern erhalten: Isra-el, Gabri-el, Micha-el, Nathana-el usw. Im Arabischen wurde aus dem gleichen *«El» «Allah»*.

Das «Höchste Wesen» dieser einfachen Nomadenkulturen konnte als sehr nahe oder als dem Menschen sehr fern erlebt werden; es hatte mancherorts im Lebensalltag so gut wie keine Bedeutung; in anderen Stämmen dagegen hatte es eine gewisse Wichtigkeit. Neben dem «Höchsten Wesen» gab es in diesen einfachen Kulturen fast immer auch eine Gottheit, die für die alltäglichen Lebensvollzüge von zentraler Bedeutung war und den äußeren und inneren Fortbestand des Clans oder der Sippe sicherstellte. Die Religionsgeschichte bezeichnet diese Gottheiten als Sippen- oder Stammes-Götter. Sie sind – wie die Totem der Indianer oder Eskimos – lebenswichtige Identifikationssymbole;

sie verbinden den Stamm mit seinem mythischen Ursprung und sind Ausdruck und Belebung seiner kulturellen Identität. Es kann als gesichert gelten, daß die nomadisierenden Vorfahren des Volkes Israel nie die ausschließliche Verehrung eines Sippen-Gottes kannten; bei ihren Kontakten mit seßhaften Kulturformen verehrten sie auch deren Götter und beteten oder opferten an deren Heiligtümern.

Im Alltag der Nomaden hatte weder das «Höchste Wesen» noch ein Sippen- oder Stammes-Gott nur annähernd so viel Bedeutung wie jene außergewöhnlichen Menschen, welche in besonderer Weise mit den geheimen Kräften der Natur und des Kosmos in Verbindung waren und über eine tiefere Einsicht in die Geheimnisse der Stammestradition verfügten: nämlich die Seher, Zauberer und Dichter.

Die Zeit der «Landnahme»

Israels Vorgeschichte kannte weder einen eigentlichen Monotheismus, der auf Abgrenzung und Ausgrenzung angelegt war, noch ein polytheistisches Pantheon. Die Situation veränderte sich erst in jener Phase seiner Geschichte grundlegend, die – verharmlosend – als die Epoche der *«Landnahme»* bezeichnet wird. Gemeint ist mit ihr die Zeit der Eroberung des «Verheissenen Landes» und seine Besiedlung durch die Israeliten (ca. 1250–950 v. Chr.). Es handelte sich um eine Periode fast ununterbrochener Konflikte zwischen der religiösen und kulturellen Eigenart der Kleinviehnomaden der israelitischen Stämme und den kanaanäischen Stadtkulturen der Ammoniter, Philister, Amalekiter, Edomiter usw. Kontinuierliche *Infiltration* und zahlreiche *Eroberungskriege* prägten diese Zeit.

Die Stadtkulturen waren polytheistisch. Als eine Art «oberster Schutz- und Kriegsherr» wurde Jahwe auf der Seite Israels in eben dieser Zeit immer mehr zum alleinigen Gott Israels. Jahwe stand als ein Einzelner den verschiedenen Göttern der Kanaäer gegenüber. Jahwe wurde zum «Stammes-Gott» Israels, für Israel «unvergleichlich» und «einzigartig». Aber er war noch immer kein monotheistischer Gott, wie es Aton im Sinne Echnatons gewesen war. In der Weltschau und im Glauben Israels war noch Raum für andere Götter. Nur genossen diese anderen fortan keine Verehrung mehr; diese kam nur noch jenem Gott zu, der ihm in den kriegerischen Auseinandersetzungen mit den polytheistischen Städekulturen zum Sieg verhalf.

Mit zunehmender Seßhaftigkeit und der Stabilisierung der Macht im eroberten Land begann Israel nicht nur kulturelle, sondern auch religiöse Elemente zu integrieren. Der «El» der Kananäer wurde mit Jahwe völlig eins. Es scheint, daß es auch zu einer weitgehenden Identifikation zwischen Jahwe und Baal kam. Jahwes «Persönlichkeits-Profil» wurde durch solche Identifikations- und Assimilationsvorgänge vielschichtiger und komplexer. Auch liturgische und kultische Elemente flossen in die Verehrung Jahwes ein. Die Integrationsvorgänge nach der Eroberung des Landes stellten für Israel kein religiöses Problem dar. Denn es gab noch keinen strikten Monotheismus in Israel; das einfache Jahwe-Bild nomadisierender Stämme erweiterte sich und konnte dank dieser Erweiterung auch den nun seßhaft gewordenen und in eine komplexe Städtekultur einbezogenen Menschen Symbol ihrer Identität sein; nur das Gottesbild, in das Elenemte einer anderen Kultur- und Lebensform integriert waren, vermochte den vielfältigeren Lebensbedürfnissen und Lebensmöglichkeiten Rechnung zu tragen und hilfreich zu sein.

Erst in der theologisch-monotheistischen Interpretation späterer Jahrhunderte wurden diese Identifikations- und Integrationsprozesse als «Abfall» vom reinen Jahweglauben gewertet; und bis auf den heutigen Tag werden sie von den Theologen, die sich als Anwälte des Monotheismus verstehen, als *Synkretismus* bezeichnet und damit einer dekadenten religiösen Entwicklung zugewiesen.

«Daß Jahwe im Kreise der Götter ganz stark dominiert hat, ist sicher. Aber ebenso deutlich erscheint es mir, daß andere Götter neben Jahwe ihren Platz hatten.»[14]

Moses und die Propheten

Es gibt eine Anzahl namhafter Gelehrter, welche in Moses die überragende Persönlichkeit sehen, die vergleichbar mit Echnaton in Ägypten den überkommenen Jahweglauben in revolutionärer Weise in einen eigentlichen Monotheismus umgestaltet hätte. Nach Stolz scheint es jedoch wahrscheinlicher, daß dieser Monotheisierungs-Prozeß erst viel später stattfand und auf die mächtige Führergestalt der Vergangenheit zurückprojeziert wurde. Stolz sieht den eigentlichen Konflikt zwischen dem Jahweglauben und dem polytheistischen Pantheon Kanaans erstmals im 9. Jahrhundert v. Chr. aufbrechen, nämlich zusammen mit dem soziokulturellen und soziopolitischen Konflikt zwischen der alten Kleinviehzüchterkultur und der neuen Städtekultur *innerhalb* Israels. Der Kampf für den einen Gott war untrennbar mit dem Kampf gegen die Staats- und Gesellschaftsstruktur und die Lebensform der Städte verbunden. Die monotheistische Entwicklung im engeren Sinn nahm in Israel ihren Anfang als Kampf für die «Väter» und gegen die «Söhne», das heißt als Verteidigung der *nomadischen Tradition* gegen das Überhandnehmen der Sitten und Werte städtischer Kultur innerhalb Israels. Die kompelxe Welt der Städte wurde nicht nur als Bereicherung, sondern von vielen als Bedrohung erlebt. Menschen mit der einfachen Weltschau der Nomaden fanden sich in der pluralistischen Welt der Städte nicht mehr zurecht. Zu diesen Menschen gehörten auch manche Propheten. Die eigene vertraute Welt samt ihrem Gott wurde mehr und mehr zum Refugium, in das man sich zurückzog; aus Angst, von der neuen Kultur aufgesogen zu werden, wurde die eigene althergebrachte überhöht und zur alleinigen Richtschnur für Wert und Unwert gemacht. Aus Angst vor der großen Welt wurde diese an den eigenen Wertmaßstäben gemessen und entsprechend entwertet. Alles, was nicht der eigenen Tradition entsprach, wurde fortan als böse verworfen.

Die Exils- und Nachexilszeit

Die frühe Entwicklung des israelischen Monotheimus war in ihrem Charakter deutlich defensiv, regressiv und reaktionär. Die Angst vor der neuen Vielfalt drängte in die Richtung des *Einen*. Der endgültige und entscheidende Durchbruch des Montheismus ereignete sich aber erst zur Zeit nach dem Exil (6. Jahrhundert v. Chr.). In verschiedenen Schüben wurde ein großer Teil des Volkes deportiert. Jerusalem war gefallen, Israel hatte seine nationale Integrität verloren. In dieser Phase äußerster Demütigung und in der akuten Gefahr, in der Fremde auch seine nationale *Identität* zu verlieren, bekamen Elemente der Tradition, die vordem einfach zur Lebensordnung gehört hatten, einen unvergleichlichen Stellenwert; sie wurden zum Ausdruck persönlicher und nationaler Identität; sie wurden zu Zeichen der Abgrenzung und sie verstärkten die Zusammengehörigkeit. Für Israel wurden insbesondere der Sabbat und die Beschneidung zu symbolischen Gefäßen, in denen nationale und religiöse Eigenart überlebten.[15]

Paradoxerweise setzte sich gerade in der Ohnmacht der Exilssituation endgültig der Glaube durch, daß Jahwe nicht nur der Gott Israels, sondern der Gott und Herr der ganzen Welt war. Die Propheten

Jeremia und ganz besonders *Deuterojesaja* wurden nicht müde, dies unablässig zu betonen. Der eigene Gott wurde zum universellen und einzigen Gott erhoben; er war nicht mehr nur ein Gott über den anderen Götter; nur er allein war überhaupt ein Gott; alle anderen Götter waren Nichtse. In dieser Phase des absoluten, kompromißlosen Monotheismus gab es keine Identifikation Jahwes mit anderen Göttern mehr und keine Integration von Attributen und Charakteristika anderer Gottheiten ins jahwistische Gottesbild. Was an nationaler Bedeutung verloren war, wurde kompensiert durch die prophetische Verkündigung von Jahwe als dem einzigen Gott schlechthin. *Ihr Gott* war auch der Gott ihrer Feinde. Diese Gewißheit gab dem Volk als Ganzem und jedem einzelnen selbst in der Sklaverei und in der Unterdrükkung Größe, Würde und Identität.

In diese Phase der Monotheismus-Entwicklung fällt eine weitere folgenschwere Veränderung des Weltbildes. In der Zeit der vorwiegend nomadischen Kultur zerfiel die Welt in zwei große Wirklichkeitsbereiche: die Welt Jahwes und der Götter auf der einen Seite; auf dieser Seite war Kosmos: geordnete, strukturierte Welt. Nur außerhalb drohte das Chaos: strukturloses, lebengefährdendes Dasein. In der Zeit der inneren Auseinandersetzung zwischen nomadischer und urbaner Kultur begann sich die Welt in einer neuen Weise aufzugliedern. Zur Welt des Kosmos gehörte nur noch die relativ einfache, überschaubare Welt Jahwes; die Welt der Götter zählte fortan zum Chaos, zur verwirrenden, unübersehbaren Vielfalt.

Das *theologische Gottesbild der Propheten* brachte im Laufe der Entwicklung eine weitere Aufteilung der Wirklichkeit: *auf der einen Seite* war Jahwe, der Gott Israels, *der einzige Gott. Auf der anderen Seite war die Welt als Ganze;* der Bereich Gottes war identisch mit dem Kosmos; der Bereich «Welt» war insgesamt, Israel miteingeschlossen, Chaos, die Welt des Bösen. Weil auch Israel böse war und dem Chaos zugehörte, ließ es sein Gott zu, daß es in die Hände der Unterdrücker geriet. Gott rückte weg, er wurde zum Gegenpol der Welt; er war für die Menschen kein einfach be-greifbarer Sippengott mehr wie einst Jahwe; er war aber auch keine ausgefächerte und anschaubare Vielheit mehr wie das Pantheon der heidnischen Götter. Ähnlich wie der ägyptische Aton bedurfte auch der neuartige universale Gott der Mittler, die allein noch imstande waren, seinen Willen zu kennen. Die Vorstellung blieb erhalten, daß Gott der Welt seine Ordnung gab und die Welt dieser göttlichen Ordnung zu entsprechen hatte. Aber nur die Propheten oder die Priesterschaft war noch imstande, Gottes Willen für die Welt zu erkennen und den übrigen Volks- oder Glaubensgenossen kundzutun. Auf anderem Weg als in Ägypten hielt auch im Monotheismus des Alten Israel das *hierarchische Prinzip* Einzug. Die prophetische Verkündigungsstruktur spielte Menschen die fast unbegrenzte Macht zu, allein den Willen Gottes zu kennen und die Menschen zu verpflichten, diesen vom Mittler verkündeten Willen Gottes zu erfüllen. Gegen die prophetische und priesterliche Autorität gab es kein Veto. Gegen den Anspruch, Gottes Willen zu kennen und zu verkünden, gab es keinen Einspruch.

Echnaton, Zarathustra, Mohammed und zahllose andere große und kleine Propheten erhoben diesen unanfechtbaren Anspruch, den Willen des einen absoluten Gottes zu kennen; oft war – und ist – es der Anspruch, *allein* den Willen Gottes zu kennen und darum auch *allein sein legitimer Mittler* zu sein; andere erhoben den Anspruch, den *endgültigen* Willen Gottes, gleichsam seine letzte Verfügung zu kennen. Und weil es der Wille des *universalen* Gottes war, hielten es seine Mittler auch für legitim, für diesen Gotteswillen über die Grenzen der eigenen Religiongsgemeinschaft hinaus uneingeschränkte Erfüllung zu fordern. Das war in der Religionsgeschichte völlig neu. Auf diese Anschauung greifen aber auch die modernen Fundamentalisten zurück, wenn sie «Gottes Gebot» auch jenen auferlegen wollen, die diesen Gott nicht als den ihren anerkennen oder an überhaupt keinen Gott glauben.

Was sich in der Ohnmachtssituation des Exils ereignet hatte, wiederholte sich in vergleichbaren geschichtlichen Umständen. Auch für die verfolgten Christen der vorkonstantinischen Zeit war der Glaube an ihren Gott als den Gott aller Völker und des ganzen Universums eine Kraft, die das Selbstwertgefühl und die eigene Identität rettete. In der Demütigung wurde der Glaube an die absolute Überlegenheit des eigenen Gottes zur heimlichen Superiorität und Grandiosität.[16] Kommen diese Gläubigen eines absoluten, universalen Monotheismus aber an die Macht, wird die eigene Schau und Interpretation der Ordnung dieses Gottes den ihnen Unterlegenen uneingeschränkt aufoktroyiert. Unversöhnliche Konflikte sind in der Struktur monotheistischer Weltanschauung vorprogrammiert. Wo Gottes Ordnung durch Könige (Echnaton) oder Propheten (Mohammed) oder Priester und Theologen vermittelt werden muß, werden immer viele beanspruchen, diese Ordnung Gottes zu vertreten und darum Anrecht auf unbedingten Gehorsam zu haben.

Im monotheistischen Weltbild der Propheten ist der Mensch selbst daran schuld, daß ihn Gott der Macht seiner Feinde ausliefert. Seine Demütigung ist auch seine Strafe für kollektiv oder individuell begangenes Unrecht. Dies wird psychisch derart belastend, daß zur Sicherstellung des eigenen seelischen Überlebens das Böse, wenn immer möglich nach außen, auf die Feinde projiziert werden muß.

2.5 Das Gottesbild Jesu und Mohammeds

Der Gott Jesu

Die Evangelien, wie sie im Neuen Testament vorliegen, haben erst Jahrzehnte nach Jesu Tod ihre endgültige Komposition gefunden. Der uns vorliegenden Redaktion der Texte geht eine lange mündliche Überlieferung voraus. Die Erzählungen über das Wirken und Lehren Jesu wurden über diese lange Zeit beeinflußt durch die Situation der jeweiligen ZuhörerInnen und ihrer Nöte und Bedürfnisse. Für die frühen christlichen Gemeinden bedeuteten diese Erzählungen nicht in erster Linie geschichtliche Informationen, sondern sie waren Ausdruck ihres Glaubens. Es ist darum schwierig festzustellen, wer der geschichtliche Jesus wirklich war, und welche Worte, die ihm in den Texten der Bibel in den Mund gelegt werden, wirklich von ihm stammen. Trotzdem lassen sich einige Grundlinien festhalten, die mit großer Wahrscheinlichkeit dem persönlichen Gottesbild des historischen Jesus zuzurechnen sind. Nur von diesen ist hier die Rede, und nicht vom Gottesbild oder den Gottesbildern der neutestamentlichen Texte insgesamt. Das Gottesbild Jesu kann vor allem aus seinen Gebetsanweisungen und Gleichnissen herausgelesen werden. Es entbehrt der theologischen Systematik und bleibt fragmentarisch; die Tatsache, daß es kein umfassendes, ganzheitliches, umfassendes Gottesbild bei Jesus gibt, beläßt diesem auch eine große Offenheit für die Integration der Gotteserfahrungen der ZuhörerInnen seiner Zeit und späterer Epochen.

Als wohl Wichtigstes kann gesagt werden, daß es für Jesus eine *größere Unmittelbarkeit Gottes* gab als in der religiösen Tradition Israels und in der zeitgenössischen Theologie der Pharisäer und Schriftgelehrten. Die Distanz zwischen Mensch und Gott verringerte sich in der Verkündigung Jesu. Gott blieb allerdings auch für Jesus ein transzendenter, jenseitiger Gott, der große Andere; der Gott Jesu ist kein immanenter Gott; aber er ist ein Gott, der näherrückte. Jesus lehrte seine ZuhörerInnen, zu ihm zu beten als zu ihrem «Abba», zu ihrem «Papi». Nach Jesu Anschauung sollte *jeder* so zu ihm beten dürfen (Matthäus 6,8; Lukas 11,2). Diese Unmittelbarkeit aller zu Gott ist für Jesus offenbar wichtiger als Kultvorschriften. Damit wird das hierarchische Gefälle und die Mittlerfunktion beträchtlich reduziert.

Jesus stellte sich mit seinem Gottesbild nicht außerhalb der jüdischen Tradition eines einziges Gottes patriarchaler Prägung. Auch für ihn war Gott der Herr, der König, der Richter, der Schöpfer, der Gesetzgeber. Aber es gab bei ihm eine wichtige Akzentverschiebung. Daß Gott ein Vater ist, war nicht neu (z. B. Psalm 67 [68], 6; Jeremia 3,19). Daß Gott aber *vor allem* als Vater gesehen und angeredet werden konnte, war eine Besonderheit der Gottesvision Jesu.

Jesus sprach oft von Gott als *seinem* Vater und von Gott als *ihrem* Vater, wenn er seine Jünger oder seine ZuhörerInnen anredete. Es war der eine und selbe Gott, von dem er sprach, aber Jesus beanspruchte offensichtlich, daß seine Beziehung zum *Vater* nicht einfach identisch war mit der Beziehung, welche die von ihm angesprochenen Zuhörer zu Gott als Vater hatten. Es gab bei Jesus nirgends ein *«unser»* Vater: im Gebet «Unser Vater» (oder «Vater unser» in der katholischen Sprechweise) lud Jesus die ZuhörerInnen ein, mit «unser» Vater zu beten; er schloß sich dabei selbst offensichtlich nicht mit ein. Das heißt, daß die Beziehung zu Gott individueller wird. Gott ist nicht einfach *»der«* Vater; er ist genauso wenig undifferenziert *»unser«* Vater. Er ist *»mein«* respektive *»euer«* Vater; darin liegt die Möglichkeit der je eigenen Erfahrung, Erkenntnis und Anschauung. Das ist abseits von einem monistischen Einerlei. Die Bibelgelehrten und Dogmatiker haben aus der jesuanischen Unterscheidung «mein» und «euer» Vater die absolut unvergleichbare Sonderstellung Jesu Gott gegenüber abgeleitet und seine Gottessohnschaft im engeren Sinn begründet. Das ist theologische Interpretation und Glaube der christlichen Gemeinden der frühen Kirche und der auf ihr aufgebauten religiösen Tradition.

Jesu Gottesbild unterscheidet sich durch eine weitere Akzentverschiebung. Gott war für Jesus *nicht* mehr *primär* ein Gott der *Geschichte* und ein Gott des *Volkes*. Das Schwergewicht der Worte und Gleichnisse Jesu verlagerte sich mehr auf den einzelnen Menschen als Einzelnen. Der Einzelne steht seinem Gott gegenüber; Gott ist der Vater, König, Richter, Gastgeber des Individuums. In der Tradition des Christentums ist diese Individualisierung des Gottesbildes wieder untergegangen. Es ist schon im Lauf der ersten Jahrhunderte der christlichen Geschichte zunehmend für alle Gläubigen normativ festgelegt worden; es durfte nur noch *ein* Gottesbild geben für alle, die zur Kirche gehörten; an die Stelle des Individuums mit seiner persönlichen Gotteserfahrung und seinem je eigenen Gottesbild trat wieder «das Volk». An der Stelle des jesuanischen *«mein»* und *«dein»* und *«euer»* Vater setzte sich ein *«unser»* durch, das keine Abweichungen und Unterschiede zuließ und von den Inhabern der kirchlichen Macht und theologischen Autorität inhaltlich dekretiert wurde.

Gerade das *«unser»* wird leicht zum Deckmantel für autoritäre Fremdbestimmung und damit zu einer ernsthaften Gefährdung der Individualität. In der christlichen Tradition ist dieses «*unser* Vater» auch zum Modell des «wir» in der Paar-Beziehung geworden, zum Ur- und Idealbild der Zusammengehörigkeit und Gemeinschaft. Aber auch in der Paar-Beziehung birgt dieses einseitige *«wir»*, das keinen Raum mehr läßt für «ich» und «du» eine große Gefahr. Es verdeckt so oft, daß der dominierende Partner vom anderen völlige Anpassung fordert und den anderen in seiner Eigenart mißachtend die eigenen Wünsche und die höchsteigenen Entscheidungen als «gemeinsame» ausgibt; oder aber das «wir» kommt zustande durch die Einebnung der individuellen Eigenart beider Partner; dieses «wir» ist keine reichere, sondern eine entleerte, verarmte Wirklichkeit, die zwar harmonisch sein mag, aber auf Dauer zu einem wesentlichen Seelenverlust führt.

Das Gottesbild Mohammeds

Während es schwierig ist, Gültiges über das Gottesbild des historischen Jesus auszusagen, läßt sich das Gottesbild Mohammeds aufgrund des Korans, der in allen wesentlichen Teilen auf Mohammed selbst zurückgeht, viel besser fassen. Die Ansichten der Experten divergieren darum im Grundsätzlichen kaum.

Das hervorragende Element in Mohammeds Gottesbild ist die *absolute Transzendenz* Gottes. «Gott ist der Erhabene» (Sure 2,255); «die Blicke erreichen ihn nicht» (Sure 6,103). Erkennbar sind nur die Gaben Gottes, seine Schöpfung; er selber ist der absolut Andere, der immer Unerkennbare, über dessen Natur und Wesen die Menschen, auch die Gläubigen nichts aussagen können. Das strenge Bildverbot unterstreicht die Tatsache, daß «nichts Gott gleich» ist (Sure 42,11); jeder konkrete Darstellungsversuch würde die radikale Transzendenz, Jenseitigkeit und Andersartigkeit verkürzen. Der islamische Monotheismus betont die uneingeschränkte Einzigkeit Gottes – die christliche Trintitäts-Theologie ist bereits Mißverständnis und Abfall von diesem reinen, konsequenten Monotheismus – seine absolute Souveränität und uneingeschränkte Herrschaft.

Mohammed bekennt sich ausdrücklich zum Prinzip der Toleranz und zum Recht der Menschen, ihre je eigenen Gottesanschauungen zu haben; «Ihr habt eure Religion, und ich habe meine Religion» (Sure 109,6). Der religiöse Pluralismus, jedenfalls soweit er das Judentum, Christentum und den Islam betrifft, entspricht in der Anschauung Mohammeds sogar dem ausdrücklichen Willen Allahs. «Für jeden von euch haben wir eine Richtung und einen Weg festgelegt. Und wenn Gott gewollt hätte, hätte Er euch zu einer einzigen Gemeinschaft gemacht. Doch will Er euch prüfen in dem, was Er euch hat zukommen lassen» (Sure 5,48).Er beläßt Menschen anderer religiöser Anschauungen die Verantwortung für ihr Tun. «Wer irregeht, geht irre zu seinem eigenen Schaden. Ich bin nicht euer Sachwalter» (Sure 10,108). «Ihr seid unschuldig an dem, was ich tue; und ich bin unschuldig an dem, was ihr tut» (Sure 10,41). Trotz vieler Aussagen des Korans, die auf einen religiösen Pluralismus hinauslaufen und Toleranz postulieren, wurde Mohammed selber zum Ikonoklasten, zum Bilderstürmer, der mit unnachgiebiger Intoleranz alle Konkretisierungen von Gottesvorstellungen: Bilder, Statuen und Heiligtümer der ansässigen arabischen Stämme zerstörte. Das monotheistische Prinzip erwies sich als mächtiger als das Toleranz-Prinzip. Die Transzendenz Gottes, die zum großen Gefäß für vielfältige und verschiedenartige Gottesvorstellungen hätte werden können, wurde ihrerseits zu einem «Bild» mit einem absoluten Ausschließlichkeitsanspruch.

Mohammeds transzendenter Gott ist aber kein «deistischer» Gott der Philosophen, kein unerkennbares Daseinsprinzip, sondern trotz seiner absoluten Unerreichbarkeit ein Gott der absoluten Herrschaft; ein Gott, der durch den Propheten seinen Willen kundtat und unbedingten Gehorsam forderte. Anders als bei Jesus wurde dieser Wille Gottes in allen Daseinsbereichen konkret faßbar, auch im sozialen und politischen Bereich. Allah ist kein Gott der Innerlichkeit. Mohammeds soziale und politische Anschauungen wurden zur Willensäußerung des absolut transzendenten Gottes gemacht. Trotz der absoluten Transzendenz und Ferne Gottes bedurften die Menschen keiner Mittlergestalten zwischen sich und Gott. Es gab und gibt im Islam keinen

Priesterstand, kein Lehramt und keine Hierarchie. Alle Gläubigen sind im Prinzip gleichgestellt. Gott ist für alle gleichermaßen unerreichbar. Der Islam ist eine «egalitäre Laientheokratie».

Der *«consensus der Gelehrten»* legt die Interpretation des Koran und der Tradition fest und erteilt normative Anweisungen, wo die Offenbarung des Korans keine ausreichende Wegleitung gibt. Die Gelehrten ihrerseits berufen sich auf die traditionellen Rechtsschulen. Das «consensus»-Prinzip ist ein demokratisches Strukturelement. In der Wirklichkeit der islamischen Gemeinschaft dagegen ist der «consensus der Gelehrten» oft ein Instrument absolutistischer Macht, die den Gläubigen keinen Spielraum läßt und keine innere und äußere Toleranz kennt. Das «consensus»-Prinzip verdeckt die Machtstruktur und beläßt meistens die wirklichen Machtträger innerhalb des Gelehrtengremiums in der Anonymität. Der transzendente Gott Mohammeds ist schon für den Propheten und noch mehr in der islamischen Tradition zum äußerst konkreten und greifbaren Gott geworden: konkret und greifbar in seinen das ganze Leben erfassenden Gesetzen und Anweisungen.

2.6 Der monotheistische Gott: eine «Leerformel»

Je monotheistischer, universaler Gott wurde, desto abstrakter, unanschaulicher und leerer wurde sein Bild. Die Einzigkeit und Ausschließlichkeit Gottes ist vor allem eine Idee. Diese Entleerung des Gottesbildes ist nach Stolz bereits in der deuteronomistischen Geschichtsschreibung der Bibel feststellbar.[17]

Diese Entwicklung ist um so eindrücklicher, weil Jahwe ein Gott der Geschichte gewesen war; über sein Handeln war er anfaßbar und konkret. Aber dieses geschichtliche Handeln hatte mit einem einzigen Volk zu tun, er war tastbar und be-greifbar, solange er so belassen wurde, wie er von Anbeginn gewesen war: ein Stammesgott.

Mit dem Glauben der christlichen Tradition, daß sich Gott in dem geschichtlichen Menschen Jesus auf einmalige Weise manifestierte, schien sich die historische Möglichkeit anzubieten, die Gottheit in ihrer Unanschaulichkeit und Unfaßlichkeit zu belassen und zugleich als geschichtlich greifbare und menschlich konkrete Realität zu erfahren. Mit Paulus und seinem bestimmenden Einfluß auf die christliche Theologiegeschichte setzte sich aber von allem Anfang eine Tendenz zur Entgeschichtlichung der Jesus-Gestalt durch. Wie aus den Briefen des Apostels deutlich hervorgeht, war er so gut wie nicht interessiert zu wissen, wer dieser Jesus wirklich gewesen war, was er gelehrt und wie er gelebt hatte. Im Zentrum seiner theologischen Vision stand eine neue Deutung und Sinngebung von Leiden und Tod. Das Kreuz, das offensichtliche Scheitern menschlicher Bemühung und der Tod als Katastrophe und Ende aller Möglichkeiten erhielten durch den Glauben an die Auferweckung Jesu eine neue Dimension. Auch die offenkundigste Sinnlosigkeit verlor ihre Endgültigkeit und eröffnete Perspektiven einer neuen, gewandelten Daseins- und Sinnerfahrung.

Die paulinische Theologie kreist nicht um den historischen Jesus, sondern um die Gestalt seines Glaubens, um den «Herrn Jesus Christus». Die Tradition der christlichen Verkündigung blieb durch alle Jahrhunderte weitgehend zwischen zwei entgegengesetzten Polen hängen und vermochte sie weder in einer fruchtbaren Spannung zusammenzuhalten noch sich eindeutig auf eine Seite zu schlagen. Einerseits hielt sie unbeirrbar daran fest, daß Jesus im strengen Sinn des Wortes eine geschichtliche Persönlichkeit ist und daß auch sein Tod und seine Auferstehung nicht weniger geschichtlich sind. Anderseits waren aber dieser Jesus und seine Lehre ein weder an Zeit noch Raum gebundener Inhalt des Glaubens. Der Jesus der Geschichte wurde einerseits so weit seiner Geschichtlichkeit entleert, daß schon die Fragestellung der historisch-kritischen Exegese, wer dieser Jesus denn wirklich war und was tatsächlich er (und nicht die gläubigen Gemeinden späterer Jahrzehnte) sagte, von vielen als in höchstem Maße gefährlich und als dem Glauben abträglich verworfen wurde. Anderseits wurde und wird von den gleichen christlichen Kreisen jene Einstellung ebenso heftig bekämpft, welche die Gestalt und Lehre Jesu aus ihren dogmengeschichtlichen Gewändern befreien und als den schöpferischen Impuls Gottes zugänglich machen möchte.

Noch viel eindrücklicher als in der Christologie, der Lehre über Jesus Christus, sind die dogmatischen Aussagen über Gott als Gott. Er ist der Schöpfer, der alles aus dem Nichts erschaffen hat; er ist der Gesetzgeber, und er ist der endzeitliche Richter. Er ist der Ewige, der Gerechte, der Gütige, der Allmächtige und Allwissende. Und er ist in der christlichen Tradition auch der Dreifaltige: Vater, Sohn und Geist – und doch nur einer. Er ist der reine Geist. Er ist das Sein schlechthin (das *ipsum esse*). Die Theologen der monotheistischen Religionen haben Bibliotheken gefüllt mit ihren Aussagen über Gott. Gott ist zur Summe und Unsumme von verabsolutierten Funktionen und Qualitäten geworden. Aber sein Bild ist dadurch nicht universaler und reicher geworden, sondern festgelegter und wesenloser.

Die zunehmende Entleerung des Gottesbildes zeitigte zwei Kompensations-Erscheinungen. Je abstrakter und farbloser die Gottheit wurde, um so bunter und dramatischer wurden die Urzeitmythen und die Endzeitvisionen. Das Paradies des Anfangs wurde als Ort der göttlichen Präsenz ebenso lebendig konkret wie die Erwartungen der neuerlichen Manifestationen Gottes bei der Wiederherstellung des irdischen oder himmlischen Jerusalems; wo sich das Gottesbild entleerte, füllten sich die Bilder von Himmel und Hölle. Wo das Gottesbild durch die Quantität theologischer Begriffe immer weniger greifbar geworden war, mußte es im Sinn einer seelischen Ausgleichsreaktion fast notwendigerweise zu einem konkretistischen Festklammern an den Bildern der zentralen religiösen Mythen und an den gesetzlichen Materialisierungen kommen.

Es läßt sich auch feststellen, daß die Intoleranz und der Kampf gegen die fremden Götter und andersartige religiöse Überzeugungen dort zunahmen, wo sich das Gottesbild vergeistigte und universalisierte. Offensichtlich bedeutete für die Gläubigen der monotheistischen Religionen die Leibhaftigkeit und Vielgestaltigkeit der Götter und Göttinnen eine ernstzunehmende Versuchung. Je entleerter sich das eigene Gottesbild präsentierte, um so größer wurde – wiederum im Sinn einer spontanen seelischen Kompensationserscheinung – die Faszination des polytheistischen Pantheon. Es gehört zu den großen geschichtlichen Paradoxien, daß gerade die Religionen, die an einen einzigen und universalen Gott glauben, über die Jahrhunderte oder gar Jahrtausende mit einem immensen Aufwand an moralischem Druck und konkreten Maßnahmen ihre Gläubigen vor dem Einfluß anderer religiöser Vorstellungen zu bewahren und oft um den Preis der geistigen Isolierung und Ghettoisierung zu schützen versuchten. Das entleerte Bild des universalen Gottes war offensichtlich kein Gefäß für die vielen und vielfältigen Bilder, in denen Menschen und Völker ihre Erfahrung mit dem Absoluten anschaubar gemacht hatten. Die Leere erwies sich als kein unbegrenzter Raum möglicher Fülle, sondern als ein bedrohliches Vakuum, vor dem sich die Theologie selbst durch den Rigorismus der Dogmen, die dekretierte Moral und den Literalismus der Interpretation der Heiligen Schriften zu retten versuchte.

3. Das monotheistische Weltbild – die monotheistische Bewusstseinsstruktur

3.1 Die unterscheidbare Welt – die teilbare Welt – die zweigeteilte Welt

Der seiner selbst bewußte Mensch ist fähig, die Einheitswirklichkeit der Welt aufzulösen in ihre Vielschichtigkeit und Vielgestaltigkeit. Er unterscheidet und schafft sich ein Orientierungssystem, welches ihm ermöglicht, sich in der Fülle der Daseins-Wirklichkeit zurechtzufinden.

3.1.1 Die horizontale Struktur: die Welt der einfachen Gegensätze

Die elementarste Form der Unterscheidung und Orientierung ist die Auflösung der Wirklichkeit in mögliche Gegensätze. Sie helfen zu einer ersten grundlegenden Orientierung in Raum und Zeit. Nach Genesis 1 beginnt die Schöpfung mit der Erschaffung des Lichts. «Es werde Licht». Die ununterscheidbare Urwirklichkeit steht sich jetzt gegenüber als Licht und Dunkel. Die Zeitgerade erhält eine Struktur: Tag und Nacht. Das Ich schaut auf die verflossene Nacht zurück oder voraus auf den kommenden Tag: es steht zwischen Vergangenheit und Zukunft. Über den Raum wirft sich das Koordinatennetz: es gibt vorne und hinten, rechts und links, oben und unten. Das Ich erlebt sich als Ich und die ganze übrige Welt als Nicht-Ich, als ein Gegenüber: das Ich wird zum Subjekt, die ganze übrige Welt zum Objekt.

Eine vergleichbare Bewußtseintsentwicklung findet bei jedem einzelnen Individuum (Ontogenese) und in der Menschheit als Ganzer statt (Phylogenese). Der Säugling ist zunächst mit seiner Mutter noch eins; er nimmt sie zwar wahr, aber er erlebt sie noch als den Spiegel, in dem ihm sein eigenes Wesen ansichtig wird (Selbst-Projektion). Erst im Lauf des ersten Lebensjahres wird sie allmählich als ein von ihm unterschiedenes Anderes, als ein Objekt wahrnehmbar. Er wird zum Ich, die Mutter zum Du.

Bewußtseinsentwicklung setzt sich in dieser elementaren Form der Gegensätze, der einfachen Gegenüberstellung auch im *ethischen*

Bereich fort. Es gibt gut und böse. Im dritten Kapitel der Genesis wird das wachsende Bewußtsein mit dem Erkennen-Können und Erkennen-Wollen von *gut* und *böse* verknüpft. Es geht um die Unterscheidungsmöglichkeit dessen, was zuträglich oder abträglich, nützlich oder schädlich, lebenerhaltend oder lebengefährdend ist.

Auf jeder Daseinsebene wird das Gegensatz-Prinzip zur wesentlichen Form der bewußten Wahrnehmung, zur Basis der Orientierung und zur Grundlage des Handelns. Auch der zwischenmenschliche, *soziale* Raum wird vom Gegensatz-Prinzip gestaltet. Es gibt Männer und Frauen; Freunde und Feinde; Alte und Junge; Herren und Diener. Das Gegensatz-Prinzip gilt für das Dasein insgesamt. Für das Bewußtsein löst sich die Wirklichkeit auf in Leben und Tod; das Absolute und das Endliche; das Einzelne und das Ganze.

Diese Welt der einfachen Gegensätze soll in der folgenden Gegenüberstellung nochmals anschaulich werden:

Subjekt	–	Objekt	
(ich	–	du)	
Tag	–	Nacht	Zeit
Sommer	–	Winter	
Vergangenheit	–	Zukunft	
rechts	–	links	Raum
vorne	–	hinten	
oben	–	unten	
warm	–	kalt	Temperatur
gut	–	bös	Ethik
(nützlich	–	schädlich)	
Mann	–	Frau	Beziehung
Freund	–	Feind	
alt	–	jung	
Vorgesetzter	–	Untergebener	
Kosmos	–	Chaos	Kosmologie
Licht	–	Finsternis	
Geist	–	Materie	

Leben	–	Tod	Theologie
Gott	–	Mensch	
Gott	–	Welt	
Gott	–	Teufel	
Wahrheit	–	Irrtum	Anthropologie
absolut	–	relativ	
Geist	–	Instinkt	
Geist (Seele)	–	Leib	

Primitives Bewußtsein baut völlig auf dem Gegensatz-Prinzip auf. Das elementare, noch wenig differenzierte Bewußtsein erkennt die Gegensätze nicht als unterscheidende Beschreibungen des einen und selben Objekts, der einen und selben Wirklichkeit. Die Gegensätze werden als je für sich stehende Wirklichkeit betrachtet, sie gelten als je für sich konkret abgrenzbare Objekte oder als absolute autonome Prinzipien.

Die meisten Märchen und Wildwest- und Kriminalfilme sind von dieser simplen Gegensatzstruktur des naiven Bewußtseins geprägt. Da gibt es die gute Mutter und die böse Stiefmutter, die hilfreiche Fee und die gefährliche Hexe, den gerechten Helden und den gemeinen Schurken, den verbrecherischen Täter und die unschuldigen Opfer. In ähnlicher Weise erlebt auch das Kleinkind die Welt nicht nur als eine unterscheidbare, sondern als eine teilbare und real geteilte Welt. Erst ein späteres differenzierteres Bewußtsein vermag in diesen Gegensätzen Aspekte ein und derselben Wirklichkeit zu erkennen.

Die *traditionelle* monotheistische Theologie entspricht im wesentlichen einem primitiven kollektiven Bewußtseinsstadium. Sie unterscheidet nicht nur, sondern sie konkretisiert die Unterscheidungen in real existierende absolute Gegensätze. Der Monotheismus der drei großen Religionen Judentum, Christentum und Islam ist in seinen Denkstrukturen nicht über dieses frühe Bewußtseinsstadium hinausgewachsen. Er hat damit eine immense Unterscheidungs-, aber keine wirkliche Integrationsfähigkeit entwickelt.

Allen Fundamentalismen und Integrismen ist gemeinsam, daß sie konsequent im Rahmen dieser primitiven Bewußtseinsstruktur denken und handeln. Die einen von ihnen waren dieser frühen Bewußtseinsstruktur immer verhaftet geblieben; die anderen greifen in der sich dauernd komplizierenden Selbst- und Fremdwahrnehmung wieder auf sie zurück; in der kollektiven Psyche liegen sie auf jeden Fall immer noch vor und können jederzeit reaktiviert werden. Diese frühe Bewußtseinsform monotheistischer Ausprägung verschafft in einer immer verwirrender erscheinenden Vielfalt eine ebenso einfache wie effiziente Daseinsorientierung. Sie erlaubt eindeutige Stellungnahme im Außen nach dem Freund-Feind-Schema und im eigenen Innern als gut-bös-Unterscheidung.

3.1.2 Die «Gemeinschaft der Heiligen» und die Exkommunikation

Es liegt in der Konsequenz der traditionell-monotheistischen Bewußtseinsstruktur, die konkrete Welt auch konkret zu teilen und die Menschen real dem einen oder anderen Wirklichkeitsbereich zuzuordnen. Das heißt nichts anderes, als daß die einen der lichten Welt des Kosmos zugezählt werden; auf dieser Seite sind die Guten, die Angehörigen der Sippe oder die Volksgenossen, die Freunde, die Gläubigen. Auf dieser Seite ist das *Leben* und die *Wahrheit;* die moralischen Werte dieser Seite gelten als die einzige vertretbare Ethik überhaupt; sie werden zum Weg schlechthin. Auf der Gegenseite ist das Chaos und das Böse; dort sind die Feinde, die Ungläubigen und die Häretiker: dort ist Irrtum und Tod.

Natürlich wissen auch die Menschen dieser Bewußtseinsstruktur, daß es innerhalb ihrer eigenen Mauern Böses gibt. Aber dieses Böse dürfte nicht sein; es wird darum gebrandmarkt als das, was eigentlich doch nicht zu ihnen, zur «Gemeinschaft der Heiligen» gehört; das Böse wird durch Vergebung und Entsühnung inexistent gemacht; der Böse wird in die Gemeinschaft zurückgenommen, wenn er bereit ist, seine als böse deklarierte Andersartigkeit aufzugeben und sich wieder mit den Wertvorstellungen der Kommunität zu identifizieren. Die Einstellung dieser Gemeinschaften ist von ihrem Wesen her puritanisch: ausgerichtet auf die *Reinheit* der Lehre und des Lebens. Die Tatsache, daß die meisten Gläubigen diesen Reinheitsvorstellungen nicht nachzuleben vermögen, hat in der Geschichte der monotheistischen Religionen bislang kaum zu einer Infragestellung und Weiterentwicklung des Weltbildes geführt; die religiösen Gemeinschaften haben meistens versucht, dem Defizit in der konkreten Umsetzung ihrer Idealvorstellung dadurch zu begegnen, daß sie Lehre und Moral im Sinn der puritanischen Trennung weiter verschärften.

Wer sich jedoch der *einen* Wahrheit und dem Anspruch auf den *einen* Weg grundsätzlich widersetzt hat, ist von der «Gemeinschaft der Heiligen» unerbittlich ausgegrenzt worden. Innerhalb der eigenen Grenzen gab es Raum für das punktuelle Versagen und den «schwachen Menschen», der dem Gebot nicht immer nachzuleben vermochte, den «Sünder»; ihn durfte es geben; ihm konnte verziehen werden, wenn er sich als «Sünder» bekannte. Aber innerhalb der eigenen Mauern durfte *nie* an der einen Wahrheit und am *einen* Weg als solchem *gezweifelt* werden. Der Anders-Denkende und Kritische mußte auch real aus der Gemeinschaft entfernt werden, weil er durch seine bloße Existenz das Prinzip der einen Wahrheit und der einfachen, teilbaren Welt in Frage stellte. Die Ex-Kommunikation gehört zu den logischen Konsequenzen der Denk-Struktur des traditionellen Monotheismus. Der Anders-Denkende kann nicht als ein anderer Aspekt der Wahrheit, als einer der vielen möglichen Aspekte der Wahrheit akzeptiert werden. Die Wahrheit ist identisch mit einem einzigen Aspekt; die Wahrheit fällt zusammen mit ihrer konkreten Ausformulierung. Ihre zeit-, ort- und kulturbedingte Gestalt wird als überzeitliche und universale Wahrheit verabsolutiert. Vom traditionell-monotheistischen Denken her wird die eigene Glaubensüberzeugung naiv und kritiklos mit dem Jesuswort identifiziert: «Ich bin der Weg, die Wahrheit und das Leben» (Johannes 14,6). Und dabei wird beansprucht, daß mein Weg der Weg für alle ist und daß meine Wahrheit die einzige und ganze Wahrheit ist.

3.1.3 Die «heile» Welt: Institution und SELBST-Projektion

Für die Tiefenpsychologie, speziell für die Analytische Psychologie C. G. Jungs ist es selbstverständlich, die vom Menschen gestaltete Welt als Bilder seiner Seele zu verstehen: seine Mythen und Märchen, Dogmen und Rituale, seine Malereien und Skulpturen, seine Häuser und Kirchen, seine Musik und Literatur. Alle diese Gestaltungen sind Ausdruck und Spiegelungen seiner schöpferischen Seelenkräfte, Objektivierungen seines Geistes, Projektionen seiner Gefühle, Bedürfnisse und Entwicklungsmöglichkeiten.

Auch die Institutionen gehören zu den schöpferischen Gestaltungen der Seele; religiöse, politische, pädagogische und berufsspezifische

Institutionen (und andere mehr) stellen Inkarnationen der Kreativität des menschlichen Geistes dar. Institutionen *haben* nicht nur eine bestimmte Struktur; sie *sind* Struktur, in sich stehende Ordnungs-*Einheiten* und Ordnungs-*Ganzheiten*. Ihre Leitideen werden als *normative Richtlinien* verstanden und geben der Institution eine mehr oder weniger ausgeprägte *autonome Dynamik*. Als strukturierte Einrichtung überdauern Institutionen das Individuum; sie haben eine *zeitliche Konsistenz;* ihre Dauerhaftigkeit gibt ihnen sogar eine relative *«Überzeitlichkeit»*, einen gewissen *«Ewigkeits»-Charakter*.

Während des ganzen Mittelalters verstand sich die Kirche als eine *«societas perfecta»*, als eine *«vollkommene Gesellschaft»*. Ihr Anspruch, eine «vollkommene» Sozietät zu sein, beinhaltete keinen Anspruch auf Fehlerfreiheit; der Anspruch war vielmehr, eine *ganzheitliche, vollständige* soziale Wirklichkeit darzustellen; und dieses *ganzheitliche* meinte, daß die Kirche als Institution alle wesentlichen Möglichkeiten und Bedürfnisse des Menschen wahrzunehmen vermochte und daß sie dies zu einer funktionsfähigen Einheit zusammenzuordnen und auf ihre innere Zielsetzung hin zu fördern wußte.

Dieses *«societas perfecta»*-Modell liegt wie ein Archetyp, wie ein Urbild allem Institutionellen zugrunde. Wegen ihrer Ganzheits-Struktur sind Institutionen den Menschen so «heilig» und unantastbar; ihr Ganzheits-Charakter ermöglicht es, daß auch auf defiziente Institutionen die *seelische* Ganzheit projiziert wird. C. G. Jung hat sowohl diese seelische Ganzheit wie deren dynamische Mitte als SELBST bezeichnet. Auch die Psyche hat eine ihr inhärente Struktur; vor und unabhängig von Erziehung und Umwelt-Einflüssen gibt es in ihr eine Zielgerichtetheit und normative Kraft; und die Erfahrungen mit dem Unbewußten der Psyche lassen auch auf deren Konstanz und relative Überzeitlichkeit schließen. Institutionen sind wie Mandala-Bilder Konkretisierungen des SELBST, und sie bieten sich darum auch als besonders geeignete Projektions-Träger des SELBST an. Werden auf Institutionen die Ganzheit und das Zentrum der seelischen Wirklichkeit projiziert, werden sie als Heils-Träger erlebt, auf welche Menschen ihre tiefsten Daseins-Erwartungen richten. Enttäuschung, Trauer und Wut sind entsprechend immens, wenn diese Heils- und Sinnerwartungen von der Institution nicht erfüllt werden.

In der teilbaren und zweigeteilten Welterfahrung traditionell-monotheistischen Bewußtseins wird die Sozietät, der man selbst zugehört, zum einzig gültigen Träger dieser SELBST-Projektion; die je eigene Kirche oder religiöse Gemeinschaft oder politische Partei wird automatisch zur «allein-seligmachenden Kirche». *«Extra ecclesiam nulla salus»* – »außerhalb der Kirche gibt es kein Heil». Dieser Satz ist von der katholischen Kirche laut und ausdrücklich ausgesprochen worden. Derselbe Anspruch wird aber indirekt und implizit auch von fast allen anderen religiösen – und politischen – Institutionen erhoben; er liegt in der Konsequenz des monotheistischen Bewußtseins. Nur bleibt der Anspruch, daß es außerhalb der eigenen Institution keine sinnvollen Antworten auf die Fragen des Daseins und keine gültigen Lösungen für das konkrete Leben gibt, den meisten, die ihn erheben, unbewußt. Der Anspruch auf die «allein-seligmachende Kirche» wird von vielen, die ihn ausdrücklich leugnen, in der Sache unnachgiebig verfochten.

Der Anspruch, der alleinige Ort des Heils zu sein, ist den Institutionen der monotheistisch geprägten Kulturen immanent. Die meisten religiösen und säkularen Sozietäten verstehen sich als die einzigen Räume, in denen die menschliche Existenz und ihre Sinnfindung gültig aufgehoben ist. Auch in allen totalitären Staatsgebilden herrscht die Überzeugung, daß diese Gesellschaft und keine andere den Menschen zu ihrer Wesensverwirklichung zu verhelfen vermag. Funktionäre kommunistischer Staaten und namenloses Parteivolk projizierten nicht weniger als die Hierarchie und die sogenannten einfachen Gläubigen der Kirchen ihr SELBST auf die jeweiligen Institutionen.

Die Projektion des SELBST als der seelischen Ganzheit ist in den Kulturen monotheistischer Tradition nur vermeintlich *ganzheitlich*. In Wirklichkeit wird als Folge der dualistischen Auflösung der Wirklichkeit das sogenannte Böse von der Ganzheit des SELBST-Archetyps abgespalten. Weil das *«Böse»*, in der Sprache der Analytischen Psychologie der *«Schatten»*, nicht als wesentlicher Teil auch der eigenen Psyche erkannt wird, kann dieser *Schatten* auch nicht im Spiegel der eigenen Institution wahrgenommen werden. Dies hat schwerwiegende Folgen. Die eigene Institution wird dadurch zur «vollkommenen» auch im Sinn der nur hellen und heilen Welt; die Struktur der eigenen Institution wird unversehens zur einzigen gottgewollten Ordnung, die grundsätzlich nicht defizient sein kann; die normative Dynamik wird zur Grundlage einer einzig möglichen Moral; die zeitliche Konsistenz der eigenen Institution erhält «Ewigkeitswert».

Der *dunkle* SELBST-Aspekt dagegen wird auf die Institutionen der anderen projiziert; auch sie erhalten übermenschliche Qualität und Numinosität; sie werden zum Reich der Anti-Christen oder des Teufels. Der verdrängte *Schatten* kann auch auf das Institutionelle an und für sich projiziert werden; alle Institutionalisierung als solche wird dann als menschen- und lebensfeindliches Teufelswerk gesehen; dies ist ansatzweise bei den «grünen Fundamentalisten» in Deutschland beobachtbar. Von dieser Optik aus gibt es einen Verstehenssatz für die anarchistisch-terroristische Szene. Traditionell wird in der zweiteiligen Welt der monotheistischen Kulturen nur das «Heil», das helle Göttliche auf die Institutionen projiziert. Das «dunkle Göttliche» bleibt verdrängt oder wird über die eigenen Grenzen hinaus auf die anderen verschoben. Für die Anarchisten sind alle Institutionen als solche böse und darum zu vernichten; sie projizieren auf die Institution jene dunkle Seite des SELBST oder des Numinosen und Absoluten, die in der offiziellen Tradition in die Unbewußtheit verdrängt und abgespalten wurde.

3.1.4 Die monistische Faszination

Zur traditionellen monotheistischen Denkstruktur gehört ein weiteres Element. So wie es nur einen Gott gibt, nur eine Wahrheit und nur eine Moral, so muß es auch für alle wichtigen Daseinsfragen ein allgemeingültiges Erklärungsprinzip geben. Die ersten elf Kapitel der Genesis sind hierfür ein frühes, eindrückliches Beispiel. Da wird z. B. die Frage nach der erotisch-sexuellen Anziehung der Geschlechter gestellt. Warum drängt es Mann und Frau, sich leiblich zusammenzufinden? Der biblische Text gibt dafür eine *umfassende* Antwort: weil sie ursprünglich nur «*ein* Fleisch» waren. «Und *darum* verläßt der Mann Vater und Mutter ... und die zwei werden ein Fleisch» (Genesis 2, 24). Es finden sich in diesen ersten Kapiteln der Bibel noch andere Grundfragen zur menschlichen Existenz: Warum gibt es den Tod? Warum die sexuellen Nöte und die Konflikte zwischen Mann und Frau? Warum die Leiden der Mutterschaft? Auf alle diese Existenz-Fragen gibt es je *eine* Antwort: Der Mensch hat Gott nicht gehorcht; er hat unerlaubterweise vom Baum der Erkenntnis gegessen; er hat gesündigt: *Darum* gibt es den Tod, die Geschlechterkonflikte und die Geburtswehen.

Auch die Menschen der Gegenwart, selbst die bewußtesten und kreativsten unter ihnen, versuchen in gleicher Weise, alle großen Daseins-Rätsel mit einer einzigen Erklärung zu beantworten. Dies dürfte darauf hinweisen, daß die «monistische» Tendenz einer archetypischen Struktur des monotheistisch geprägten Menschen entspringt. *Sigmund Freud* führte – jedenfalls ursprünglich – mit seiner Libido-Theorie alle menschlichen Daseinsäußerungen, die kulturellen, geistigen und religiösen davon nicht ausgenommen, auf eine einzige, nämlich die sexuelle Energie zurück. Alle neurotischen Entwicklungen hatten im wesentlichen ebenso eine einzige Ursache: die Verdrängung der sexuellen Bedürfnisse ins Unbewußte; alle Träume hatten den einzigen Sinn der Erfüllung verdrängter sexueller Wünsche. *Alfred Adler* seinerseits meinte im Geltungsbedürfnis und im Verlangen nach sozialer Anerkennung und Akzeptanz den einen Schlüssel gefunden zu haben, der die Türen zu allen menschlichen Daseins-Strukturen und auch zu allen Formen seelischer Erkrankung und Verkümmerung zu öffnen vermochte. *Carl Gustav Jung* war sich dieser monistischen, auf ein einziges Erklärungsmodell verpflichteten Tendenz bewußt. Für ihn war die Seele eine Vielfalt ursprünglicher und einander polar entgegengesetzter Energiefelder. Er bezeichnete darum auch seine Richtung als *Komplexe Psychologie.* Aber auch Jung erlag in Einzelfragen der «monistischen Faszination». Auf die Frage nach dem Wesen und Sinn der Träume gibt es auch für ihn *eine* überall gültige Anwort: Träume stellen allesamt eine *Kompensation* des UNBEWUSSTEN auf die bewußte Einstellung des Träumers dar. Dabei muß auch er selber gespürt haben, wie oft mit diesem einzigen Antwortmodell entweder die erfahrene seelische Wirklichkeit vergewaltigt wird oder aber der Begriff der Kompensation fast ins Uferlose ausgeweitet werden muß, um noch appliziert werden zu können.

Die Aggressivität und Destruktivität des Menschen ist im Lauf dieses Jahrhunderts mehr und mehr zur universellen Bedrohung und zur Überlebensfrage der Menschheit geworden. Die Frage nach ihrem Wesen wurde darum auch wiederholt gestellt und – fast immer – mit monistischen, eingleisigen Erklärungen beantwortet. In den 30er Jahren war es die Aggressions-Frustrations-Hypothese (von Dollard, Miller)[18], nach der die Aggression kein ursprüngliches menschliches Energiepotential darstellt, sondern eine Reaktionsbildung auf frustrierende Grundbedürfnisse. Konrad Lorenz sah in allen Äußerungformen der menschlichen Aggression nur einen natürlichen Trieb, der als solcher weder moralisch böse noch einer neurotischen Entwicklung zuzuordnen ist. Von wieder anderen wurde ebenso monistisch eine asoziale Wirtschafts- und Gesellschaftstruktur für die Genese aller menschlichen Aggression verantwortlich gemacht.

Vor allem prägen diese monistischen Tendenzen die Art und Weise, wie das Verhalten und die Motivation politischer, religiöser oder weltanschaulicher Gegner gedeutet werden. Dies gilt in schöner Gegenseitigkeit auch von den Fundamentalisten und ihren progressiven oder liberalen Opponenten. Zu den monistischen Erklärungen für die fundamentalistische Einstellung gehören u. a. Machtgier, Angst und Unfähigkeit zu persönlicher Verantwortung; im Repertoir an die Adresse der Progressiven finden sich u. a. die Vorwürfe: »*nichts als* Hybris, Egoismus, Selbstüberschätzung».

3.1.5 Das Orthodoxie-Problem

Die monotheistisch-monistische Denkstruktur in den traditionell-monotheistischen Kulturräumen stellt das wesentlichste Hindernis für den Dialog mit Andersdenkenden dar. Und sie ist die eigentliche Wurzel dessen, was als *Orthodoxie*-Problem in Religion, Politik und Wissenschaft bezeichnet werden könnte.

Die Geschichte der monotheistischen Religionen ist geprägt von einem ununterbrochenen Ringen um die Rechtgläubigkeit *(Orthodoxie).* Es gibt keinen vergleichbaren Prozeß in den polytheistischen Religionen der Antike oder in den Traditionen des Hinduismus oder Buddhismus. In diesen Orthodoxie-Kämpfen manifestiert sich der unbedingte Ernst, die transzendente, göttliche Wirklichkeit nicht leichtfertig unseren menschlichen Bedürfnissen und Strukturen unterzuordnen. Aber die Tatsache, daß die monotheistischen Religionen Abweichler vom dominanten Wahrheitsverständnis mit gnadenloser Intoleranz der eigenen Norm unterwerfen und physisch oder psychisch zu vernichten suchen, ist mit dieser Ernsthaftigkeit allein nicht erklärbar. Wer andere zu vernichten sucht, tut dies, weil er sich selbst in Gefahr wähnt, vernichtet zu werden. Der Abweichler innerhalb der monotheistischen Weltanschauung ist eine Existenz-Bedrohung. Wo die zugrundeliegende Bewußtseinsstruktur monotheistisch ist, kann immer nur eine einzige Antwort auf die menschlichen Existenzfragen richtig sein. Abweichende Aussagen müssen als irrig abgelehnt werden, weil nur so das eigene Selbst- und Weltverständnis Wert und Bedeutung erhält. Der Orthodoxie-Anspruch ist in seinem Wesen monistisch und insofern immer fundamentalistisch. So wie es nur einen Gott gibt, so kann es auch nur eine einzige gültige Interpretation seiner Botschaft und seines Willens geben.

Orthodoxie-Ansprüche können nicht ausschließlich auf die narzißtischen Machtbedürfnisse ihrer Träger zurückgeführt werden. Die tieferen Schichten der Seele, das *kollektive Unbewußte* ist seit Jahrtausenden geprägt von einer Denkstruktur, die das andere nicht zu integrieren, sondern nur als bedrohliches oder irriges Gegenüber auszugrenzen vermag.

3.1.6 Der heimliche Dualismus

Die Theologien der drei monotheistischen Religionen Judentum, Christentum und Islam haben immer und ausdrücklich an der Einheit der Wirklichkeit festgehalten. Es hat für sie kein absolutes Auseinanderfallen der Welt in eine ursprünglich gute und eine andere ursprünglich böse gegeben. Dualistische Anschauungen sind im Gegenteil immer unerbittlich als gefährliche Irrlehren bekämpft worden. In den monotheistischen Religionen ist nie Raum gewesen für eine absolute Zweiheit: einen guten und einen bösen Gott und entsprechend eine ewige gute Welt des Geistes und eine ebenso ewige böse Welt der Materie.

Die Monotheismen des Judentums, Christentums und Islam unterscheiden sich darin ganz deutlich von den dualistischen Religionen der Geschichte. Eine der wichtigsten dualistischen Traditionen war der *Mazdaismus* (Parsismus). Gründer dieser Religion war *Zarathustra* oder Zoroaster, der im 7. Jahrhundert v. Chr. altiranische Volksreligionen zu einer neuen Lehre umformte. Im Mazdaismus hatte *Ahura Mazda* (Ormazd) die Rolle des Schöpfers, Herrn und Richters. Er war die gute Gottheit. Ihm stand als absoluter, ewiger Gegenspieler der «Böse Geist» *Ahriman* entgegen.

Dualistisch im engeren Sinn war auch der *Manichäismus*. Sein Gründer war *Mani* (oder Manes oder Manichaeus). Er wurde 216 n. Chr. in

Babylonien geboren und starb 274 oder 277 im Kerker, von den Priestern der offiziellen Religion der Ketzerei angeklagt. Für ihn bestand die Erlösung darin, daß die unvereinbaren Urprinzipien Geist und Materie, Gut und Böse, Licht und Finsternis, die sich im Menschen auf eine unheilvolle Art vermischt hatten, wieder getrennt wurden und für immer getrennt blieben.

Wie in anderen dualistischen Religionen glaubte man allerdings auch im Mazdaismus und im Manichäismus an eine Überlegenheit des guten über das böse Prinzip. Insofern vertraten diese beiden dualistischen Religionen eine optimistische Eschatologie. Nach einem apokalyptischen Kampf kam in der Lehre Zarathustras das gute Prinzip zum Endsieg über das böse; dieses wurde nicht integriert, sondern endgültig vernichtet. Im Manichäismus dagegen wurde die Zeit des Heils nach dem «Großen Krieg» dadurch erreicht, daß die Materie samt den Verdammten und Dämonen auf ewig eingekerkert und damit die ursprüngliche Trennung der beiden Reiche wiederhergestellt wurde.

Die monotheistischen Religionen haben diesen ontologischen Dualismus, die seinsmäßige Unvereinbarkeit der Wirklichkeit zwar abgelehnt; ein einziger Schöpfer steht allein am Anfang und eine einzige Heilswirklichkeit oder Neuschöpfung am Ende. Aber das sind die utopischen Pole, zwischen denen die jetzige konkrete Weltwirklichkeit schwingt. Diese aber wird weitgehend dualistisch erlebt und konzeptualisiert. Die biblischen Beter rufen ihren Gott vielfach um die *Vernichtung* der Feinde an, *nicht* um die *Versöhnung* mit ihnen. Auch die Visionen der «Geheimen Offenbarung» des Johannes enden nicht mit der Versöhnung mit der «Großen Hure Babylon», sondern mit deren Zerstörung.

Gerade die monotheistischen Religionen haben es nie geschafft, die Gegensätze in einer konstruktiven Weise zu überbrücken. Sie haben ihren Gott immer mit dem Guten und Gerechten und Lichten an sich gleichgesetzt. Dunkel hat es in ihm nie geben dürfen. Das Böse ist ihm als das mit ihm schlechthin Unvereinbare gegenübergestellt worden. Das Böse wird am Ende der Zeiten entweder – wie in der Lehre Zarathustras – vernichtet (etwa im Gleichnis vom Unkraut, das erst am Tag der Ernte herausgelesen und verbrannt wird: Matthäus 13,36 ff.) oder auf immer als eigener Daseinsbereich ausgesondert (in der Weltgerichtsvision bei Matthäus 25 oder in der katholischen Lehre von einer ewigen Verdammnis und Hölle); damit kommen biblische und christliche Anschauungen der manichäischen von der absoluten Trennung von Licht und Dunkel und von gut und böse sehr nahe.

3.1.7 Freuds Todestrieb-Theorie und die Nekrophilie Hitlers

Tyrannen wie Hitler oder Saddam Hussein unterscheiden sich nicht nur graduell, sondern qualitativ von Diktatoren der üblichen Art wie u. a. Pinochet, Ceausescu und Marcos. Diesen Letztgenannten geht es primär um persönliche Macht; um uneingeschränkten Luxus für sich, ihre Familien und ihre Günstlinge; um die Befriedigung grenzenloser narzißtischer Bedürfnisse. Wenn diese Diktatoren persönlich in Gefahr kommen, sind sie auch zu Kompromissen bereit; sie möchten um jeden Preis überleben.

Anders ist es mit den blutrünstigen Herrschern, die *Nekrophile*, dem Toten Zugewandte und ins Tote Verliebte, sind.[19] Sie gehören zu den destruktivsten Folgeerscheinungen einer jahrtausendealten dualistischen Tradition monotheistischer Prägung. Sie sind mit der dunklen, abgespaltenen Seite der Wirklichkeit identifiziert, mit dem Bösen und mit dem Tod. Wie die anderen Diktatoren sind auch sie dem Größen-Selbst verfallen und streben nach immer größerer Macht. Aber ihre wahnhaften Grandiositätsphantasien sind immer auch apokalyptische Bilder der Zerstörung und Selbstzerstörung. Tod und Vernichtung werden zur absoluten Faszination der «dunklen Gottheit». Sie reden darum vorzugsweise eine eschatologische Sprache: z. B. von der *End-Lösung* (Hitler) oder vom *End-Sieg* (Saddam Hussein); beide wollten die vollständige Auslöschung ihrer Gegner; Hitlers Ziel war die Vernichtung der Juden, Kommunisten, Behinderten, Homosexuellen usw.; Saddam Hussein drohte, Israel vom Erdboden verschwinden zu lassen, den Iran Khomeinis, die Amerikaner. Hitlers Visionen und Intentionen, ganz Europa oder möglichst die ganze Welt in seinen Untergang hineinzuziehen, waren für ihn offensichtlich nicht weniger grandios und faszinierend als die Vorstellung der Weltherrschaft der Germanen unter seiner Führung. Hitlers Befehl, Paris in Brand zu stecken, und sein mehrmaliges Nachfragen «Brennt Paris?» zeugen von seiner Besessenheit vom Archetyp des Todes. Die tatsächliche Inbrandsetzung der Ölquellen Kuwaits durch Saddam Hussein vor seiner Niederlage (mit der er damals wohl auch seinen persönlichen

Untergang erwartet hatte) machen diesen autonom und absolut gewordenen Hang zur Vernichtung deutlich. Fremd- und Selbstzerstörung gehen ununterscheidbar ineinander über. Die apokalyptische Vision des «Weltenbrandes» und kosmischen Endes ist für diese Machthaber ebenso grandios wie die totalitäre Macht über Lebende. Die eschatologische Vernichtung wird um so ekstatischer antizipiert, je globaler sie vorgestellt und je konkreter sie von diesen Diktatoren vorbereitet werden kann. Die anderen sollen nicht nur aus Verzweiflung in die eigene Katastrophe hineingerissen werden; darin unterscheiden sich diese Zerstörungsakte wesentlich von den Verzweiflungstaten gescheiterter Geschäftsleute oder abgewiesener Liebhaber. Für die Nekrophilen wird die Vernichtung des Lebens, das eigene nicht ausgenommen, zum lustvoll angestrebten Ziel. Dies macht solche Potentaten unvergleichlich viel gefährlicher als andere pathologisch Ambitiöse oder Machtgierige. Ihre Gefährlichkeit wird dadurch für die ganze Menschheit immens, weil inzwischen die technischen Zerstörungsmittel in ihrer Hand, atomare, biologische und chemische Waffen, eine fast unbegrenzte Wirkkraft erreicht haben.

Bekannterweise hat *Freud* in der Spätphase seines Lebens seine eigene Libido-Theorie ergänzt. Er wandte sich von seiner monistischen Trieblehre ab und stellte den Lebenstrieben einen Todestrieb gegenüber, ein natürliches Energiegefälle, das nach Auflösung aller Spannung und auf einen absoluten Stillstand aller Bewegungen und allen Lebens tendiert. Leben und Bewußtsein schafft Spannung und erhält sich durch Spannung. Je differenzierter das Leben und je entwikkelter das Bewußtsein, um so höher wird auch der Spannungszustand. Freud meinte feststellen zu können, daß nicht nur die physikalische Energie mit innerer Gesetzmäßigkeit Spannungszustände aufzulösen und zu einem Ausgleich zu bringen sucht; er stellte eine ähnliche Gesetzmäßigkeit auch im Bereich der psychischen Energie fest. Auch sie tendiert mit innerer Notwendigkeit auf eine Ruhelage hin. Diese ist aber nur im Tod und in der völligen Unbewußtheit wieder vollständig erreichbar.

Die *einseitige* Ich-Entwicklung innerhalb der westlichen Kulturen ist gleichermaßen *Ursache* und *Resultat* der monotheistischen Denkstruktur und in einer dauernden Wechselwirkung mit ihr. Die Einseitigkeit und Übersteigerung der Ich-Entwicklung hat eine beispiellose individuelle und kollektive Effizienz hervorgebracht. Die extreme

Polarisierung zwischen dem bewußten Ich und der unbewußten Psyche hat aber auch die Spannung im Individuum und in der Gesellschaft dermaßen ansteigen lassen, daß sie von einem hohen Prozentsatz der Bevölkerung als unerträglich erlebt und über soziale Konflikte oder neurotische Symptome abgeführt werden mußte. Nur weil das Leben als quälende Spannung erlebt worden ist, haben die Christen seit bald zwei Jahrtausenden für die *ewige Ruhe* ihrer Toten gebetet. Es ist nicht zufällig, daß das Gebet des großen Kirchenlehrers Augustinus (354–430) «Unruhig ist unser Herz, bis es ruhet in Dir, o Gott» zu den beliebtesten Gebeten der christlichen Tradition gehört. «Endlich Ruhe» ist zum Inbegriff der Seligkeit geworden.

Der gestiegene Pegel der psychischen Grundspannung hat auch die fremd- und selbstzerstörerischen Tendenzen des Menschen erhöht und Tod und Vernichtung zunehmend zur begehrenswerten Erlösungsvorstellung gemacht. Es ist beeindruckend, bei wievielen durchschnittlich gesunden Menschen der Gegenwart die wachsende Gefährdung durch weltweite Katastrophen (z. B. Reaktorunfälle) nicht nur Schrecken und Angst auslöst, sondern auch mehr oder weniger bewußt herbeigesehnt wird. Je größer die Spaltung zwischen dem Ich und dem Unbewußten wird und je komplexer und dichter unsere menschlichen Gesellschaften sind, um so größer wird die Gefahr, daß nekrophile, nach dem Tod süchtige Diktatoren in uns allen geheime Verbündete finden.

Die Gelassenheit, die es in anderen Kulturen – z. B. im Buddhismus, Hindusismus und in vielen Stammeskulturen – dem Tod gegenüber gibt, ist von völlig anderer Art als die Todessehnsucht des westlichen Menschen. Leben und Tod, das Ich-Bewußtsein und das Unbewußte sind einander näher geblieben und werden als zusammengehörige Weisen des Daseins und des Lebens gedeutet und erlebt. Die Todes-*Sehnsucht* scheint ein Charakteristikum der seelischen Verfassung innerhalb der einseitig Ich-betonten Kulturen zu sein. Nur auf dem Boden einer solchen Bewußtseinsentwicklung war es z. B. im Mittelalter möglich, innerhalb kürzester Zeit Zehntausende für Kreuzzüge zu mobilisieren; unter den gegebenen Umständen mußten sich auch damals die meisten darüber im klaren gewesen sein, daß die Wahrscheinlichkeit viel größer war, durch Krankheit oder in einer Schlacht umzukommen, als siegreich zurückzukehren. Auch heute gibt es offensichtlich Ungezählte, die als Freiwillige auf der einen oder anderen Seite von kriegführenden Parteien kämpfen möchten; viele von ihnen ohne ernsthafte militärische Ausbildung und darum mit einem geringen Potential an militärischer Nützlichkeit und mit einer noch geringeren Überlebenschance. Die Möglichkeit des Todes selbst fasziniert, die totale Regression aus einer spannungsgeladenen Wirklichkeit in die Ruhe des Todes und der Unbewußtheit. Die politische Heroisierung und die religiöse Mythifizierung ist dem gegenüber sekundär. Die Berufung auf traditionelle Kulturwerte oder religiösen Glauben ist für nekrophile Diktatoren nur Vorwand und Rechtfertigung, den Tod zu planen und durchzuführen.

Auch bei fundamentalistischen Führern von Kirchen und religiösen Gemeinschaften ist diese nekrophile Tendenz zu beobachten. «Fiat iustitia etsi pereat mundus» – «Gerechtigkeit muß sein, auch wenn die Welt an ihr zugrunde geht». Dieses bereits in anderem Zusammenhang diskutierte Diktum hat nekrophile Qualität. Die *Gelassenheit*, mit welcher dominierende Kirchenmänner den Exodus aus ihren Gemeinschaften hinnehmen, wird später ausführlich zur Sprache gebracht. In dieser Gelassenheit ist auch ein masochistischer Anteil; an die Stelle triumphalistischer Selbstüberhebung rücken selbstzerstörerische Konflikte, die von den extrem-fundamentalistischen Führern und Mitgliedern in Pfarreien und religiösen Kommunitäten, Klöstern und kirchlichen Vereinigungen geradezu gesucht und gefördert werden. Das Lehramt der katholischen Kirche hält ohne einen Ansatz kritischer Reflexion an einer Sexualmoral fest, deretwegen Millionen von Gläubigen in der Kirche grundsätzlich keine ethische Orientierungsinstanz mehr sehen; durch das rigide Festhalten an Sexualnormen, die einer patriarchalen und darüber hinaus manichäisch geprägten Weltanschauung entsprechen, geht die Glaubwürdigkeit ethischer Zuständigkeit für die Menschen einer veränderten Welt unaufhaltbar verloren. Wenn dieser Zerfall der moralischen Autorität von fundamentalistischer Seite mit der Glorie des Martyriums für die ewige Wahrheit umkleidet wird, hat dies mit Masochismus zu tun. Und wenn sich religiöse Machtträger mit Berufung auf das Naturgesetz gegen effiziente Methoden der Empfängnisverhütung stellen, obwohl sie dadurch zum Elend und Hungertod von Millionen beitragen, ist dies Nekrophilie: heimliche Identifikation mit dem verdrängten, abgespaltenen Todesaspekt – bei Menschen, die nur das Leben predigen.

3.2 Die hierarchische Welt – die Macht der «Väter»

3.2.1 Die vertikale Struktur

Der *traditionelle* Monotheismus im Judentum, Christentum und im Islam teilt die Welt *horizontal* in Kosmos und Chaos, in Gute und Böse, in Freunde und Feinde. Von seiner Entstehung und seinem Wesensverständnis her hat er aber auch eine ausgesprochen *vertikale* Struktur. Er ist streng hierarchisch und rechtfertigt und begünstigt auf allen Ebenen der menschlichen Gesellschaft nicht nur die Ausübung von Macht, sondern die Existenz und die Perseveranz von Machtstrukturen.

Ein Gott ist die absolute Macht und der oberste Gesetzgeber; ein *Mittler* (Prophet, Papst, König, Sektenführer) wird zum Künder und Stellvertreter göttlicher Macht und Ordnung; ihm schuldet jedermann Gehorsam; *einer Wahrheit* hat sich alles Denken zu unterwerfen; eine *Moral* ist für alle, überall und zu jeder Zeit verbindlich. Der traditionelle Monotheismus ist von seinem Wesen her undemokratisch oder sogar demokratie-feindlich. Alle Autorität wird von oben nach unten delegiert.

Durch Unterscheidung, Abgrenzung, Zu-Ordnung, Über- und Unter-Ordnung wird aus Chaos Kosmos. Der Mensch bedarf zur Gestaltung seiner Welt horizontaler und vertikaler Strukturen. In allen Kulturen und allen menschlichen Gesellschaftsformen gibt es darum horizontale und vertikale Gliederungen. Das Macht-Bedürfnis der Menschen ist nicht durch die monotheistische Entwicklung entstanden. Aber der Monotheismus hat Autorität und Macht religiös überhöht und unantastbar gemacht. Ebensowenig hat der Monotheismus das hierarchische Prinzip hervorgebracht; aber er ist seine imposanteste Manifestation, und er hat seine Verabsolutierung legitimiert und perpetuiert.

3.2.2 Der (zerrissene) Archetyp der Macht: Autorität und Gehorsam

C. G. Jung hat mit Nachdruck darauf hingewiesen, daß die in der Seele angelegten Urstrukturen polaren Charakter haben. Als *gesunde* Energiezentren und Funktionseinheiten können sie nur gelten, wenn ihre gegensätzlichen, aber einander ergänzenden Pole dynamisch aufeinander bezogen bleiben. Wenn die zusammengehörigen Pole eines seelischen Struktur- und Energiefeldes nicht mehr in einem kontinuierlichen Kompensationsprozeß zusammenwirken, führt dies unausweichlich zu Entwicklungen, die sich für das Individuum oder die Gesellschaft im Laufe der Zeit als destruktiv erweisen.

Die Verabsolutierung des hierarchischen Prinzips durch die Abspaltung von seinem Gegenpol wird zum Machtkomplex mit allen negativen Folgeerscheinungen. Der kompensatorische Gegenpol zum hierarchischen Prinzip ist ein doppelter: er umfaßt einerseits die *horizontale* Bewegungsrichtung; der Energiefluß erfolgt nicht nur in der Vertikalen, sondern auch zwischen einander zugeordneten, gleichgestellten Menschen; an die Seite des hierarchischen tritt das demokratische Prinzip; anderseits gibt es einen kompensatorischen Aspekt der vertikalen Struktur selbst: Die energetische Bewegung erfolgt nicht nur von oben nach unten, sondern genauso *von unten nach oben.*

In den Gesellschaften monotheistischer Prägung hat sich das hierarchische Prinzip weitgehend verselbständigt und von seinem Gegenpol abgespalten. Am *Gehorsams-Verständnis* wird diese Entwicklung am deutlichsten. In den hierarchischen Gesellschaften ist viel von Gehorsam die Rede. Gehorsam wird dabei aber ausschließlich homolog zum hierarchischen Prinzip verstanden und nie kompensatorisch. Der Ranghöhere befiehlt, der Rangniedere gehorcht; der Vorgesetzte gibt die Anweisungen, der Untergebene führt aus; der Machtträger fordert, der Abhängige versucht, den Erwartungen gerecht zu werden. Von oben her wird geredet, von dort her kommt das Wort, von oben stammt die schöpferische Idee; unten hört man zu, unten ist man Empfänger und ausführende Hand.

Dieses Ungleichgewicht wird nur scheinbar durch einen Sachverhalt gemildert, dem in der Theologie in diesem Zusammenhang große Bedeutung beigemessen wird. Jeder, der auf einer Stufe der Hierarchieleiter steht, ist nie nur oben; er ist immer auch Untergebener, der seinerseits nach oben Gehorsam schuldet. Das Gemeinte soll am Beispiel eines traditionell katholischen Familienvaters illustriert werden. Dieser ist seinen Kinder gegenüber Träger der Autorität; er befiehlt ihnen, weil er um «gut und böse» weiß und seinen Kindern das Gute ermöglichen und das Böse von ihnen fernhalten will. Seinerseits richtet sich dieser Vater nach dem, was ihm vom Pfarrer als Gottes Wille verkündet wird. Dort ist er Gehorsam schuldig. Aber auch der Pfarrer ist ein Hörender; er untersteht dem Bischof, der die geoffenbarte Wahrheit und Ordnung Gottes verbindlich interpretiert; der Bischof schließlich gehorcht dem Papst; und dieser unterwirft sich dem Willen Gottes.

Gehorsam gibt es in diesem Strukturschema immer nur von unten nach oben, und damit wird das hierarchische Prinzip nicht wirklich kompensiert; der Archetyp bleibt gespalten. Ge-*hor*-sam, d.h. alles Hin-*Hören* und Hin-*Horchen* bleibt in gefährlicher Einseitigkeit. Wer immer an der Spitze der Hierarchieleiter steht, an der Grenze zwischen dem Raum des Menschen und dem Absoluten, wird auf diese Weise unausweichlich das als Gottes Willen deklarieren, was ihm als absolut heilsam oder schädlich erscheint. Es ist immer *seine* Interpretation, die abhängt von seiner eigenen Typologie, seinen Erfahrungen, Ängsten und Zukunftsvisionen und von seinem sozialen Umfeld.

Dies ändert sich auch dadurch nicht, daß die monotheistischen Religionen Judentum, Christentum und Islam den Anspruch erheben, Offenbarungs-Religionen zu sein. Nach dem Selbstverständnis dieser Religionen hat sich Gott selbst mitgeteilt und seinen Willen kundgetan. Aber diese Selbst-Mitteilung Gottes läßt offenbar so viel Spielraum, daß in den drei genannten Religionen seit eh und je auch die widersprüchlichsten Interpretationen als authentische Auslegung der Ordnung und Absichten Gottes reklamiert worden sind. Jeder Mittler beansprucht nicht weniger als seinerzeit Echnaton in Ägypten allein zuständig zu sein für die Geheimnisse Gottes: der Dorfpfarrer nicht weniger als der Papst und der Sektenprediger nicht weniger als der Theologieprofessor. Jeder beansprucht, die Bibel oder den Koran und die dazugehörigen Traditionen so zu verstehen, daß er damit das «eigentlich Gemeinte» und die «eigentliche Intention» Gottes weitergibt. Und er tut dies mit gutem Grund. Denn das monotheistische Gottesbild ist so wenig konkret (eine «Leerformel»), daß es nicht nur Projektionsträger menschlicher Erfahrungen und Bedürfnisse werden kann, sondern daß es geradezu wie ein leeres Gefäß immer aufs Neue mit konkreten Inhalten gefüllt werden *muß. Seine Leere ist seine Chance.* In seiner Unbestimmtheit hat auch die Möglichkeit gelegen, daß es zu den verschiedensten Zeiten für Menschen verschiedenster Wesensart zum lebenerweckenden Symbol für all das werden konnte, was die Selbst- und Sinnfindung des Menschen ausmacht. *Seine Leere ist aber auch sein Verhängnis,* weil innerhalb der verabsolutierten hierarchischen Strukturen die mit Autorität ausgestatteten Mittler die Bilder und Normen ihrer eigenen Sinnsuche zur einzig legitimen Interpretation des universalen Willens Gottes gemacht haben.

Dieser ungeheuerliche Anspruch entspringt nicht notwendigerweise persönlicher Inflation und Überheblichkeit; er ist in der Struktur des Monotheismus angelegt. Wo er aber mit persönlichen oder kollektiven Grandiositäts-Gefühlen zusammengeht, da wird er zu einem absolut gefährlichen Machtkomplex, der kaum Aussicht hat, als solcher bewußt gemacht zu werden, weil er sich durch die vermeintliche Unterwerfung unter Gottes Willen auch dem Machtbessenen selber noch als Tugend des Gehorsams anbietet. Der vollständige Archetyp der Macht umschließt Autorität und Gehorsam, und gemeint ist damit das unbedingt ernste und offene Hören auch nach unten.

3.2.3 Die heimliche Macht – im Dienst höherer Werte und im Gewand des sozialen Dienstes

Der religiös begründete Autoritäts- und Machtanspruch ist deswegen so gefährlich und destruktiv, weil er für ihre Träger kaum je als Machtanspruch erkennbar und bewußt ist. Die bewußte Absicht des religiösen Führers ist ja nicht, anderen seinen eigenen Willen aufzuzwingen. Bewußterweise vertritt er den Willen Gottes, dem er sich selbst gehorsam unterstellt. Allenfalls fühlt er sich in der glücklichen Lage, daß sein persönlicher Wille mit dem Willen Gottes zusammenfällt. Die Macht ist dort am gefährlichsten, wo sie ausgeübt wird im Dienste der Wahrheit, im Dienst der Gebote Gottes und im Dienst am Wohl der Menschen.

Ähnliche Verkennungen und Verlagerungen persönlicher Bedürfnisse auf «höhere Werte» gibt es auch im Bereich der Besitzansprüche. Am Leben mancher Mönche kann dies illustriert werden; das herangezogene Beispiel trifft allerdings nur noch beschränkt auf die Gegenwart zu und hat fast nur noch historischen Wert. Als *Einzelpersonen* sind die meisten Mönche anspruchslos und bescheiden gewesen; sie hatten das Gelübde der Armut abgelegt und waren willens, es auch ohne Abstriche in die Tat umzusetzen. Als *Mitglieder der Gemeinschaft* hingegen, als Teil des Klosters waren viele dieser Mönche oft geradezu von der Absicht besessen, den Besitz des Klosters zu mehren. Es kam nur wenigen von ihnen je zu Bewußtsein, daß sich ihr Besitz- und Machtstreben nur vom Ich – das sie als Ich erkannten – auf ein größeres Ganzes verschoben hatten, mit dem sie sich dann völlig identifizierten. Das Kloster wurde zu nichts anderem als zu ihrem erweiterten Ich. Aber das erkannten sie nicht. Und so ergaben sich auch keine Gewissenskonflikte aus der Spannung zwischen dem persönlichen Armutsgelübde und dem Reichtum des Klosters. Man könnte in Anlehnung an die Entwicklungspsychologie, welche die Mutter als das «Selbst-Objekt» des Säuglings bezeichnet, das Kloster als das «Ich-Objekt» des Möchnes bezeichnen. Weil die Identifikation des Ichs mit diesem Objekt unbewußt bleibt, betrachtet der Mönch seine im Dienst des Klosters stehenden Besitz- oder Machtansprüche auch nicht als egoistisch oder gar unmoralisch. Meist erlebt er sie sogar ganz im Gegenteil als Ausdruck einer besonders selbstlosen Hingabe im Dienst an einem höheren Wert.

Der traditionelle Monotheismus ist von seiner hierarchischen Struktur her auf den Anspruch und die Ausübung von Macht angelegt. Und gleichzeitg wird – zumindest in der christlichen Tradition – das Geltungs- und Machtstreben als unethisch verworfen. Diese Paradoxie trägt zusätzlich dazu bei, daß bei den Inhabern von Macht die eigenen Macht- und Geltungsbedürfnisse meist völlig unbewußt bleiben. Macht- und Geltungsansprüche darf es als persönliche Einstellung nicht geben; christlich ist Bescheidenheit. Gerade darum ist auch der Umgang mit Macht im christlichen Umfeld schattenhaft und undifferenziert geblieben. Die «In-Dienst-Nahme» der Besitz- und Machtstrebungen für «höhere Werte» sublimiert sie in den seltensten Fällen; meist verdeckt und pervertiert sie sie nur.

In der Unterweisung der verschiedenen christlichen Traditionen ist durch die Jahrhunderte unablässig zu *dienender Bescheidenheit* ermahnt worden: Predigt und Katechese konnten sich dabei sehr wohl auf Bibelworte stützten. «Der Größte unter euch soll euer Diener sein» (Matthäus 23,11); oder «wer unter euch der Größte sein will, soll euer

Diener sein, und wer unter euch der Erste sein will, soll der Knecht aller sein. Denn auch der Menschensohn ist nicht gekommen, um sich bedienen zu lassen, sondern um zu dienen...» (Markus 10,43–45). Auch das Beispiel Jesu ließ sich gut heranziehen: etwa die Geste der Fußwaschung, Johannes 13,3–10. Der Dienst am Mitmenschen hat immer als hoher ethischer Wert gegolten. Es ist darum nicht weiter erstaunlich, daß die verdrängten Machtansprüche sich gerade in dieser Tarnung besonders häufig manifestieren. Der erklärte Wille, sich dienend für Mitmenschen aufzuopfern, ist eine der subtilsten und verbreitetsten Formen der heimlichen Machtausübung. Sie gehört zum Bild von ganzen Berufsständen wie Ärzten, Pflegeberufen, Sozialarbeitern, Psychologen und Theologen. HelferInnen sind situationsbedingt in der Rolle der Stärkeren, bedürftigen Schwächeren gegenüber. Sie sind durch die Umstände oben.

Von dem, der oben ist, wird in einer vertikal orientierten Denk- und Gesellschaftsform vorausgestzt, daß er weiß, was gut ist für jene unten. Das gibt den Menschen in der Helferrolle eine enorme Machtmöglichkeit. Professionelle und persönliche HelferInnen treten darum den Hilfebedürftigen häufig mit dem impliziten Anspruch entgegen, daß sie besser als die Betroffenen selber wissen, was zu deren Wohl und Heil gereicht: die Befreiung von ihrer Sucht, die Rettung ihrer Ehe, die Wiederherstellung ihrer körperlichen Gesundheit, die Reintegration in einen normalen Arbeitsprozeß usw. Wer die Macht hat, setzt sie zum Wohl und Heil des hilfebedürftigen Menschen ein. Er gibt Anweisungen (z. B. der Arzt); er entscheidet (der Sozialhelfer); er bestimmt, was ethisch verantwortbar ist (der Theologe); er deutet die Sprache der Seele und drängt auf den Weg der Individuation (der Psychologe).

Weil Macht nicht sein darf, weil unsere Bewußtseins- und Gesellschaftsstrukturen aber Macht begünstigen, identifizieren sich vor allem die Helfer-Berufe so sehr mit dem Ideal selbstlosen Dienstes, daß die eigenen Machtbedürfnisse völlig verkannt werden und die reale Machtausübung unerkannt bleibt. Hilfe wird angeboten oder aufgenötigt, ohne daß auf das hingehört wird, was der Hilfebedürftige selbst als für sein Wohl und Heil wünschenswert und förderlich erachtet. Helferinnen handeln oft – in völliger Unbewußtheit – so wie Mütter oder Väter, die beanspruchen, genau zu wissen, was ihrem Kind gefällt, wieviel es essen mag, wofür es Begabung hat, welche Freunde zu ihm passen und was es am liebsten werden möchte.

Dabei «opfern» sich solche HelferInnen oder Eltern oft buchstäblich für die anderen auf. Sie sind Tag und Nacht verfügbar und geben ihre Freizeit und ihr Geld für die anderen her. Nicht selten ist gerade eine solche «Selbst-Aufopferung» ein Machtinstrument, gegen das sich der Hilfebedürftige kaum wehren kann. Der Druck solcher »Selbstlosigkeit» auf den hilfebedürftigen Menschen ist immens; die Selbst-Aufopferung der HelferInnen weckt in ihm unerträgliche Schuldgefühle, wenn er die angebotene Hilfe ganz oder in der angebotenen Form ablehnt. Er ahnt auch, daß die Zurückweisung der Hilfe oder der angebotenen Form der Hilfe bei den HelferInnen (wie bei Eltern) oft große Enttäuschung, Klagen über Undankbarkeit und Wut auslöst. Spätestens über diese Art emotionaler Reaktion könnte den HelferInnen der heimliche Machtanspruch zu Bewußtsein kommen.

Unsere Hilfs- und Opferbereitschaft für köperlich und seelisch Kranke, für Drogenabhängige, alte Menschen, «asoziale» Jugendliche usw. ist dauernd in Gefahr, von unbewußten Machtbedürfnissen korrumpiert zu werden.[20] Auch die offene Macht, z. B. in der Wirtschaft und in der Armee, bedrückt den Schwächeren. Aber es ist einfacher, sich gegen sie zur Wehr zu setzen. Und wo dies nicht möglich ist, schafft offene Machtausübung beim Unterlegenen wenigstens keine Schuldgefühle; sie erdrückt ihn nicht zusätzlich innerlich.

Die Verdrängung des Geltungs- und Machtbedürfnisses hat in der westlichen Gesellschaft dazu geführt, daß selbst in der Politik – dies gilt jedenfalls für die europäischen Länder – das Streben nach Macht und Machtpositionen oft in Erscheinung tritt als Selbst-Aufopferung für eine Partei oder ein Projekt zum Wohl des Staates und seiner Bürger. Politiker, die bekanntermaßen seit Jahr und Tag darum kämpfen, nach oben zu kommen, stellen sich im entscheidenden Augenblick «der Partei selbstlos als Kandidat zur Verfügung».

Es scheint, daß Jesus mit zahlreichen Worten und Gesten die hierarchische Machtstruktur der ihn umgebenden Welt aufzubrechen versuchte. «Ihr aber laßt euch nicht Rabbi nennen; denn einer ist euer Meister, ihr aber seid Brüder. Auch Vater sollt ihr niemand unter euch auf Erden nennen; denn einer ist euer Vater, der im Himmel. Auch Führer sollt ihr euch nicht nennen lassen; denn einer ist euer Führer, Christus» (Matthäus 23, 8–10). Alle hierarchischen Benennungen sind zu unterlassen.

«Ihr aber seid Brüder.» Das ist horizontal, demokratisch. Aber die hierarchische Struktur des Monotheismus hat sich auch in den letzten 2000 Jahren siegreich durchgesetzt. Es blieb beim einen Gott, der einen Mittler brauchte; auch Jesus beanspruchte, sein Mittler und Botschafter zu sein. Und so beanspruchten auch nach ihm ungezählte Mittler «Vater» und «Führer» und «Lehrer» zu sein. In der katholischen Kirche gibt es diese hierarchische Väter-Kategorie vom einfachen Priester bis hinauf zum Papst.

3.2.4 Das Guru-Prinzip: die verführten (Ver)Führer

Die tiefenpsychologisch orientierte Psychotherapie aller Schulrichtungen kennt das Phänomen der sogenannten *«Übertragung»*. Klienten erleben im Lauf einer Behandlung oder Analyse Gefühle für den Therapeuten, deren Qualität oder Intensität offensichtlich nicht ihm als dieser konkreten Person gelten können. In ihnen werden vielmehr Gefühle wieder erlebt, die ursprünglich einer frühen Bezugsperson, meist der Mutter oder dem Vater gegolten hatten. Der Analytiker oder die Analytikerin wird beispielsweise schon nach wenigen Therapiestunden als Inbegriff der Sicherheit und der Geborgenheit oder als bedrohliche Autorität erlebt, und dies nicht selten fast unabhängig von der persönlichen Eigenart des Therapeuten. Vom hilfesuchenden Menschen wird der Therapeut als gute Mutter oder als autoritärer Vater erfahren.

Was sich in der Therapie oft konstelliert, ist die «Übertragung» einer früh-kindlichen Erfahrung oder Erfahrungsmöglichkeit in die aktuelle Situation. Die Therapeutin oder der Therapeut wird gewaltig überhöht erlebt; in Wiederherstellung der frühen Kind-Mutter-Beziehung wird der Therapeut oder die Therapeutin für das Erleben des Patienten oder der Patientin allmächtig und allwissend wie ein Gott. War die Ur-Beziehung ungenügend, vermochte die Mutter keine genügend gute Mutter zu sein und dem Kind das nötige Gefül an Geborgenheit und Sicherheit nicht zu vermitteln, wird im günstigsten Verlauf einer Therapie diese Ur-Erfahrung über die analytische Beziehung in der Form der Übertragung gemacht. Das frühe Defizit wird dadurch «ausgefüllt». Dabei ist (fast) gleichgültig, wer die Person der Therapeutin als einmaliges Individuum wirklich ist. Die Mutter-Übertragung ist darum auch auf einen männlichen Therapeuten, die Vater-Übertragung auf eine Frau möglich. Auch für das Kleinkind spielt die Individualität der Mutter noch keine Rolle; wichtig ist nur, daß da jemand ist, der sich seiner liebevoll und verläßlich annimmt.

Im Laufe der Kindheit und besonders in der Pubertät wird die ursprüngliche Überhöhung der Eltern (Mutter-Vater-Figuren) zurückgenommen, oft mit viel Wut über die Enttäuschung, daß diese frühen, göttergleichen Bezugspersonen auch nur Menschen[21] sind. Ein ähnlicher Ablösungsprozeß ereignet sich auch in einer gut verlaufenden Therapie.

Die Identifikation mit den allmächtigen und allwissenden Eltern-Imagines

Einer der häufigsten Gründe für das Scheitern von Psychotherapien liegt darin, daß der Therapeut die grandiosen Übertragungsphantasien der Klienten in ihrer Bedeutung als Übertragung nicht erkennt oder nicht mit ihnen umzugehen weiß; er weist sie als absurd zurück oder er zerstört ihren emotionalen Wert durch ihre vorzeitige Entmythologisierung oder er identifiziert sich so sehr mit ihnen, daß er sich in der Beziehung zum Klienten nun wirklich für den allwissenden Vater-Gott oder die Geborgenheit schenkende Ur-Mutter hält.

Die Projektion der frühen Eltern-Erfahrungen eignet sich in hohem Maß, dem Therapeuten zur Befriedigung seiner narzißtischen Bedürfnisse nach Grandiosität zu dienen. Seine eigenen Minderwertigkeitsgefühle werden sogar überkompensiert, wenn er in der Übertragungssituation als Inbegriff des gütigen und weisen Menschen erlebt wird. Allzu gerne «glaubt» er dem Klienten, daß er eben doch als Person, als Individuum so unübertrefflich und einmalig ist. Im therapeutischen Setting, das heißt in der Übertragungsbeziehung ist der Therapeut «Führer, Lehrer, Vater, Mutter». Wo er sich aber mit den auf ihn übertragenen Urerfahrungen, mit den Projektionen der Klienten idenfiziert, wird er zum *verführten Führer.*

Die Überhöhung des Therapeuten in der Übertragungsphase gibt diesem den Klienten gegenüber eine fast unbeschränkte Macht, die im Schafpelz der Hilfe leicht und oft auch unbewußt zu ihrem Mißbrauch verführt. Die Tendenz, nicht nur innerhalb eines therapeutischen Prozesses, sondern auch in anderen ungleichgewichtigen Beziehungskonstellationen die Ur-Bilder der allmächtigen und allwissenden Eltern auf die aktuell höher gestellte Person zu projizieren, ist in unserer

Gesellschaft aus zwei Gründen besonders groß. Die hierarchische Gesellschaftsstruktur als solche begünstigt die Entstehung, Erweiterung und Perpetuierung von *Minderwertigkeitsgefühlen* im Individuum. Der einzelne ist dauernd in die Situation gestellt, daß andere über ihm stehen, die alles besser können, besser wissen und mit mehr institutionalisierter Autorität oder Macht ausgestattet sind. Die ausgeprägte hierarchische Struktur als solche behindert die Bildung von Vertrauen in die eigene Einsicht, Kreativität und Kompetenz; primär kommt Einsicht und schöpferische Aktivität von oben und außen. Die *Verabsolutierung* des hierarchischen Prinzips ist neben persönlichen Lebensumständen wesentlich an der Entstehung von Minderwertigkeitskomplexen beteiligt; sie muß konsequenterweise auch als eine wichtige Ursache der *Kompensationsbildungen* von Minderwertigkeitsgefühlen gesehen werden; zu diesen Kompensationserscheinungen zählen besonders dauernde Rivalitäten und neurotische Formen des Machtstrebens. Es ist das große Verdienst *Alfred Adlers,* daß er Minderwertigkeitsgefühle und Geltungsstreben nicht nur im Zusammenhang mit der Lebensgeschichte einer bestimmten Gesellschaftsstruktur zu verstehen und zu beschreiben sucht.

Die Neigung zur Projektion der frühen Eltern-Erfahrung auf eine spätere Idealfigur (Therapeut, Lehrer, Prediger, Sektenführer, Meditationsmeister, politischer Führer usw.) ist in unserer westlichen Gesellschaft aus einem zweiten Grund besonders groß. In den Ländern Nord- und Mitteleuropas und in Nordamerika gibt es in der frühen Kindheit meistens nur eine *einzige Bezugsperson* von Bedeutung: die Mutter. Sie wird darum in der Erfahrung des Kindes in den ersten Lebensjahren nicht nur zur «einzigartigen» Göttin, sondern zur «alleinigen Gottheit». Die moderne Kleinfamilie, in der sich keine Tanten und Großmütter mehr die Rolle der mütterlichen Urbeziehung teilen, trägt dazu bei, daß auch die Erwachsenen später völlig monistisch das ganze Heil, den ganzen Daseinssinn und alle Erwartungen auf eine einzige Bezugsperson (z. B. den Lebenspartner), eine einzige Idee, ein einziges religiöses, politisches oder wirtschaftliches Modell oder auf einen einzigen «Führer», Kirchenmann, Guru oder Politiker projizieren. Die Tatsache, daß die Mutter in unserer modernen westlichen Welt meist die einzige wirkliche Bezugsperon des Säuglings und Kleinkindes ist, verstärkt die in unserem kollektiven Unbewußten ohnehin schon dominante monotheistisch-monistische Einstellung.

Der Einbezug der Väter in die frühe Beziehung des Kindes ist auch von daher als äußerst wichtig zu betrachten. Durch die Väter als zusätzliche Bezugsperson käme eine erste Triangulation zustande; das «Einigkeits-Prinzip» würde bereits beim Säugling und Kleinkind auf einen ansatzweisen Pluralismus hin aufgebrochen. In der alten Großfamilie und im Sippenverband erlebten die Kinder natürlich auch, daß die «Mutter» absolut notwendig war; aber die Rolle des absolut Notwendigen konnten sich durchaus mehrere Personen teilen. Insofern schuf die alte Familienstruktur eine bessere psychische Voraussetzung für pluralistische Offenheit als die aktuelle Kleinfamilie. Nur die frühe Einbindung in größere Sozialeinheiten: Siedlungs-Gemeinschaften, Freundschaften mit anderen Familien usw. könnte dem Monismus in der seelischen Entwicklung der Kinder entgegenwirken.

Die Projektion der Archetypen: Heiler, Erlöser, Guru, Weiser

In der Medizin ist seit Jahrtausenden unbestritten, daß nicht nur das verschriebene Medikament, sondern die Beziehung des Patienten zum Arzt einen wesentlichen Anteil am möglichen Heilungsprozeß hat. Der Arzt ist für den Patienten mehr als ein Individuum mit medizinischem Fachwissen; der Arzt ist für den Patienten die konkrete Gegenwart der Hoffnung auf Heilung, der im Patienten den Glauben an die Heilwirkung des Medikaments oder des medizinischen Eingriffs und an die heilenden Kräfte im Organismus des Kranken selber weckt. Er ist der Heiler und Heiland. Jedes seiner oft ganz banalen, täglich dutzende Male an Krankenbetten wiederholte Wort bekommt Offenbarungscharakter; es wird wie ein großes Geheimnis jedem Besucher und jedem Mitpatienten auf dem Korridor erzählt. Die Chefarzt-Visite ist auch in den meisten modernen Krankenhäusern noch ein archaisch anmutendes Ritual, das wie ein Relikt aus vergangenen Jahrtausenden wirkt. Und das ist richtig so. Die heilenden Kräfte liegen letztlich im Patienten selbst. Nicht der Arzt heilt, sondern *«es»* heilt. Aber für den Patienten ist es wichtig, daß die in ihm selbst vorhandenen heilenden Kräfte «konstelliert» werden; die Gegenwart des Arztes als «archetypischen» Heilers aktiviert die im Menschen vorhandenen Kräfte zur Regeneration. Der Arzt dient als «Katalysator», als Projektionsfläche und als Anstoß.

Ähnlich wie die Mutter für den Säugling der Spiegel seines SELBST ist, wird der Arzt für den Patienten zur effizienten Spiegelung der selbstregulierenden und heilenden Energien seiner Seele und seines Körpers. Das ist ein archaischer Bewußtseinsvorgang. Weiter entwickeltes und differenzierteres Selbstbewußtsein kann sich direkter wahrnehmen und bedarf der Spiegelung weniger; es kann Projektionen auflösen und heilende und ordnende Kräfte unmittelbarer als die eigenen erkennen und sie wirksam werden lassen.

Die Projektion der zentralen Archetypen der Seele ist ein allgemein menschliches Phänomen. Es bedarf eines hohen Maßes an Introspektion, um diese archetypischen, nicht lebensgeschichtlich bedingten Projektionen als solche zu erkennen und in ihnen das Potential der eigenen Seele wiederzufinden. Dies gilt nicht nur für die Projektion der positiven seelischen Energien; es gilt genauso für die dunklen und potentiell destruktiven Energien. Mit anderen Worten: in kritischen Daseins-Situationen wird spontanerweise nicht nur die heilende Gottheit, sondern auch der zerstörende Teufel auf eine geeignete Figur der Umwelt projiziert.

Auch das eigene innere Wissen um gut und böse wird von der Seele nach außen projiziert; geistliche Lehrer werden zu den Projektionsträgern der ethischen Einsicht und Verantwortung. Die eschatologische Hoffnung, die Erwartung einer besseren Zukunft erscheint in der Projektion auf religiöse oder politische Messiasgestalten. Wie gefährlich derartige kollektive Projektionsvorgänge sind, hat sich an den Erfahrungen mit Adolf Hitler und Saddam Hussein gezeigt; wie stimulierend und belebend, durch die Wirkung von Persönlichkeiten wie John F. Kennedy und Johannes XXIII.

Religionen und Gesellschaftstrukturen erschweren die Auflösung dieser kollektiven Projektionen, weil in ihnen Ranghöhere vom religiösen oder politischen System her nicht bloß als Projektionsfläche, sondern als konkrete Personifikationen des Heilandes, Weisen, Lehrers und Heilers auftreten. Sie sind keine Sokrates-Gestalten, keine «Hebammen», deren Funktion es ist, dem seelisch-geistigen Leben im angesprochenen Mitmenschen nur zum Durchbruch zu verhelfen. Sie werden selbst als Träger und Mittler des geistig-seelischen Lebens verstanden. Es gibt in der jüdischen und christlichen Bibel eine Anzahl Texte, die dem Monopoldenken der hierarchischen Welt völlig entgegengesetzt sind. In diesen Texten kommt eine Zukunftperspektive und Vision künftiger Möglichkeiten zur Sprache, welche das Hierarchische kompensieren oder sogar ersetzen und ablösen könnte. So steht etwa beim Propheten *Joel:* »Danach aber wird es geschehen, daß ich meinen Geist ausgieße über *alles* Fleisch. Auch über *Knechte und Mägde* werde ich meinen Geist ausgießen in jenen Tagen» (Kap. 3,1 f.). Dieser Text wird in der «Apostelgeschichte» des Neuen Testaments im Zusammenhang mit der Geist-Erfahrung an Pfingsten zitiert (Kap. 2,17 f.). Und im Ersten Petrusbrief wird das *ganze Volk* als *königliche Priesterschaft* angesprochen. Da braucht es die Mittlerfunktion der hierarchisch-strukturierten Welt nicht mehr.

Diese kompensatorischen Aussagen sind bis heute Utopien geblieben, von denen noch kaum ein schöpferischer Impuls auf die bestehenden Strukturen eingewirkt hat. Das hierarchische Prinzip hat sich in der monotheistischen Welt in seiner ungeschmälerten Einseitigkeit und Effizienz erhalten.

3.2.5 Die Delegation der Macht. Konzentration und Freiraum schöpferischer Energien

Ein differenziertes polytheistisches Pantheon gab es nur in hochentwickelten Kulturen mit einer weit entwickelten *arbeitsteiligen* Gesellschaftsstruktur. Der Glaube an eine Vielheit von Gottheiten spiegelte und verstärkte die komplexen Strukturen der religiösen, politischen und sozialen Wirklichkeit. Die monotheistische Entwicklung aber erwies sich in der Geschichte als stärker. Die monistische, eindimensionale Ausrichtung der seelischen Energie machte die monotheistischen Religionen und Kulturen überlegen im Kampf um die wirtschaftliche, politische und religiöse Vorherrschaft.

Auch nach dem Untergang des polytheistischen Pantheons blieb die arbeitsteilige Sozialstruktur bestehen. Ihre seelische Spiegelung fand sie aber künftig in einem sich verfeinernden hierarchischen System. Die Aufteilung von Arbeit zog im hierarchischen Kontext auch die Aufteilung von *Verantwortung* und *Macht* an sich.

Arbeitsteilung und Delegation von Macht und Verantwortung schaffen die Voraussetzung, daß körperliche und seelische Energien freigemacht und in einem speziellen Interessen- oder Aufgabenbereich konzentriert werden können. Dadurch sind in den Teilbereichen höhere Leistungen und kreativere Entwicklungen möglich. Weil der Goldschmied nicht auch noch Gemüse pflanzen oder Herden hüten mußte, konnte er seine Zeit, seine Energie und seine ganze schöpferische Gestaltungskraft seiner Goldschmiedekunst zuwenden und dort Beachtliches leisten. Weil der sogenannte «einfache Bürger» den Großteil seiner politischen Verantwortung an gewählte Repräsentanten weitergeben kann, ist es ihm möglich, seine Kraft und schöpferische Phantasie fast vollumfänglich in seinen Beruf als Handwerker, Beamter, Ingenieur oder Finanzkaufmann zu investieren. Die Delegation von Verantwortung und Macht schafft Freiräume für kreatives Tun; die Delegation von Verantwortung und Macht entlastet den einzelnen und bewahrt ihn vor dem Erdrücktwerden durch die Vielzahl der Probleme und Aufgaben, die zum menschlichen Bezugs- und Daseinsfeld eines jeden gehören. Dies gilt in besonderem Maß in der in jeder Hinsicht für den einzelnen unübersehbar gewordenen Welt von heute.

Eine komplexe und große Sozietät macht die Delegation von Macht und Verantwortung notwendig. Die Delegation von Macht und Verantwortung wird aber innerhalb eines einseitig hierarchischen Systems zur dauernden Gefahr der übermäßigen Machtkonzentration. Seelische Trägheit und die internalisierte Kind-Rolle in den «Väter»-Kulturen verführen die Menschen «unten» nur zu leicht, auch da Verantwortung und Macht nach oben abzugeben, wo sie sie selber übernehmen könnten und müßten. Innerhalb hierarchischer Grundstrukturen kommt es leicht zu einer Polarisierung, welche der menschlichen Ganzheit auf der einen und auf der anderen Seite abträglich ist. Am einen Pol wuchert das kindliche Freisein von fast jedweder Verantwortung und die Möglichkeit, damit auch die Schuld für alle Fehlentwicklungen nach oben abzuschieben; am anderen Pol identifizieren sich die Inhaber der Autorität mit einer umfänglichen Verantwortung für das physische und seelische Wohl und Heil aller Untergebenen. Im Extremfall führt diese Polarisierung zu infantiler Verantwortungslosigkeit auf der einen und zu einem inflativen oder zwanghaften Verantwortungskomplex auf der andern Seite.

Beispiele infantiler Verantwortungslosigkeit sind in Staat und Kirche überaus zahlreich. Von nicht wenigen Verantwortungsträgern an der Spitze der Pyramide ist aber auch publik geworden, wie sehr sie durch die Überidentifikation mit fast unbegrenzter Verantwortung in seelische Not gerieten. So ist etwa von den beiden Päpsten Pius XII. und Paul VI. bekannt, daß sie sich in ihren letzten Lebensjahren von der Last ihrer Verantwortung fast erdrückt und deswegen zeitweise ausgesprochen depressiv fühlten. Von Johannes XXIII. dagegen wird erzählt, auch er hätte nachts nicht mehr schlafen können angesichts der unzähligen Probleme in Kirche und Welt. Das hätte sich erst geändert, als er sich eines Nachts hätte fragen können, wer er denn eigentlich sei, um zu meinen, er wäre für die ganze Welt verantwortlich.

3.2.6 Das «Laios-Syndrom»: die Angst der Väter vor den Söhnen oder vor dem Verlust der Macht

Durch Freud ist der griechische Mythos von *Ödipus* in den allgemeinen Wissensschatz der modernen Zeitgenossen zurückgekehrt. Der Ödipus-Mythos ist von Freud – und in seiner Nachfolge seither fast ausschließlich – als Abbildung einer sexuell-inzestösen Ursituation und Urstrebung im Menschen verstanden worden. Der Sohn heiratet die Mutter, freilich ohne es zu wissen. In der patriarchalen Gesellschaft drückt diese lapidare Feststellung ein weitverbreitetes Beziehungsproblem aus. Auch wenn sich die Männer in der Welt noch so autonom zu bewegen vermögen, ist die innerpsychische Ablösung von den Müttern bei den meisten so ungenügend, daß ihre Frauenbeziehungen – speziell die Beziehung zur Ehefrau – vielfach die unbewußte Wiederholung der Mutterbeziehung darstellt und deswegen die Paarbeziehung nicht selten zum Scheitern bringt oder an der Entfaltung hindert.

Der erste Akt des griechischen Mythos beginnt freilich mit einem ganz anderen Thema, das von Freud und den meisten Psychologen kaum gesehen und gedeutet worden ist. Der Mythos beginnt mit der Angst des Vaters vor dem eigenen Sohn[22]. Das Orakel sagte Laios, dem Herrscher von Theben, voraus, daß ihn sein eigener Sohn eines Tages entthronen und töten würde. In diesem mysteriösen Gottesspruch wurde allerdings kein Geheimnis offenbart, sondern nur eine allgemeine Erfahrung der hierarchisch-patriarchalen Welt formuliert. Die «Väter» sind auf der Stufenleiter oben; die heranwachsenden Söhne stellen für sie notwendigerweise eine Bedrohung dar; denn sie sind das Neue, das an die Stelle des Alten treten soll; nur so kann sich die Gesellschaft regenerieren. Wer unten ist, strebt nach oben, und ist darum immer eine potentielle Gefahr.

In den *Märchen* kehrt das Motiv in zahllosen Variationen wieder. Im «Teufel mit den drei goldenen Haaren» wird der junge Mann, der die

Tochter heiraten will, vom «Vater» in die Hölle geschickt. Die Absicht ist eindeutig; sie ist mit der Hoffnung verbunden, daß er nie wiederkehrt und dort umkommt. Das ist die offene oder versteckte Intention hinter fast allen Aufgaben, die in den Märchen junge Bewerber zu erfüllen haben, ehe ihnen die Tochter zur Frau gegeben wird. Sie sollen sterben, damit die Macht des Vaters erhalten bleibt. Die Eifersucht so vieler Väter auf ihre Töchter ist zutiefst in den wenigsten Fällen ein Inzest-, sondern ein Machtproblem. Denn der junge Mann, der die Tochter heiratet, tritt früher oder später an die Stelle des Vaters. In den Märchen wird er der Nachfolger auf dem Thron oder er erhält wenigstens die Hälfte des Reiches; der Vater-König teilt seine Macht mit dem Sohn. Wenn die Sohn-Gestalt von außen kommt, wird die Bedrohung noch schlimmer; mit ihm kommt wirklich ein anderer, ein neuer; der eigene Sohn kann allenfalls noch als Verlängerung der eigenen Herrschaft und als Erweiterung der eigenen Person verstanden und mißbraucht werden.

Im *Ödipus-Mythos* läßt König Laios von Theben dem neugeborenen Sohn die Füße durchbohren (von daher sein Name Ödipus = Schwellfuß) und ihn aussetzen. Die Angst des Vaters vor dem Sohn macht ihn zum Mörder des Sohnes. Daß er ihn nicht einfach tötet, sondern aussetzen läßt, zeigt die Ambivalenz des Vaters. Natürlich möchte er auch einen Sohn, der lebt; der Sohn bedeutet potentielle Unsterblichkeit und Macht über den persönlichen Tod hinaus. Der Vater liebt und haßt ihn; er sucht die Erneuerung im Sohn und weiß zugleich, daß dies auch der Schlußvorhang für die Vorstellung des «alten Königs» auf der Bühne der Macht ist.

Die hierarchisch-autoritär strukturierte Welt hat kein Modell für ein kreatives Nebeneinander von Vater und Sohn. Oben zu sein ist zum Selbstzweck und Daseinsziel und zur Sinnerfahrung des patriarchalen Mannes geworden. Nicht mehr allein oben sein wird deswegen meist als Abstieg und Ent-Machtung, als De-Potenzierung und Ent-Mannung erlebt. Wie Laios versuchen die «Väter» die Söhne präventiv zu liquidieren, aus Angst, durch sie eines Tages ihren Primat zu verlieren. In einer Hierarchie kann immer nur einer oben sein. So will es das Denken und Erleben, das sich am Pyramidenmodell orientiert.

Es gibt ungezählte Konkretisierungen des Mordes an den «Söhnen». Das sind z. B. die Universitätsprofessoren, die stolz sind auf ihre hochbegabten Studenten und diese auf jede nur erdenkliche Weise fördern. Der große Vater bedarf auch der vielen großen Söhne. Aber es sind gerade diese tüchtigen Söhne, die für die stolzen «Väter» insgeheim eine dauernde Bedrohung darstellen; sie könnten eines Tages das Licht des Lehrers in den Schatten stellen und sich als erfolgreichere Forscher und Entdecker entpuppen und den «Alten Weisen» in der Fachwelt ihren Rang ablaufen. Die Angst der «Väter» verleitet diese nicht selten, zuerst ihre begabten Söhne zu «bestehlen». Sie publizieren wissenschaftliche Leistungen, Forschungsergebnisse oder wichtige Entdeckungen der Studierenden als die eigenen unter eigenem Namen. Die «Söhne» sind in einem solchen Abhängigkeits-Verhältnis von ihren Professoren und «Doktor-Vätern», (wie sie hierzulande sinnigerweise genannt werden), daß sie sich nicht zu wehren wagen. Andere Professoren entziehen dem gefährlich gewordenen «Sohn» plötzlich die Grundlagen für dessen weitere Forschung (ökonomische Voraussetzungen, wissenschaftliche Daten usw.) und «töten» ihn so.

In der Wirtschaft und Industrie gibt es die Väter, die den eigenen Sohn dauernd spüren lassen, daß er den gewaltigen Aufgaben des väterlichen Betriebsimperiums nie gewachsen sein wird. Der Sohn internalisiert dieses negative Erwartungsbild des Vaters und fühlt sich entprechend in seinem Selbstvertrauen verunsichert. Dann übertragen dieselben Väter den zuvor entwerteten und nicht genügend vorbereiteten Söhnen eines Tages überdimensionierte Aufgaben und Verantwortungen; die Söhne müssen diese entweder in einer Art Totstell-Reflex von sich weisen oder an ihnen scheitern. In beiden Fällen bleiben die Väter oben; sie haben sich und dem Sohn bewiesen, daß sie unersetzbar sind; sie hinterlassen den Söhnen die Überzeugung, daß selbst nach ihrem Tod sie niemand wird kompetent vertreten können und darum der Niedergang unausweichlich sein wird. Tatsächlich wird durch diese Laios-«Väter» der Zerfall von Betrieben und Unternehmungen vorprogrammiert, weil die Söhne seelisch soweit zerstört werden, daß sie nie aus eigener Kompetenz handlungsfähig werden können. Den Vätern bleibt dann über das Grab hinaus der Ruf der unerreichbaren Größe erhalten.

Andere Väter «töten» ihre Söhne dadurch, daß sie diesen die Fortsetzung des eigenen Berufsweges aufdrängen. Der Sohn soll kein eigenes Leben haben, keinen eigenen Weg gehen; er soll nur den Vater perpetuieren. Auch die Freundschaft zwischen Sigmund Freud und Carl Gustav Jung und ihr tragischer Bruch scheint in den Bereich der ungelösten Vater-Sohn-Probleme der oben beschriebenen Art zu gehören.

In der polytheistischen Welt streben junge Götter auf und treten an die Stelle der alten. Im ägyptischen *Osiris-Horus-Mythos* ist dieser ewige Kreislauf als ein natürlicher Daseinsvorgang zum eindrücklichen und für den Nachvollzug hilfreichen Symbol geworden. Im Mythos können die Väter den eigenen Tod sterben lernen; in Bewußtheit und freier Entscheidung dem Sohn Raum geben. Osiris stirbt, damit Horus aufsteigen und selbst wieder zum Osiris werden kann. Das hierarchische Strukturelement des Kosmos bedarf dieses unaufhörlichen Wechsels. Sonst stellen sich die «Väter» der schöpferischen Kraft des aufstrebenden Lebens in den Weg; sonst ist keine Veränderung und Erneuerung möglich. Osiris bringt seinen Sohn nicht um, und er muß nicht gewaltsam von seinem Sohn entthront werden; es ist *Set,* sein eigener «Schatten», seine eigene unkreativ gewordene Seite, die ihn zu Tode bringt.

In den strikt monotheistischen Religionen traditioneller Prägung bleibt die Spitze der Pyramide unantastbar und unveränderlich. Der oberste «Vater» macht nie einem Jüngeren Platz. Im Judentum und im Islam gibt es gar keinen «Sohn». In der christlichen Tradition gibt es den Sohn. Aber es ist der Sohn, der geopfert wird, nicht der Vater. Der Sohn muß sterben, damit sich der Vater versöhnt mit einer Welt, die sich in der Beurteilung des Vaters zu autonom entwickelt hat.

Der Fundamentalismus der drei monotheistischen Religionen ist eine gewaltige Manifestation der Angst der «Väter» vor der zunehmenden Selbstbewußtheit und Autonomie der Söhne. Noch grösser wird diese Angst, wenn sich Autonomie und Selbständigkeit nicht nur in den Söhnen, sondern auch in den «Töchtern» durchzusetzen beginnt.

3.2.7 Der reale Machtverlust und seine Kompensation

In vielen Bereichen haben neue Entwicklungen die Macht der «Väter» auch im Einflußgebiet monotheistischer Kulturen ins Wanken gebracht oder doch maßgeblich eingeschränkt. Dies gilt zunächst im technischen und wirtschaftlichen Bereich, wo die Entwicklungen der Zeit so rasant geworden sind, daß die «Väter» ganz einfach nicht mehr mitzuhalten vermögen. Ein Extrembeispiel dieser Art zeigt sich im

Bereich der Computer-Technik und ihrer Anwendung. Die atemraubenden Entwicklungen machen ununterbrochene Anpassungs- und Lernprozesse erforderlich, zu denen älter werdende Menschen ganz einfach nicht mehr fähig sein können.

Das Gesagte gilt nicht nur für Individuen. Auch die meisten hierarchisch-patriarchalen *Institutionen* haben aus unterschiedlichen Gründen einen Großteil ihrer angestammten Macht verloren. Die katholische Kirche z. B. ist im 19. Jahrhundert durch die Auflösung des Kirchenstaates ihrer politischen Macht verlustig gegangen: In einer wirtschaftlich und sozial völlig veränderten Welt reichte auch ihre moralische Macht nicht mehr aus, um in diesen Bereichen konkrete Normen erlassen und verbindlich machen zu können. Erst seit die katholische Kirche auch auf den *Anspruch* verbindlicher Weisungen im Wirtschafts- und Sozialbereich verzichtet hat, wird ihre Stimme (z. B. in den Sozialenzykliken der letzten Päpste) wieder als eine ernstzunehmende Meinungsäußerung in das Ringen um eine gerechtere und menschenwürdigere Ordnung einbezogen.

Verlorene Macht tendiert zu Kompensation. Die verlorene politische Macht der katholischen Kirche wurde im vergangenen Jahrhundert wettgemacht durch die Dogmatisierung der «Unfehlbarkeit des Papstes» (im 1. Vatikanischen Konzil, 1870), die dann als gegeben erachtet wird, wenn er als oberster Lehrer in Fragen des Glaubens und der Sitten endgültige Entscheidungen fällt. Der Machtanspruch wird verlagert; der Verlust an Macht in der Außenwelt wird durch eine Ausweitung der Macht im Bereich des Glaubens und der Moral, durch einen verstärkten Zugriff auf den Gewissensbereich ersetzt.

Im Zusammenhang mit Machtansprüchen und Machtlosigkeit muß auch die Tatsache gesehen werden, daß fast alle religiösen Gemeinschaften speziell im Bereich der Sexualmoral ihre Normen und sittlichen Vorstellungen mit unerbittlicher Strenge durchzuziehen versuchen. Die Komplexität der politischen, wirtschaftlichen und sozialen Realität machen es den religiösen Gemeinschaften unmöglich, dort über eindeutige Normen ihre Macht einzubringen. Der Bereich Sexualität ist für das hierarchisch-autoritäre Bewußtsein der monotheistischen Religionen als ein *Reduit der Macht, wenigstens des Machtanspruchs* verblieben.

Die verlorene Macht der Institutionen über die eigenen Grenzen hinaus wird kompensiert über den Ausbau an Macht *im Innern* der

Gemeinschaften. Die Rückkehr zu traditionellen Lebensformen: Gesetzen, Ritualen, Kleidervorschriften usw. ist nicht nur, aber auch eine Äußerungsform der anderswo verlorenen Macht. Je rigider solche Vorschriften im Detail wieder sind, je mehr erlauben sie den Angehörigen einer Institution, in mannigfacher Weise Macht über andere Menschen auszuüben. Der Fundamentalismus gibt den Menschen auf allen Stufen des hierarchischen Systems Möglichkeiten, Macht auszuüben: als Sittenwächter, als Mahner und Lehrer ihrer Mitmenschen, mit Forderungen und Bestrafungen, mit Denunziation oder generösem Verzeihen.

Der Machtverlust ist eine ernstzunehmende *seelische Verlust-Erfahrung*. Wie jede Verlust-Erfahrung bedeutet sie Schmerz; sie ist ein seelischer Sterbeprozeß. Es ist darum ungerechtfertigt, allen Einzelnen als Einzelnen ihre Machtkompensationen moralisch anzulasten. Wir sind alle in den kollektiven Schichten unserer Psyche von den hierarchischen Machtstrukturen und den Machtbedürfnissen einer patriarchal-monotheistischen Tradition geprägt.

3.2.8 Das sexistische Prinzip: die Dominanz der Männer und die Herrschaft der Mütter

Das monotheistische Weltbild ist ein partriarchal-männliches. Das ist so im Judentum, Christentum und im Islam. Bei aller Entmenschlichung, Vergeistigung und wachsenden Transzendentalisierung sind Jahwe, der christliche Gott und Allah männlich determiniert. Männer haben auch die bürgerliche und religiöse Gesellschaft in den Kulturräumen dieser Religionen dominiert und ihr ihre Ordnung gegeben. Das heißt allerdings nicht, daß die Frauen als konkrete Individuen und das «Weibliche» als solches in dieser hierarchisch-patriarchalen Welt der Männer nicht auch einen bedeutsamen Platz eingenommen hätten. Die Väter dominieren über die Söhne, die Männer dominieren über die Frauen. Aber die Frauen herrschen in ihrer Funktion als Mütter über Töchter und Söhne. Der Männerhierarchie läuft die Herrschaft der Mütter parallel.

In der polytheistischen Götterwelt gab es Paare, in denen sich Männer und Frauen als gleichrangige Partner gegenüberstanden. Trotz aller sattsam bekannten Streitereien und Konflikte bildeten Zeus und Hera ein solches Paar. Sie wurden sogar ausdrücklich mit gleichen Beinamen belegt; Hera war die ebenbürtige Schwester-Gattin.

In der Bibel gibt es im Hohenlied Salomos, im einzigen erotisch-sexuellen Text der Bibel, das junge Paar, das sich immer wieder anredet als *«meine Braut und meine Schwester; mein Geliebter und mein Bruder»*. Er sucht sie und sie sucht ihn; sie initiiert die Spiele der Liebe und er tut es; sie sind einander gleichgestellt. Dieser Text hat allerdings weder in biblischer noch nachbiblischer Zeit großen Einfluß auf die Einstellung zur Sexualität und auf die Beziehung von Mann und Frau zueinander gehabt. Er wurde schon früh dadurch seiner Erotik und seiner Paardynamik beraubt, daß er «nur» noch als Bild der mystisch-religiösen Erfahrung interpretiert wurde. Und noch häufiger wurde er ganz einfach unterschlagen und den «einfachen» Gläubigen vorenthalten.

Es gibt unter den Geschlechtern in der Welt der monotheistischen Väter-Religionen kein ebenbürtiges Gegenüber von Mann und Frau; es gibt auch da nur ein Oben und Unten: Über- und Unterordnung, aber keine wirkliche Zuordnung. Im Ersten Brief an die Korinther (Kap. 11) begründete Paulus die Überordnung des Mannes über die Frau damit, daß er zuerst geschaffen wurde.

Obwohl in den meisten modernen Verfassungen und Gesetzen Mann und Frau einander gleichgestellt sind, ist die Dominanz der Männer in den Institutionen und im konkreten gesellschaftlichen Alltag noch weitgehend erhalten geblieben. Die Herrschaft der Frauen, die über ihre traditionelle Mutterrolle zum Tragen kommt, ist demgegenüber viel weniger greifbar; sie ist psychischer, verinnerlichter und unbewußter.

Auch in der Partnerbeziehung der Moderne wiederholt sich auf vielfache Weise die Tragödie des *Lilith-Mythos*. Neben dem biblischen Schöpfungsmythos, wie er im zweiten und dritten Buch der *Genesis* erzählt wird, gibt es in der jüdischen Tradition einen älteren und in zahlreichen Varianten erhaltenen Mythos über die Erschaffung des ersten Mannes und der ersten Frau. In diesem Mythos wird im wesentlichen berichtet, daß Gott gleichzeitig einen Mann *Adam* und eine Frau *Lilith* erschaffen habe. Nach einer Zeit harmonischen Zusammenlebens habe dann Lilith eines Tages ihrem Mann erklärt, daß sie bei der sexuellen Vereinigung nicht immer unten liegen, sondern künftig auch die obere Position einnehmen möchte. Adam sei über das Ansinnen empört gewesen und habe es kategorisch abgelehnt; denn es sei nun einmal die von Gott gewollte Ordnung, daß der Mann oben und die Frau unten sei: so allein sei es auch naturgemäß. Als Lilith Adams Berufung auf die Schöpfungs- und Naturordnung nicht habe gelten lassen wollen und auf ihrem Vorschlag auf einen Wechsel der Position beharrt habe, hätte sich Adam bei Gott beschwert. Und dieser hätte seinen Engel geschickt, um Lilith zur Unterwerfung zu bewegen. Als auch dies keinen Erfolg gezeitigt hätte, hätten die Engel Gottes Lilith mit Strafe gedroht; auf die erneute Weigerung Liliths, ihr «Untensein» als ewiges Gesetz hinzunehmen, wäre sie gemäß der angekündigten Strafe in eine dämonische Gestalt verwandelt worden, die unzählige Kinder gebären sollte, diese aber immer wieder selbst verschlingen mußte.

Auf der sozio-kulturellen Ebene bildet sich im Lilith-Mythos der siegreiche Vormarsch des patriarchalen Bewußtseins und der patriarchalen Gesellschaftstruktur ab. In der überhandnehmenden hierarchischen Welt wird das Weibliche und die Frau als Individuum dem Männlichen und dem Mann untergeordnet. Und die Frau, die sich dieser Unterordnung entgegenstellt, wird zur destruktiven Hexe gemacht. Es gibt keine Ebenbürtigkeit, sondern nur Dominanz und Unterwerfung. Dieses Grundmuster führt bei den Männern zu tiefen Ängsten, die allerdings oft unbewußt bleiben. Sobald der Mann die Frau nicht mehr unter sich hat, wird sie für ihn zur bedrohlichen *Mutter* über ihm.

Von ihrer bewußten Einstellung her versuchen immer mehr Paare, ihre Beziehung als ein partnerschaftliches und gleichrangiges Neben- und Miteinander zu verwirklichen. Um so erstaunter und ratloser sind sie, wenn sie feststellen müssen, daß die Männer gerade in diesen äquivalenten Beziehungen das sexuelle Interesse an der Partnerin teilweise oder ganz verlieren. Dies ist zunehmend häufiger der Fall, und zwar auch dann, wenn die von der sexuellen Lustlosigkeit betroffenen Männer ihre Partnerinnen weiter lieben und schön und attraktiv finden. Immer mehr Paare stehen schon nach einer kurzen Zeit der erotisch-sexuellen Faszination und Aktivität enttäuscht und hilflos vor dem unbegreiflicherweise erloschenen Feuer. Neben Ursachen aus der persönlichen Biographie müssen für diese seelischen Reaktionen auch kollektiv-psychische Gründe verantwortlich gemacht werden. Die Seelenschichten des kollektiven Unbewußten sind auch heute noch geprägt von einer hierarchisch-patriarchalen Tradition. Diese Tiefenschichten der Seele wirken sich dann am stärksten aus, wenn die Kontrolle des Bewußtseins reduziert und die Instinkte und Affekte am meisten aktiviert sind; und dies ist in der sexuellen Erfahrung legitimerweise der Fall. Gerade in der Sexualität zwischen Mann und Frau ist Adams Konflikt mit Lilith noch gegenwärtig – wenn auch fast immer unbewußt. Die meisten Männer unseres Kulturraumes sind der ebenbürtigen Partnerin psychisch nicht gewachsen; wenn der Mann nicht dominiert, hat er in der Tiefe Angst, von der Frau – als Mutter – dominiert zu werden. Und es ist diese Angst, welche das erotisch-sexuelle Begehren und Reagieren blockiert.

Es kommt hinzu, daß in der modernen Paarbeziehung neben der erotisch-sexuellen vor allem eine emotionale und geistige Erfüllung und Bereicherung gesucht wird. Je höher diese Ideale und Erwartungen sind, um so schwieriger wird es für die Partner, in diesen geistigen Beziehungsraum hinein auch die archaischen Energien des sexuellen Instinkts zu integrieren. Das monotheistische Gottesbild ist kein diesbezügliches Urbild, das sich in der Seele als archetypisches Muster hätte niederschlagen können. In der geschichtlichen Ausformung des Monotheismus ist Gott zu einem rein geistigen Wesen geworden. Er ist die Sonne, das Licht, die ewige Energie, der Ursprung, das Ziel, die hintergründige Ordnung, der Sinn. Aber er ist kein sich auch sinnlich liebendes Paar wie Shiva und Shakti; und er ist kein begehrender gewaltiger Stier mehr wie Apis oder Zeus in seinen Transformationen. Der Vorrang des Geistes geht in den monotheistischen Religionen einher mit einer wachsenden Angst vor seinem Gegenpol, der Sexualität. In der noch oder bereits ehemals christlichen Welt sind es vor allem die Partnerschaft suchenden Paare, die an dieser historischen Spaltung von Geist und Sexualität und am Fehlen eines religiösen Integrationsbildes leiden.

4 Die Krise des Monotheismus

Die Monotheismen sind die Monokulturen der religiösen Welt. Trotz ihres Anspruchs, *universal* zu sein, sind sie nie zu einem *Universum* der vielen Dimensionen menschlicher und numinoser Wirklichkeit geworden. Sie haben *einen* Bereich des Humanen oder Göttlichen verabsolutiert und diesen in vollkommener Weise zu erfassen, darzustellen und ins Leben der Menschen als Individuen und Kommunitäten einzubringen versucht. Einerseits war es ihre Ein-Dimensionalität, die ihnen die revolutionäre Kraft zur Veränderung vorgefundener Religions- und Gesellschaftsformen verlieh. Dies galt besonders für das frühe Christentum in der Auseinandersetzung mit den polytheistischen Religionen und Kulturen Griechenlands und Roms. Dasselbe war der Fall für Mohammeds Monotheismus im Kampf gegen die Götterwelt Arabiens. Anderseits ist es dieselbe Ein-Dimensionalität der monotheistischen Religionen, welche im Laufe der Zeit zu einer Verarmung des Menschen- und Gottesbildes und zu einem fortschreitenden Verlust an schöpferischer Vitalität geführt hat.

Die großen monotheistischen Religionen sind in sich geschlossene Systeme, mit einer differenzierten horizontalen und vertikalen Struktur. Dies verleiht ihnen ein hohes Maß an Stabilität und darum auch in Krisenzeiten wie der gegenwärtigen eine große Überlebensmöglichkeit. Ihre Geschlossenheit und ihre hochentwickelte Organisation reduzieren aber im selben Maß ihre Wandlungs- und Erneuerungsfähigkeit.

Die Regenerationsfähigkeit von Organismen verhält sich umgekehrt proportional zu ihrer Differenzierung; je einfacher, je «primitiver» ein Lebewesen oder eine Lebenseinheit ist, um so höher ist deren Regenerationsfähigkeit; je komplizierter und höher entwickelt ein Organismus dagegen ist, um so kleiner ist seine spontane Regenerationsfähigkeit. Dieses biologische Gesetz gilt in analoger Weise auch für soziale «Organismen». Je komplexer und verfeinerter ihre Strukturen sind, um so träger und gegen Veränderungen und Erneuerungen resistenter sind sie.

Anders als die polytheistischen Traditionen vermochten die monotheistischen Religionen zu keiner Heimat zu werden für die Vielfältigkeit und Verschiedenheit menschlicher Eigenart, Bedürfnisse und Entwicklungsstadien. Sie haben wenig Spielraum für die polymorphen Möglichkeiten schöpferischer Energie geboten. Landwirtschaftliche Monokulturen und einseitige industrielle Entwicklungen erweisen sich zwar als hocheffizient. In Krisenzeiten aber, in Perioden politischer oder wirtschaftlicher Veränderungsprozesse sind sie äußerst anfällig; der beste Schutz vor katastrophalen Einbrüchen und gefährlichen Abhängigkeiten ist die Diversifikation. Auch im Wissenschaftsbetrieb und in der Medizin hat die Spezialisierung außerordentliche Fortschritte ermöglicht. Aber auf Dauer wird die immer weiter fortschreitende Spezialisierung auch dort zur Verengung des humanen Horizonts und zur Gefährdung einer offenen, sinnträchtigen Menschlichkeit. *Vereinseitigung im Sinn der Spezialisierung ist eine Äußerungsform der monotheistischen Bewußtseinsentwicklung.* Sie hat in den verschiedensten Bereichen der Kultur und Technik zu eindrücklichen Resultaten geführt. Aber sie hat auch den Verlust der Offenheit des Ganzen nach sich gezogen.

Wenn sie lange andauern, werden ein-dimensionale, lineare Entwicklungen zu einer wesentlichen Beengung des seelischen Spiel- und Entfaltungsraumes; und diese Einengung der seelischen Vitalität und Aktivität, die dauerhafte Festlegung in *eine* Richtung erzeugt in den Einzelnen und im Kolllektiv Angst. In den monotheistischen Religionen ist zur Zeit ein ungewöhnlich hohes Maß an Angst und Angstreaktion beobachtbar. Diese Angst ist nicht nur Angst vor der Bedrohung durch eine pluralistisch gewordene Welt; das Angst-Potential in den Kulturräumen der jüdisch-christlichen und der islamischen Welt ist zu einem beträchtlichen Teil darauf zurückzuführen, daß das monistische Selbst- und Weltverständnis die schöpferische Energie des Menschen nur in *einer* Richtung zur Entfaltung kommen ließ und sie über die Jahrhunderte in ihrer paradoxalen Vielfalt ungebührlich eingeschränkt hat. Beengungen und Behinderungen seelischen Potentials und Energien, die sich nicht kreativ äußern dürfen, setzen sich um in Aggression gegen die Menschen oder Strukturen, welche die Einschränkung verursachen. Weil diese Aggression sich aber nicht gegen Personen oder Richtlinien der eigenen Religion richten darf, muß sie entweder gegen äußere Feinde abgeführt werden oder sie wird als psychischer Streßzustand zur Angst-Spannung.

Die letzten zwei Jahrhunderte und ganz besonders die Jahrzehnte nach dem Zweiten Weltkrieg haben einen in der Geschichte der Menschheit beispiellosen Veränderungsprozeß der Lebens- und Arbeitsgewohnheiten gebracht. Im gleichen Zeitraum wandelten sich die vormals relativ *homogenen Sozietäten zu pluralistischen Gesell-*

schaften. Sowohl durch die immer rascher ablaufenden Veränderungsprozesse wie durch den überhandnehmenden Pluralismus gerieten die homogenen und stabilen monotheistischen Religionsgemeinschaften in eine innere Krise.

4.1 Die Krise der Identität

Bei allen Verschiedenheiten sind die fundamentalistischen Strömungen insgesamt Reaktionen auf eine kollektive Identitätskrise in den monotheistischen Religionen. Der traditionelle Monotheismus ist von seiner Struktur her kein genügend großes und flexibles Gefäß für die vielfältigen Wandlungsvorgänge und pluralistischen Entwicklungen der Gegenwart; die ihm zugehörigen Menschen finden sich darum weder als Einzelne noch als Teil der religiösen Gemeinschaft in ihrer Identität gesichert.

Bevor zur theologischen oder psychologischen Kritik angesetzt wird, sollte die fundamentalistische Reaktion ernst genommen werden als Sorge um die individuelle und kollektive Identität. Sie ist zutiefst ein Ausdruck der Angst vor dem Verlust der Identität oder der Bemühung um die Wiederherstellung einer bereits verlorenen Identität. Die Fundamentalismen sind Versuche, die bedrohte Identität der Gläubigen monotheistischer Tradition auf restaurative Weise zu sichern oder neu aufzubauen. Die «Fundamente», auf welche sich die Fundamentalisten berufen, sind sehr verschiedenartig und für die «Aufgeklärten» schwierig einfühlbar: aber als Ausdruck der Identitätssuche oder Identitätssicherung werden sie von den Betroffenen immer als Grund und Boden der Existenz und des Daseins-Sinns des Menschen verstanden.

Der Frage nach der Identität taucht seit Jahren in zunehmendem Maß auch in anderen Zusammenhängen auf. So begegnet man ihr z. B. mit großer Regelmäßigkeit in der politischen Diskussion um ein vereintes Europa. In dieser Diskussion ist die Angst vor einem zunehmenden Identitäts-Verlust in einem großen europäischen Eintopf unübersehbar, und es wird in diesem Kontext auch ausdrücklich von der notwendigen Suche nach einer neuen Identität gesprochen. Dabei wird kaum je exakt definiert, was mit Identität gemeint ist; und doch ist immer und bei allen spürbar, daß mit Identität etwas berührt wird, was unser Menschsein in seiner individuellen und kollektiven Existenz bis in seine tiefsten Wurzeln betrifft. Die Unschärfe der Vorstellung, was mit Identität gemeint ist, und die Schwierigkeit oder gar Unmöglichkeit einer exakten Begriffsbestimmung ist als solche schon eine Aussage für die fundamentale, nicht mehr weiter zurückführbare und begründbare Bedeutung dieser Wirklichkeit Identität.

Seit der Golf-Krise und dem Beginn des Golfkrieges im Januar 1991 ist auch die nationale Identität der arabischen Völker weltweit zu einem zentralen Gesprächsthema geworden. Die Krise der religiösen Identität geht in der jüdisch-christlichen und in der islamischen Welt einher mit einer Krise der kulturellen, politischen und nationalen Identität.

4.1.1 «Ich bin der-ich-bin» – Wurzeln der Identität

Der Gott der Bibel stellt sich selber vor als der «Ich bin, der ich bin» (Exodus 3,14). Er definiert sich als einer, der *«ist»* und der *«da* ist»; die Tatsache allein, daß er ist und daß er präsent ist, macht sein Wesen und seine Eigenart aus. Das ist das Bild, das er von sich selbst hat. Es gibt keine psychologische Definition, die kürzer und zugleich substantieller beschreibt, was Identität ist. *Ich bin ich.* Ich bin ganz einfach mein Wesen in seinem So-Sein und in seiner Einheit. Ich bin eine Ganzheit, die durch ihr So-Sein einmalig und unwiederholbar in sich selber ruht. Ich habe meine konkrete Eigenart, und diese deckt sich mit dem innersten Bild, das ich von mir selbst habe: was ich bin, das Wesen, als das ich mich erlebe, ist identisch mit dem mir zugrundeliegenden Bild und mit der in meinem Kern vorgebenen Idee meiner selbst.

Identität haben nicht nur Individuen, sondern auch zusammengehörende Gruppen von Individuen, kleinere und größere menschliche Gemeinschaften. Auch sie sind Einheiten, die sind, was sie sind. Auch ihnen liegt ein Wesensbild zugrunde, mit dem sie sich als Gruppe und die Einzelnen in der Gruppe deckungsgleich, also identisch fühlen.[23]

Das Individuum hat seine Identität nicht nur durch sein einmaliges So-Sein und die innere Übereinstimmung mit dem eigenen Wesen-Bild. Das Individuum ist sich selbst auch über die *Identifikation* mit der Identität der Gruppe oder Gruppen, denen es zugehört. *«Ich bin ich»* auch dadurch, daß ich mich wesensgleich fühle mit der größeren Ganzheit, zu der ich gehöre oder als deren Teil ich mich erlebe. Es spielt dabei kaum eine Rolle, ob ich gern oder ungern, aus eigener

Entscheidung oder durch die gegebenen Umstände zur betreffenden Gruppe gehöre. Wenn ich Schweizer oder Deutscher oder Österreicher bin, gehört auch dies zu meiner Identität, unabhängig davon, ob ich mich kritisch, distanziert oder vorbehaltlos patriotisch zur eigenen Nationalität verhalte.

Die Identität des Individuums wird mit-erschaffen und mit-getragen von seiner Zugehörigkeit zu einer Vielzahl sozialer Gebilde, die sich wie konzentrische Kreise um seinen Wesenskern legen. Die persönliche Wesens-Eigenart ist eingebettet in die Familie und Verwandtschaft, in den Clan, das Dorf, die Region, die Volksgemeinschaft, die Nation, die Kultur. Auch die Zugehörigkeit zur Rasse («black is beautyful») und ganz besonders die Identifikation mit einer religiösen Gruppe sind wesentliche Träger der Identität.

Nicht alle diese Kollektive haben für das Identitätserlebnis der einzelnen Individuen denselben Stellenwert. In einer bäuerlichen Welt mag die Identifikation mit der Familie wesentlicher sein als in der Stadt. Für das Identitätsgefühl der meisten Juden ist die Identifikation mit der Rasse bedeutsamer als für den Rheinländer oder den Zürcher; für die meisten Armenier ist die *nationale* Identität wichtiger als für die meisten Italiener.

Weil die Kollektive einen wesentlichen Anteil an der individuellen Identität darstellen, zieht eine Erschütterung der Identität von Kollektiven notwendigerweise auch eine Bedrohung der Identität der Einzelnen nach sich.

Identität durch homogene Einheit

In den monotheistisch geprägten Kulturen wurzelte die kollektive Identität vor allem in der Einheit der betreffenden Kollektive; das Identitäts-Erlebnis war um so größer und gesicherter, je *homogener*, gleichförmiger diese Einheit war. *Ein* Gott – *eine* Wahrheit – *eine* Lehre – *eine* Moral – *gleiche* Sitten und Lebensformen – die *gleiche* Liturgie (z. B. die lateinische Messe): Einheit und Gleichheit hat Identität geschaffen und erhalten.

Monotheistisch geprägtes Bewußtsein hat dazu geführt, daß die *homogene Einheit* in allen Sozietäten, nicht nur in den unmittelbar religiösen oder ethischen, zur *Basis der Identitäts-Erfahrung* wurde. Andersartiges und Widersprüchliches wurde durch Projektion oder Exkommunikation nach draußen velegt und damit nicht als Teil des eigenen Wesens und der eigenen Identität erlebt. Die Gemeinschaften (Volksgruppe, religiöse Kommunität etc.), mit denen sich der einzelne identifizierte, waren in ihrem Wesen immer *«rein»* im Sinne von homogen.

4.1.2. Die bedrohte Identität – Der gesellschaftliche und weltanschauliche Pluralismus

Der gesellschaftliche und weltanschauliche Pluralismus ist in seinem Wesen *heterogen*. Dadurch wird er notwendigerweise zu einer Bedrohung der homogenen Einheiten; sie werden als Fundament des Identitätserlebnisses fragwürdig.

De facto ist die moderne Gesellschaft *pluralistisch* geworden. Das kann durch Dogmen und weltanschauliche Postulate weder aus der Welt geschafft noch rückgängig gemacht werden. Die Faktoren, die zur *pluralistischen* Realität geführt haben, werden sie auch erhalten und weiter verstärken. Zu den vorrangigen Faktoren des Pluralismus zählt die *Mobilität* großer Bevölkerungsschichten, die zu einer immer größeren *Vermischung* der vormals homogenen Einheiten geführt hat. Bis nach dem 2. Weltkrieg gab es z. B. in der Schweiz (und anderswo) Täler und Regionen mit einer fast ausschließlich katholischen oder protestantischen Bevölkerung; und die nicht-katholische oder nicht-protestantische Minderheit stellte in den betreffenden Territorien eine klar abgrenzbare und abgegrenzte Gruppe dar; sie beeinträchtigte als definierte Minorität die homogene größere Einheit nicht, sondern bestätigte sie im Gegenteil.

Heute gibt es nicht nur in den sogenannten katholischen oder evangelischen Stammlanden einen hohen Prozentsatz an Gläubigen anderer Konfessionen; durch Migration haben sich die Mehrheitsverhältnisse sogar mancherorts innerhalb weniger Jahrzehnte umgekehrt. So hat beispielsweise in den einstmaligen Hochburgen der Reformation, in Zürich (Zwingli) und Genf (Calvin) der katholische Bevölkerungsanteil mit dem protestantischen gleichgezogen. Als neues wichtiges Element kommt hinzu, daß sich die Angehörigen der verschiedenen religiösen Gemeinschaften völlig vermischt haben und keine gesellschaftlich isolierbaren Einheiten mehr darstellen.

Ähnliches trifft auch für die kulturelle Situation zu. Vorwiegend wirtschaftlich bedingte Faktoren haben zu einer dauernden Abwanderung von Landbewohnern in die Städte und von den Städtern in andere Städte des eigenen Landes oder benachbarter Länder geführt. Die *Gastarbeiter* aus Italien, Spanien, Portugal und Griechenland, aus der Türkei und aus Nordafrika (speziell in Frankreich) bringen ihre Kultur mit: religiöse und moralische Anschauungen, Brauchtum, Lebensgewohnheiten und soziale Strukturen strömen von überall her in die bestehenden Gesellschaften ein. Trotz einer teilweisen Ausgrenzung und Ghettoisierung bilden sie einen machtvollen Faktor zur Bildung einer heterogen-pluralistischen Wirklichkeit. Ihr kulturelles Potential wird wirksam in der Schule, im Arbeitsbereich, in den Freizeiträumen und im religiösen Umfeld.

Ein weiterer Promotor der Entwicklung eines pluralistischen Bewußtseins ist der *Massentourismus* (vornehmlich aus den Ländern Mittel- und Nordeuropas und aus den USA) in Länder und Kontinente mit anderen religiösen und kulturellen Traditionen. Er ist längst nicht mehr eine Einzelepisode, sondern er hat seine eigene Periodizität und Kontinuität entwickelt.

Von erstrangiger Bedeutung sind in diesem Prozeß auch die *Massenmedien* Radio, Presseerzeugnisse und Fernsehen, welche unablässig mit anderen Lebensräumen, Kulturformen und religiösen und moralischen Wertsystemen in Berührung bringen. Dies gilt selbst von Werbespots. Auch staatliche Zensur (wie in den Ländern des vormaligen Ostblocks und in vielen arabischen Ländern) schafft keine hermetische Abschirmung gegen die Infiltration des «Fremden» über die Kanäle der Massenmedien. Bei aller gewaltsamen Abschottung wird noch genügend «Andersartiges» spürbar, so daß durch Lesen, Hören und Sehen die schöpferische Kraft der Neugier geweckt wird; menschliches Bewußtsein und menschliche Bewußtseinsentwicklung ist potentiell unbegrenzte Offenheit und Neugier auf das Unbekannte. Vor dem Einfluß der Massenmedien gibt es keine absolut wirksame Abschirmung; durch die Massenmedien beeinflußt, bricht in ungezählten Millionen aller Kulturräume die Ahnung durch, daß da noch *«fremde Götter»* sind, die nicht einfach als Nichtse gelten können. Über die Massenmedien üben andere Lebensgewohnheiten, Überzeugungen und Sinnvorstellungen ihre heimliche Faszination gerade auf jene Menschen aus, die bislang in einem geschlossenen Haus leben. Schließlich ist es auch die *wirtschaftliche Interdependenz* der Länder und sogar ganzer Kontinente, welche zu immer neuen Einbrüchen in die Homogenität der Gesellschaften führt und damit Pluralismus schafft und erhält.

Die monotheistisch geprägten Menschen, und das sind die Menschen im Raum der jüdischen, christlichen und islamischen Kultur insgesamt, erleben sich in der Konfrontation mit dem gesellschaftlichen, weltanschaulichen, kulturellen und religiösen Pluralismus nicht weniger in ihrer Identität verunsichert als die israelitischen Nomaden in ihrer Begegnung mit den Städtekulturen vor 3000 Jahren. Denn ihre Identität stützt sich noch immer zu einem wesentlichen Teil auf die Zugehörigkeit zu homogenen Einheiten und auf den *Kosmos* einfacher Ordnungen und eindeutiger Wertsysteme. Die komplexe Welt des Pluralismus stellt für das monotheistische Bewußtsein das Chaos dar, in dem es unterzugehen droht. Die Bewußtseinsstruktur hat sich in den letzen drei Jahrtausenden kaum verändert. Die großen Religionen Judentum, Christentum und Islam haben das ihre dazu beigetragen, daß sich die psychische und soziale Identität ein-dimensional verabsolutierte und perpetuierte; diese drei Religionen haben ihre eigene kollektive Identität nur durch Ausgrenzung der Vielfalt und durch Homogenität hergestellt und erhalten. Der Pluralismus steht von seinem Wesen her dazu im Gegensatz, und er stellt darum eine ernstzunehmende Bedrohung des traditionellen Identitäts-Verhältnisses dar. Die Fundamentalismen aller Schattierungen stellen einen grandiosen, kollektiven Abwehrmechanismus gegen die Bedrohung der nur homogen abgestützten Identität dar. Wie für die Israeliten der biblischen Zeit ist der moderne Pluralismus für die traditionell Gläubigen der Gegenwart zur «polytheistischen Versuchung» geworden. «Fremde Götter», andere Formulierungen der Wahrheit und andere Konzepte des Existenzsinns treten in Konkurrenz zum verabsolutierten Stammesgott eines zu eng gebliebenen Monotheismus.

Die «Ökumenische Bewegung»

In den protestantischen Denominationen gab es fast seit dem Beginn der Reformation Bestrebungen, bei aller Verschiedenartigkeit des theologischen Ansatzes eine möglichst große Einheit im Zusammenleben und in der Praxis des christlichen Lebens zu finden. Freilich war diesen Bemühungen durch die Jahrhunderte wenig Erfolg beschieden.

Zu einer Konkretisierung dieser Bestrebungen um *Einheit in der*

Vielfalt kam es erst in der ersten Hälfte des 20. Jahrhunderts durch die Gründung der beiden Bewegungen *«Faith and Order»* und *«Life and Work»* (1910 bzw. 1937). In eine entscheidend neue Phase trat die «Ökumenische Bewegung» durch die Gründung des «Weltrates der Kirchen» 1948. Die Stellungnahmen der römisch-katholischen Kirche «zu den ökumenischen Annäherungsversuchen hatten in der zweiten Hälfte des 19. und in der ersten Hälfte des 20. Jahrhunderts das Ziel, die Katholiken daran zu hindern, auf nichtkatholische Weise die Fragestellung aufzunehmen...» Denn die «alte Kirche lebte im Bewußtsein der absoluten Einzigkeit der Kirche».[24]

Trotz der kirchenamtlichen Reserviertheit wuchs auch auf katholischer Seite das Interesse an den Bemühungen um vertiefte Kenntnis anderer christlicher Gemeinschaften und um konkrete Zusammenarbeit. Das 2. Vatikanische Konzil schließlich verabschiedete 1965 ein Dekret über den Ökumenismus *«Unitatis redintegratio»*. Dieses Dokument stellte eine wesentliche Öffnung auch der (damaligen) offiziellen katholischen Kirche dar, indem sie weitgehend vom Anspruch abrückte, in absoluter Weise «die alleinseligmachende» Kirche zu sein. Die Einheit und Einzigkeit der Kirche wurde eher als Einheit in der Vielfalt der verschiedenen Kirchen und Bekenntnisse begriffen. Damit schienen sich auch Türen zu öffnen für den Vollzug dieser weiter verstandenen Einheit in Liturgie und Leben. Die neo-konservative Reaktion der katholischen Kirchenleitung hat sich seit Ende der 60er Jahre dieser neuen Einstellung allerdings mit zunehmender Vehemenz in den Weg gestellt.

Im erbitterten Widerstand der Fundamentalisten aller Konfessionen und religiösen Gemeinschaften gegen die «Ökumenische Bewegung» äußert sich nicht nur Dogmatismus und Angst um die eigenen (Macht-) Positionen. Die «Ökumenische Bewegung» durchbricht von ihrem Wesen her das Prinzip der traditionell monotheistischen Denkweise und muß darum als Gefährdung der religiösen Fundamente abgewehrt werden. Nach streng monotheistischem Daseins-Verständnis versteht sich jede religiöse Gruppierung als die alleinige und vollumfängliche Repräsentanz der göttlichen Offenbarung und des Heils. Der Anspruch, die «allein-seligmachende Kirche» zu sein, ist eh und je von allen christlichen Gemeinschaften und Gruppierungen explizit oder implizit erhoben worden, weil er in der Konsequenz traditionell-monotheistischer Theologie liegt. Alle Andersartigkeit kann auf diesem «Fundament» nur als Defekt, Irrtum, Häresie oder Teufelswerk verstanden werden. Noch dramatischer ist für das traditionell monotheistische Bewußtsein die «Ökumene» geworden, wo sie sich nicht mehr auf die verschiedenen christlichen Konfessionen beschränkt, sondern auch auf andere Religionen erstreckt. Mit dem «Njet» der Fundamentalisten gegen jedwede Öffnung auf andere Religionen hin wird das religiöse und weltanschauliche Prinzip der Einheit und Allein-Gültigkeit des eigenen Gottesbildes verteidigt. Die christlichen, jüdischen und islamischen Fundamentalisten betonen zurecht, daß der Ökumenismus dieses in Frage stellt oder zumindest relativiert. Vielen Fundamentalisten ist offenbar bewußter als manchen «Progressiven», daß sich in der «Ökumene» ein neues, wirklich universales Monotheismus-Verständnis abzuzeichnen beginnt. Dies ist aber gleichbedeutend mit einem tiefgreifenden Bewußtseinswandel, der als Chance schöpferischer Freiheit oder als Identitätskrise und seelische Existenzbedrohung erlebt wird. Die «Ökumene» stellt einen *religiösen Pluralismus* dar, für den *Einheit* und *Wahrheit* nicht mehr im traditionellen, exklusiven und ausgrenzenden Sinn Gültigkeit haben.

4.1.3 Die fragwürdige Identität – Die Auflösung der sexuellen Qualitäts- und Rollenbilder

Allen Fundamentalismen ist gemeinsam, daß sie sich vehement gegen die Emanzipationsbewegung der Frauen und gegen jede Form des «Feminismus» zur Wehr setzen. Sie lassen nichts unversucht, um die alten Rollenbilder von Mann und Frau durch die Veränderungen der Zeit zu retten oder zurückzuholen. Symbolischer Ausdruck dieser restaurativen Haltung ist u. a. die *Wiederverschleierung der Frauen in islamischen Ländern*; in der katholischen Hierachie ist es der fortgesetzte *Ausschluß der Frauen vom Priesteramt* und vielerorts die noch immer beobachtbare Bemühung, Frauen möglichst am Zugang zu den sogenannten «männlichen» Eliteberufen (z. B. Piloten) zu hindern.

Die Wiederbelebung «traditionell weiblicher Werte und Einstellung» wird dabei von vielen Frauen genau so betrieben wie von Männern. Die Amerikanerin *Marabel Morgan* z.B. preist wieder jenes Frauenbild als höchstes Ideal an, das die Frau völlig auf die traditionelle Rolle der Mutter – Gattin – Hausfrau beschränkt; eine «totale Frau» im

Sinn der genannten Autorin ist nur jene, die ihr Glück insgesamt und ihre sexuelle Erfüllung im Besonderen darin findet, ihren Mann und ihre Kinder mit ihrer Liebe und ihrem Körper glücklich zu machen.[25]

Innerhalb der monotheistisch geprägten Kulturen war auch die Welt der Geschlechter eine teilbare und klar geteilte. Die *Berufsrollen* waren festgelegt: der *Mann* war Handwerker, Politiker, Kulturschaffender (Musiker, Dichter, Maler), Wissenschaftler, Philosoph, Theologe, Arzt. Die *Frau* war Mutter, Gattin und Hausfrau. Oder sie war in einem mütterlichen Beruf tätig als Krankenschwester, Pflegerin, Lehrerin, Kindergärtnerin, Erzieherin, Ordensschwester (Diakonissin), Zimmermädchen. Der Mann war Bauer und die Frau Bäuerin. Aber auch da war die Zuordnung und Abgrenzung klar: Die Frau war zuständig im Haus und für die Kleintiere, der Mann für das Großvieh und die Felder. In dieser teilbaren Welt war es auch möglich, die Charaktereigenschaften und Begabungen, die man als männliche oder weibliche *Wesensmerkmale* betrachtete, eindeutig zuzuordnen und vollständig aufzulisten; sie galten als dem Mann und der Frau angeboren oder aus ihrem Wesen ableitbar.

Zum «Wesen» des Mannes bzw. der Frau zählten u. a. folgende Begabungen und besonderen Affinitäten:

für den Mann:	für die Frau:
Verstand	Gefühl
Geist	Leib/Materie
Aktivität	Passivität/Rezeptivität
Mut	Geduld
Kreativität	Bewahrung

Männer bzw. Frauen galten von ihrem Wesen her in folgender Richtung oder typologisch strukturiert:

analytisch	synthetisch
extravertiert	introvertiert
aggressiv	defensiv
durchsetzungsfähig	nachgiebig

Rechte Männer hatten in der patriarchalen Tradition «Helden» zu sein; weibliche Frauen mußten sich als «hingabefähig» und bereit zur

«Selbstaufopferung» zeigen. Selbst die *kosmischen Entsprechungen* waren festgelegt. Zum Mann gehörten: Himmel, Tag, Sonne, Kosmos, Gold; zur Frau: Erde, Nacht, Mond, Chaos, Silber. Der Mann war oben, die Frau unten. Im schon erwähnten Mythos von *Lilith* wird die Auflehnung der Frauen gegen die patriarchale Fixierung der Geschlechterrollen und Geschlechterqualitäten zum archetypischen Bild.

Das «Wesens»- und Rollenverständnis von Mann und Frau fügte sich bislang nahtlos in die teilbare und hierarchische Weltanschauung des traditionellen Monotheismus ein und gehörte als soziale Grundstruktur zum Fundament der individuellen und kollektiven Identität.

Das Selbstverständnis der Frau war während fast 2000 Jahren christlicher Tradition geprägt nach dem Bild Marias. Sie war die *Mutter* des Herrn und die *Magd* des Herrn. Sie war oben oder unten, aber nie ein Gegenüber des Mannes. Der Mann war als *Sohn* unten, sonst aber immer oben – als *der Herr*. Es ist nicht viel anders in der jüdischen und islamischen Tradition.

Für die moderne Paar-Beziehung gibt es in der gesellschaftlichen Wirklichkeit der vergangenen Jahrtausende kein Vorbild; infolgedessen gibt es auch in den Schichten des kollektiven Unbewußten keine diesbezüglichen Archetypen oder Urbilder. Das Fehlen partnerschaftlicher Paar-Bilder in den Tiefenschichten der Seele führt dazu, daß in Beziehungskrisen oder im Zustand heftiger Affekte die *traditionellen Rollenmuster* im Unbewußten reaktiviert werden und das konkrete Verhalten und Erleben bestimmen. Im Zustand eines «abaissement du niveau mental» fallen auch Männer und Frauen in alte Verhaltens- und Reaktionsformen zurück, die ansonsten entschieden und bewußt eine ebenbürtige Paar-Beziehung zu verwirklichen suchen. Die Folge dieser Diskrepanz zwischen traditionellen Beziehungsbildern im Unbewußten und partnerschaftlicher Einstellung im Bewußtsein sind ambivalente und paradoxe Beziehungserwartungen, die zu Spannungen und Konflikten sowohl zwischen den Partnern wie auch in jedem Einzelnen eines Paares führen müssen. Diese Nöte können weder genügend verstanden noch adäquat therapeutisch angegangen werden, solange sie nur im Zusammenhang mit der persönlichen Biographie und nicht auch im Zusammenhang mit den *kollektiven Entwicklungen* und dem *kollektiven Unbewußten* gesehen werden.

Das Rollenverständnis von Mann und Frau ist durch vielfältige, nicht zuletzt wirtschaftliche Entwicklungen ins Wanken geraten. Seit Jahrzehnten sind es vor allem die Frauen, die nach einem neuen Selbstverständnis suchen und ihre Identität neu definieren. In den letzten Jahren wird auch immer öfter von verschiedenen Wissenschaftszweigen grundsätzlich angezweifelt, ob es ein vorgegebenes «Wesen» der Frau und des Mannes gibt, oder ob das, was uns heute als «Wesen» erscheint, nicht zur Gänze oder doch größtenteils als Produkt soziokultureller Entwicklungen betrachtet werden muß. *Elisabeth Badinter*[26] hat in ihrem Buch «Ich bin Du» aufgezeigt, wie es in den verschiedenen Phasen der Kulturgeschichte zur Bildung sogenannter weiblicher und männlicher Wesenszüge kam, und wie diese auch in späteren Entwicklungsphasen erhalten blieben, obwohl sie ihren ursprünglichen Sinn und «Sitz im Leben» längst verloren hatten. Für Badinter spielt vor allem die früh feststellbare Arbeits-Teilung diesbezüglich eine wichtige Rolle.

Carl Gustav Jung hat mit seinem *Animus/Anima-Konzept* bereits in der ersten Hälfte dieses Jahrhunderts einen wesentlichen Schritt zur Relativierung und Infragestellung der alten «Wesensbilder» getan. Vor allem waren es die Manifestationen des Unbewußten in Träumen, Phantasien, Märchen, Mythen und religiösen Traditionen, die ihn zur Annahme führten, daß in der Seele jedes Mannes auch das «Weibliche», in der Seele jeder Frau auch das «Männliche» vorhanden sei. Dieser gegengeschlechtliche Wesens-Anteil ist nach C. G. Jung zunächst nur im Unbewußten wirksam und kommt erst im Lauf einer lebenslangen und umfassenden Persönlichkeits-Entwicklung, in der sogenannten *Individuation* zu seiner vollen Entfaltung. Nach C. G. Jung muß sich der Mensch zuerst mit seiner traditionellen Geschlechtsrolle idendifizieren: der Mann mit dem typischen Rollenbild des Mannes, die Frau mit dem Rollenbild der Frau. Nur so kommt es – nach Jung – in der Kindheit und Jugend zur Bildung einer stabilen Identität. Erst in der zweiten Lebenshälfte werden auch die gegengeschlechtlichen Anteile allmählich in die Ganzheit und Bewußtheit der Person integriert. In der Kodifizierung von «weiblich» und «männlich» bleibt C. G. Jung noch ganz dem traditionellen Bewußtseinsmuster der patriarchalen Welt verhaftet.[27] *Androgynie, Menschsein* mit allen weiblichen und männlichen Möglichkeiten, ist für ihn eine Zielvorstellung; sie ist für ihn dagegen kein Modell für den Menschen während seines Weges, insbesondere nicht in der ersten Lebenshälfte.

Obwohl die meisten Tiefenpsychologen heute kaum noch irgendeine Qualität anzugeben wagen, die uneingeschränkt als typisch männlich oder typisch weiblich betrachtet werden müßte, weisen viele von ihnen den Gedanken einer grundsätzlichen Androgynie im Sinne von Badinter als eine psychische Konfusion und als Bedrohung einer gesunden Persönlichkeitsentwicklung mit Entrüstung zurück. Sie meinen, die Androgynie würde mit innerer Notwendigkeit auch einen Verlust der erotischen Faszination zwischen den Geschlechtern und einen Zerfall der Stabilität der Paar-Beziehung nach sich ziehen.

Die Infragestellung der *sexuellen* Identität von Mann und Frau betrifft die *Fundamente der menschlichen Identität* überhaupt; das ist richtig; sie betrifft darüber hinaus auch auf wesentliche Weise das traditionelle *monotheistische Bewußtsein*. Eine Veränderung der sexuellen Identität unterläuft nicht nur das Koordinatenkreuz der horizontalen Teilung und der vertikalen, hierarchischen Ordnung. Es berührt auch unmittelbar jenen Gott, der in den monotheistischen Kulturen zum absoluten und alleinigen wurde. Im Judentum, Christentum und Islam hat dieser Gott eindeutig männliche Züge – und *fast nur* männliche Züge im Sinn der traditionellen psycho-sexuellen Qualitätslisten. Die wenigen Stellen in der Bibel und im Koran, die ihm auch weibliche Züge attestieren, wirken im Vergleich zur Ganzheit der Texte wie ein paar verirrte Schwalben, die bekanntlich noch keinen Frühling machen. Darüber hinaus kommt in diesen wenigen Stellen nur das *Mütterlich*-Weibliche zum Ausdruck, und so reduzieren gerade auch diese Aussagen das Weibliche auf den einzigen, in der partriarchalen Kultur uneingeschränkt akzeptierten Aspekt: die Mütterlichkeit.

«Und Gott schuf den Menschen nach seinem Bilde; nach dem Bilde Gottes schuf er ihn; als Mann und Frau schuf er sie» (Genesis 1, 27). Der Gott der Bibel und des Korans entspricht weitgehend der Vision einer einseitig patriarchal entwickelten Gesellschaft und Kultur. Der zitierte Vers der Genesis darf und muß in diesem Zusammenhang auch umgekehrt gelesen werden. Die Menschen schufen sich ihr Gottesbild nach dem Bild und Gleichnis ihres Selbstverständnisses, ihrer sozialen Strukturen und ihrer Geschlechterbeziehungen.

Das Rollen- und Wesensverständnis von Mann und Frau kann sich nicht ändern, ohne daß damit auch das Gottesbild und das ganze monotheistische Bewußtsein tangiert wird. Der Kampf der Fundamentalisten gegen die Frauenbewegungen wie auch die erwähnten

Ängste von Fachkollegen sind im Grunde adäquate Reaktionen. Ein neues Selbstverständnis von Mann und Frau erschüttert die traditionelle Identität bis in ihre Wurzeln; der Kampf gegen die feministische Theologie ist im Grunde genommen ein Kampf gegen jedwede Entwicklung und Veränderung der Geschlechtsidentität, weil diesbezügliche Veränderungen wesensnotwendig auch das traditionelle Gottesbild und mit ihm das Selbstverständnis von Juden, Christen und Moslems in Frage stellen.

Identität hat in der monotheistischen Tradition ihr Fundament in klaren Abgrenzungen von Andersartigem und in der Zugehörigkeit zu homogenen Einheiten. Identität ist freilich auch möglich durch eine kontinuierliche und dynamische Bezogenheit auf den eigenen Seelengrund. Nur so ist in einer pluralistischen und dauernd in Wandlung begriffenen Welt eine stabile und tragfähige Identität möglich. Diese neue Identität wurzelt in der kontinuierlichen Rückkoppelung des bewußten ICH an jenes autonome und strukturierende Zentrum der unbewußten Psyche, die C. G. Jung das SELBST nannte. Diese Identität ergibt sich nicht aus der Übereinstimmung der Person mit homogenen Gruppen, denen die Person zugehört; sie ergibt sich vielmehr aus der Übereinstimmung des ICH mit dem persönlichen SELBST-Bild individueller Eigenart und Entwicklungsmöglichkeit. Die Stabilität der ICH-SELBST-Achse (im Sinne E. Neumanns) garantiert auch die Stabilität und Flexibilität individueller Identität.

4.1.4 Die verletzte Identität – Der Minoritäts-Inferioritäts-Komplex

Die Christenheit und der Islam erfreuten sich über Jahrhunderte der politischen Macht und der kulturellen und wirtschaftlichen Prosperität. Das noch vor wenigen Jahrzehnten beliebte Kirchenlied «Ein Haus voll Glorie schauet» legt beredtes Zeugnis ab für erlebte Grandiosität. Die katholische Kirche z. B. durchlief noch in den 50er Jahren dieses Jahrhunderts eine ausgesprochen triumphalistische Phase; ihre damals weltweit mehr als 500 Millionen Gläubigen gaben ihr als Kirche und jedem einzelnen Gläubigen ein Gefühl unvergleichlicher Größe und Bedeutung; die Statistik kompensierte den Verlust der politischen Macht, den sie bereits im 19. Jahrhundert hatte hinnehmen müssen. Die katholische Kirche verfügte über ein «Heer» von mehr als 300 000

Priestern und Ordensleuten; und die Priester-Ausbildungsstätten waren übervoll; viele Klöster konnten längst nicht alle Eintrittswilligen aufnehmen. Die Missionstätigkeit schlug sich jährlich in Zehntausenden von Taufen nieder und im Bau von Hunderten von Schulen, Krankenhäusern und Kirchen. Katholische Christen lebten im Gefühl, einer sich weltweit dynamisch ausbreitenden und innerlich geschlossenen Kirche anzugehören. Zusätzlich gestützt wurde dieses Bewußtsein der Größe und Einheit durch Veranstaltungen wie die «Katholikentage», die als Massenkundgebungen den Charakter grandioser Demonstrationen hatten. Ähnliches traf auch auf die «Evangelischen Kirchentage» zu.

Die letzten Jahrzehnte brachten eine beispiellose Ernüchterung. Auch die katholische Kirche wurde wieder mehr und mehr zu einer Minderheit. Die Bevölkerung der nicht-christlichen Welt, vor allem in Indien, China, Japan und großen Teilen Afrikas begann so rapide anzuwachsen, daß der *proportionale Anteil* der Katholiken an der Weltbevölkerung kontinuierlich abzunehmen begann. Dasselbe trifft für die Christenheit in der heutigen Welt insgesamt zu. Trotz aller Missionierungsanstrengungen der verschiedenen christlichen Gemeinschaften gerät sie von Jahr zu Jahr mehr in eine Position der Minderheit. Das konnte für das Selbstbewußtsein der Christen nicht ohne Folgen bleiben, da sich dieses zu einem beträchtlichen Teil quantitativ abgestützt hatte.

Der Islam hat zwar in den letzten Jahrzehnten noch gewaltig expandiert, vor allem in vielen Ländern Afrikas; trotzdem gilt auch für ihn, daß sein proportionaler Anteil an der Weltbevölkerung jährlich kleiner wird.

Die Juden waren – statistisch gesehen – schon immer nur eine verschwindende Minderheit im Völkermeer. Nun kamen sie in diesem Jahrhundert wieder zu einem eigenen Staat, der im Vergleich zu seinem Territorium über ein unverhältnismäßig großes wirtschaftliches und militärisches Potential verfügt. Über diesem Staat hängt aber permanent die Drohung einer totalen Vernichtung durch die arabischen Nachbarn. Israel ist auch von einer Anzahl anderer Staaten nie als ebenbürtiges Mitglied in der Völkerfamilie akzeptiert worden. Die Bedrohung und die Ablehnung bestärkten zwar die jüdischen Fundamentalisten, die Ultra-Orthodoxen, in ihrem aggressiven Selbstwertgefühl; aber dies kann nicht über ihre Selbstzweifel und Minderwertigkeitsgefühle hinwegtäuschen; die Rigidität der Selbstbehauptung kompensiert erlittene Demütigungen und Unsicherheit.

Die *Quantität* und damit auch die *Statistik* haben ihre große Bedeutung für das Selbstwertgefühl und die Identität der Menschen der monotheistischen Kulturen. Denn das monotheistische Bewußtsein ist einseitig ich-orientiert. Für das Ich aber ist das Meßbare und Zählbare wichtig: Die Quantität ist konstitutiver als die Qualität, das Greifbare wichtiger als der Sinn.

Die großen monotheistischen Religionen, das Christentum und der Islam, werden in der Welt *zunehmend* zu Minoritäten. Das ist auch deswegen für die psychische Befindlichkeit folgenschwer, weil diese beiden Religionen von Anfang an und durch ihre ganze Geschichte hindurch *aktiv-missionarisch* waren, mit dem Ziel, die *ganze Erde* dem einen Gott und dem *einen Glauben* und der *einen allein gültigen Moral und Lebensform* zuzuführen bzw. zu unterwerfen. Der implizite und meistens sogar explizite Anspruch, die *universale* Religion zu sein und darum auch die Menschen aller Völker in dieser einen Religion versammeln zu sollen, gehört zur kollektiven Identität dieser Religionen. Es stellt eine tiefe Verletzung dieses Identitätsgefühls dar, nach 2000 Jahren (bei den Christen) oder nach fast 1500 Jahren (bei den Moslems) hinnehmen zu müssen, daß dieses Ziel einer weltumfassenden Christianisierung oder Islamisierung in unerreichbare Ferne rückt.

Das Wissen der Christen und der Moslems, daß sie zunehmend in den Status von Minderheiten geraten, bleibt auch nicht mehr *abstrakte* Kenntnis. Durch die täglichen Informationen und Bilder der Massenmedien wird dieses Wissen konkret, erlebbar und fühlbar. In einem fast hundertprozentig katholischen oder protestanischen Bergtal z. B. wußte man natürlich auch immer, daß nicht die ganze Welt katholisch oder protestantisch war; man wußte sehr wohl um die Minoritätssituation. Aber dieses Wissen blieb abstrakt und intellektuell; für das *Gefühl* war «die Welt» katholisch oder protestantisch. Denn die überschaubare und erfahrbare Welt dieser Menschen war ihr Tal; fast alle lebenswichtigen Ereignisse, fast alle bedeutsamen Beziehungen spielten in der Welt dieses Tales. Die Allgegenwärtigkeit der modernen Medien, die sich mit ihren Informationen und Bildern kontinuierlich und direkt auch an die Gefühle der Hörer, Leser und Zuschauer wenden, hat den Raum «Welt» bis in das hinterste Bergdorf wesentlich verändert und fast global erweitert.

Christen und Moslems wissen nicht nur um ihren Minderheiten-Status; sie beginnen ihn zu erleben. Die Tatsache, eine Minorität zu sein, wird allmählich zu einer emotionalen Wirklichkeit. Wo das Selbstwert- und Identitäts-Erleben vor allem *kollektiv* und nur wenig individuell fundiert ist, muß dies zu Minderwertigkeitsgefühlen führen. Die Situation der Minorität wird zur *Inferiorität.*

In der *pluralistischen Gesellschaft gibt es nur Minoritäten*: religiöse, gesellschaftliche und kulturelle. Alle haben in der pluralistischen Gesellschaft auf verschiedene und vielfache Weise Minoritätsstatus.

Die kollektiven Demütigungen in Geschichte und Gegenwart

Die Eroberung Konstantinopels durch islamische Türken im Jahre 1453 war für die Ostkirche und für die ganze damalige Christenheit zu einem unvergleichlichen Trauma geworden, das durch die Jahrhunderte spürbar blieb. Konstantinopel war im Jahre 330 die Hauptstadt des Römischen Reiches, im Jahre 395 die Hauptstadt des Oströmischen, Byzantinischen Reiches geworden. Die Landmauer, die im 5. Jahrhundert erbaut wurde, ist die größte bis heute erhaltene Festungsanlage der Antike überhaupt. Im 6. Jahrhundert wurde die Kirche «Hagia Sophia» nach zwei vorangegangenen Zerstörungen in ihrer heutigen Form erbaut. Sie wurde zur Krönungskirche der byzantinischen Kaiser und zum Ort wichtiger Staatsakte. Die «Hagia Sophia» gilt als das bedeutsamste Bauwerk der byzantischen Kunst. Den Gläubigen der Kirche des Ostens war die «Hagia Sophia» nicht weniger heilig als die «Kaaba» von Mekka den gläubigen Moslems. Für die Christenheit insgesamt war sie nicht nur ein unvergleichlich prachtvolles Kunstwerk, sondern ein heiliges Symbol christlicher Geschichte und christlichen Glaubens.

Die Umwandlung der «Hagia Sophia» nach dem Fall Konstantinopels in eine Moschee und im Jahr 1934 in ein Museum bewirkte eine Demütigung und Verletzung, die bis heute nicht völlig verheilt ist. Geschichtliche Demütigungen oder Entweihungen heiliger Symbole einer Nation oder einer Religionsgemeinschaft rühren an die kollektive Identität und wirken über viele Generationen in den unbewußten Schichten der Seele nach.

Heute sind es vor allem die arabischen, islamischen Völker, die unter solchen kollektiven Verletzungen ihrer Identität leiden. Was für die Christenheit der Fall Konstantinopels war, ist für die Moslem der

Zerfall des mächtigen Osmanischen Reiches gewesen und die darauffolgende Fremdherrschaft in arabischem Stammlanden. In den letzten Jahrzehnten ist es vor allem die Arroganz der sogenannten christlichen Welt des Westens, welche viele Moslems immer von neuem kränkt; es gibt eine weitverbreitete Hybris, welche die islamische Kultur und Religion bislang keiner ernsthaften Beachtung für würdig erachtet hat. Erst seit der Golfkrise und dem Golfkrieg ist im Westen ein breiteres Interesse an der islamischen Geschichte, Religion und Kultur beobachtbar.

Vor allem in der islamischen Welt sind die Demütigungen, welche im Lauf dieses Jahrhunderts und speziell in den letzten Jahrzehnten die kollektive Identität verletzt haben, mitverantwortlich für das Aufleben des Fundamentalismus. Mit dem fraglosen Beharren auf der Unvergleichlichkeit und Überlegenheit der religiösen Traditionen des Islam kompensiert der Fundamentalismus das entstandene Minderwertigkeitsgefühl. Es gelingt den Fundamentalisten der verschiedenen Religionen sogar recht oft, Gefühle der Verletzung, Inferiorität und Unsicherheit in ein neues Grandiositäts-Gefühl zu verwandeln.

4.1.5 Die introvertierte Kompensation –Das elitäre Bewußtsein des «Heiligen Rests»

«Progressive» Gläubige und außenstehende Beobachter sind erstaunt und beeindruckt, mit welcher Gelassenheit radikal traditionalistische Kirchenführer dem fortdauernden und zunehmen Exodus aus ihren religiösen Gemeinschaften zuschauen. Sie haben umsonst erwartet, der massive Auszug von Gläubigen und Pfarrern und Pfarrerinnen würde die fundamentalistischen Hierarchen zu einer größeren Flexibilität und zu mehr Kompromißbereitschaft bringen. Weder der statistische Niedergang noch der Verlust an Einfluß auf die Gesellschaft scheinen sie innerlich betroffen zu machen. Nicht einmal die Tatsache des internen Autoritätsschwundes scheint sie ernsthaft zu beunruhigen. Es wurde bereits oben darauf hingewiesen, daß sich in der katholischen Kirche die große Mehrheit auch der «praktizierenden» und engagierten Gläubigen von den kirchlichen Richtlinien im Bereich der Sexual- und Ehemoral losgesagt hat und diese *grundsätzlich* nicht mehr als für sie verbindlich erachtet. Aber diese Entwicklung scheint weder fundamentalistische Bischöfe noch den Papst anzufechten. Ein Aspekt zum Verständnis dieser Art Gelassenheit wurde bereits zur Sprache gebracht, nämlich die unbewußte Identifikation mit einem destruktiv-nihilistischen Schatten.

Wo das Selbstwertgefühl und die Identität ihre auf Quantität und Macht aufgebaute Grundlage verlieren, kann diese ersetzt werden durch die *Identifikation mit der «kleinen Herde»* (Lukas 12,32) oder mit dem *«Heiligen Rest»* (Römerbrief 9, 27); die verbliebenen Gläubigen verstehen sich als die zwar kleine, aber elitäre Gruppe jener, die allein Gottes Willen noch kennen und tun und allenfalls auch allein gerettet werden. Die verlorene numerische Grandiosität wird kompensiert durch die Grandiosität der Erwählung. Dieser Vorgang hat archetypische Qualität; er ist in der Geschichte der monotheistischen Religionen immer dann feststellbar, wenn die physische oder moralische Existenz religiöser Gemeinschaften auf dem Spiel stand.

In der Bibel ist es vor allem das Bild vom «Heiligen Rest», in dem sich diese Identifikation mit der kleinen Gruppe der Erwählten manifestiert. So steht etwa beim Propheten Micha: «Dann ist der Rest Jakobs inmitten vieler Völker wie der Tau, der vom Herrn kommt... Unter den Nationen, inmitten vieler Völker ist dann der Rest Jakobs wie der Löwe unter den Tieren im Wald» (Kap. 6, 6 f.). Oder bei Jeremias: «Ich selbst aber sammle den Rest meiner Schafe aus allen Ländern, wohin ich sie versprengt habe» (23, 3); «Der Herr hat sein Volk gerettet, den Rest Israels» (31, 7). Und bei Jesaja: «An jenem Tag wird der Herr der Heere für den Rest seines Volkes zu einer herrlichen Krone und einem prächtigen Kranz» (28, 4). Besonders wichtig ist auch Jesaja 10, 21 f., weil die dortige Sicht bei Paulus wiederkehrt: «Ein Rest kehrt um zum starken Gott... Israel, wenn auch dein Volk so zahlreich ist wie Sand am Meer – nur ein Rest von ihnen kehrt um»; Paulus im Römerbrief: «Ebenso gibt es auch in der gegenwärtigen Zeit einen Rest, der aus Gnade erwählt ist...» (11, 5); «Was Israel erstrebt, hat nicht das ganze Volk, sondern nur der erwählte Rest erlangt...» (11, 7). Das 11. Kapitel handelt in seinem ersten Teil (Verse 1–12) ausdrücklich vom verblendeten Volk und vom erwählten «Rest».

Das Motiv setzt sich fort in Bildern und Worten des Neuen Testaments. Lukas 12, 32: «Fürchte dich nicht, du kleine Herde! Denn euer Vater hat beschlossen, euch das Reich zu geben.» Matthäus 20, 16: «Viele sind berufen, wenige aber auserwählt.» Matthäus 7, 13 f.: «Geht ein durch die enge Pforte; denn weit ist die Pforte und breit der Weg, der ins Verderben führt, und viele sind es, die auf ihm hineinkommen. Denn eng ist die Pforte und schmal der Weg, der ins Leben führt, und wenige sind es, die ihn finden.»

Die Tatsache, daß sie immer weniger sind, wird für viele Fundamentalisten geradezu zum Beweis, daß sie zu den «Erwählten» gehören. Das *elitäre Denken* hat in der monotheistischen Kultur Tradition. In der Theologiegeschichte stand der «*massa damnata*» die kleine Gruppe der Geretteten gegenüber. Es gibt dieses elitäre Bewußtsein innerhalb der monotheistischen Kulturen auch bei Philosophen (Nietzsche); wir begegnen ihm häufig bei Zeitgenossen, die sich der Meditation verschrieben haben und sich ihrerseits auf dem einzigen Weg zur Wirklichkeit wähnen; auch manche neuere Sekten und religiöse Bewegungen beanspruchen als solche, die «verbliebenen zehn Gerechten» (Genesis 18, 32) zu repräsentieren, um deretwillen Gott allenfalls dieser Welt noch eine Chance gibt. Auch unter den Psychologen sind viele dieser Elitären anzutreffen, die sich für die verschwindend kleine, aber um so notwendigere Gruppe der «Bewußten» hält. Der großen Masse der «Unbekehrten», «Unwissenden», «Unerleuchteten» und «Unbewußten» steht das kleine Häufchen jener gegenüber, denen Bekehrung, Erkenntnis, Erleuchtung oder Bewußtheit und Individuation geschenkt ist.

4.1.6. Die extravertierte Kompensation – Das missionarische Bewußtsein

Die jüdische Glaubensgemeinde ist über die Zeiten, vom babylonischen Exil bis in die Gegenwart, in der Identität des «Heiligen Rests», der Elite der Erwählten verharrt. Auch die frühe christliche und die frühe moslemische Gemeinde fühlte sich in der Bedrängnis und Verfolgung als die kleine Schar der Auserwählten Gottes oder Allahs; aber sie wartete nie in einer Art von «splendid isolation» auf das glorreiche Ende; die christliche und islamische Gemeinde, so klein sie auch immer sein mochte, verstand ihre Erwählung immer mit einem universalen Auftrag und mit einer geradezu kosmischen Funktion verknüpft. «Ihr seid das Salz der Erde ... Ihr seid das Licht der Welt» (Matthäus 5, 13 f.). Ohne Salz waren in einer vortechnischen Welt, in der es keine Kühlschränke und keine importierten Gewürze gab, Speisen weder haltbar noch schmackhaft. Das Salz mußte nur in geringer Quantität vorhanden sein, aber es war absolut unentbehrlich. Als «quantité négligeable» konnte es unbeachtet bleiben und sich auflösen. Aber jedermann wußte um seine unverzichtbare Bedeutung für das Wohlergehen des Ganzen. Das Salz sollte alles durchdringen – ohne selbst direkt und isolierbar in Erscheinung zu treten.

Das Bild vom Salz ist zum Identifikationsmodell jener fundamentalistischen Gruppen geworden, die möglichst aus dem Untergrund operieren. Zu diesen ist u. a. die katholische Integristen-Bewegung des «*Opus Dei*» zu zählen. Andere fundamentalistische Kommunitäten beanspruchen im gleichen Sinn, das «Licht der Welt» zu sein. Überall, wo sie nicht sind, ist Nacht. Sie wollen ihr Licht nicht «unter den Scheffel stellen» und ihre Offenbarungen nicht einer esoterischen Gemeinde vorbehalten. Sie fühlen sich berufen, als «Lehrer» der Welt aufzutreten, die ihre «Weisheit» den Völkern zur Verfügung stellen. Sie identifizieren sich mit jener Spitze der hierarchischen Weltordnung, nach der sich die breite Masse der Basis zu ihrem eigenen Heil ausrichten könnte und müßte.

Die *Gemeinde Jesu* geriet nach dem Tod ihres Meisters in eine existenzbedrohende Identitätskrise. Die *Juden-Christen* verloren ihre Identifikationsmöglichkeit mit der jüdischen Gemeinschaft und Tradition. Sie waren Juden und blieben noch jahrzehntelang den religiösen und rituellen Überlieferungen ihrer Ahnen treu. Aber das genügte nicht mehr als erlebte Zugehörigkeit und Einheit, denn für die jüdische Tradition waren sie häretische Neuerer; und den Heiden-Christen erschienen sie durch ihr Festhalten an jüdischen Traditionen ebenfalls verdächtig; sie waren weder hier noch dort wirklich beheimatet. Für die *heiden-christlichen Gemeinden* bedeutete der Glaube an den Juden Jesus ebenfalls einen tiefgreifenden Bruch mit ihrer kollektiven Identität. Für sie waren die Juden die politischen, religiösen und kulturellen Außenseiter, eine im damaligen Römischen Reich eher verachtete und oft verfolgte Minderheit.

Für die Vertreter der historisch-kritischen Exegese (Katholiken und Protestanten gleicherweise) stammt der bekannte *Missionsbefehl* mit Sicherheit *nicht* vom historischen Jesus. «Da trat Jesus auf sie zu, redete sie an und sprach: Mir ist alle Gewalt gegeben im Himmel und auf Erden. So geht hin und macht alle Völker zu Jüngern und tauft sie

sie... und lehrt sie alles halten, was ich euch geboten habe» (Matthäus 28, 19 f.). Die «nach-österliche» Schar der Jünger Jesu, die sich in ihrer Existenz bedroht und in ihrer Identität verunsichert fühlte, identifizierte sich in einer Art Übersprungshandlung mit einem weltweiten missionarischen Auftrag. Darin waren neue Identität und Größe. Gerade als sie zu bedrohten und über die damalige Welt verstreuten Nichtsen geworden waren, wurden sie zu den Lehrern der Völker und zum Licht, das die ganze Welt erleuchten sollte.

Der Versuch vieler fundamentalistischer Bewegungen, die Massenmedien in ihren Griff zu bekommen, hat nicht nur mit Machtgelüsten, sondern auch mit diesem missionarischen Bewußtsein verunsicherter Minoritäten zu tun. Über die Medien wollen sie ihre Rolle als «Lehrer der Völker» wahrnehmen. Dann können sie Minoritäten in einer pluralistischen Welt bleiben, ohne ihr Selbstwertgefühl einzubüßen; die Masse der Mehrheit wird auf diesem Weg zu Schülern. Im Gegensatz zur jüdischen Geschichte ist die christliche und die moslemische weitgehend eine Geschichte des missionarischen Bewußtseins und der missionarischen Aktivität.

4.1.7 Auf der Suche nach Identität – Die neuen Nationalismen

Die pluralistische Welt ist eine *kosmo-politische*. Sie erinnert an die Aussage des Apostels Paulus im Brief an die Galater (Kap. 3, 28): «Da gibt es kein jüdisch und griechisch, kein versklavt oder frei, kein männlich und weiblich; ihr seid alle eins in Christus Jesus.» Das *Mensch-Sein* hat absolute Priorität. Und darin sind alle gleich. Alle Unterschiede der Nationalität, der Rasse, des sozialen Standes und sogar des Geschlechts sind sekundär und relativ. Da sind nicht mehr primär Deutsche, Norweger, Polen und Franzosen, sondern *Europäer*; nicht mehr Asiaten, Afrikaner und Amerikaner, sondern *Weltbürger*, Teile der einen Menschheit. Die nationale, partikuläre Zugehörigkeit und Identität treten zurück hinter einer universalen Zugehörigkeit und Identität.

Proportional zum Wachstum des Kosmopolitismus ist in den letzten Jahrzehnten das Heranwachsen eines neuen Nationalismus zu beobachten. Manche der zeitgenössischen Nationalismen haben fundamentalistische Züge; die rechtsradikalen nationalistischen Gruppen gehören sogar zu den extremsten und konsequentesten Äußerungen fundamentalistischer Einstellung.

Die neuen Nationalismen sind Reaktions- und Kompensationsbildungen. Die Verschiebung der Priorität von der lokalen und nationalen auf die kontinentale oder globale Ebene wird als Verlust der Eigenart und als Gefährdung der kollektiven Identität erlebt. Die Relativierung der Grenzen reduziert die Bedeutung horizontaler Strukturen; Verschiedenartigkeit und Vielfalt, welche nicht mehr klar abgegrenzten und definierten sozialen Einheiten zugeordnet ist, wird für viele zum orientierungslosen Chaos. Das kosmopolitische, universale Menschenbild ist in seiner Unbestimmtheit – analog dem monotheistischen Gottesbild – weitgehend eine *Leerformel*. Die neu entstandenen Nationalismen stellen eine Regression zu den «*Fundamenten*» lokaler, regionaler und nationaler Kultur dar.

Die Identität des Menschen ist nur tragfähig und stabil, wenn sie gleicherweise in der Einmaligkeit der Person und in der sozialen Wirklichkeit wurzelt. Der *kollektive* Anteil der Identität wiederum ist in sich selber vielschichtig; sie baut sich auf einer kontinuierlichen Reihe von Identifikationen auf: das Individuum identifiziert sich mit der Familie, mit dem Dorf oder Quartier, dem Bezirk, dem Kanton oder Bundesland, dem Staat und dem Kontinent. Gesunde und verläßliche Identität bildet sich für den einzelnen gleichsam aus einer Anzahl kontinuierlich größer werdender konzentrischer Kreise, in deren Mitte die unverwechselbare Eigenart und Einmaligkeit der Person sind.

Das europäische oder kosmopolitische Bewußtsein überspringt die kleineren Kreise und hinterläßt unter Umständen ein gefährliches seelisches Vakuum zwischen der Individualität des Zentrums und der Universalität der Peripherie. Um stabil und flexibel sein zu können, bedarf der Mensch auch der «mittleren», vermittelnden Identitäten. Damit die Öffnung auf kontinentale und globale Einheiten hin nicht zur psychischen Verlorenheit und Ungeborgenheit wird, ist eine verstärkte Bewußtwerdung individueller und kollektiver Identität notwendig. Erst die Rückbesinnung auf lokale und nationale Eigenart und der Wiederanschluß an die Geschichte der eigenen Kultur geben der kosmopolitischen Offenheit die Chance, zum heimatlichen Raum unbegrenzter Vielfalt zu werden.

Die Suche nach diesen «mittleren» Identitäten hat in den letzten

Jahrzehnten vielerlei Gestalt angenommen. Das drückt sich u. a. in der bewußten Bewahrung örtlicher Dialekte und in der Reaktivierung örtlichen Brauchtums aus; es darf auch gesehen werden in den Bemühungen des Heimatschutzes und in der Denkmalpflege. Nur dieses verstärkte Suchen nach der Identität in den kleineren Kollektiven und in deren Geschichte macht verstehbar, daß in den letzten Jahrzehnten ein Stück historische Mauer oft geradezu sakralen Wert bekommt und die Bürger einer Stadt oder einer Region bereit sind, Millionen aufzuwenden, um mitunter sogar recht bescheidene Zeugen der eigenen Vergangenheit zu retten. Auch in den leidenschaftlichen Bemühungen um politische Unabhängigkeit oder Autonomie von Regionen mit einer gemeinsamen Sprache, Religion oder Kulturgeschichte in vielen Teilen der Welt ist die Suche nach Identität die treibende Kraft.

Die Regression: «reculer pour mieux sauter»

Weder die individuelle noch die kollektive Bewußtseins-Entwicklung verläuft linear, sondern im Wechsel von Progression und Regression. C. G. Jung hat in seiner Analytischen Psychologie deutlicher als andere auf dieses bekannte, aber immer wieder vergessene Entwicklungs-Gesetz hingewiesen. Es gibt auf Dauer keinen echten seelischen Fortschritt ohne eine periodische und dynamische Rückverbindung mit den älteren Schichten der Seele. Dies gilt für Kollektive nicht weniger als für Individuen. In gesunden Einzelnen und Kollektiven findet der rhythmische Wechsel zwischen Progression und Regression bis zu einem gewissen Grad spontan statt, gesteuert von den selbstregulierenden Kräften der Psyche selbst.

Alle Fundamentalismen sind *regressive* Bewegungen. Aufgrund der angesprochenen psychologischen Gesetzmäßigkeit mußte nach den gewaltigen Veränderungen und Entwicklungen unseres Jahrhunderts mit machtvollen Regressions-Phänomenen gerechnet werden. *Auch die Regression von Kollektiven ist unvermeidbar, und sie ist als solche nicht notwendigerweise negativ.* Das gilt grundsätzlich auch von der fundamentalistischen Regression. *Zum Problem wird die Regression erst, wo sie nicht als solche erkannt und darum auch nicht bewußt mit ihr umgegangen wird.* Da wird sie zur psychischen Überschwemmung, welche die Betroffenen zu hilflosen Opfern macht. Das Ausmaß der Veränderungen in unserer Zeit und das erreichte Bewußtseinsniveau der Menschheit als Ganzer machen es unerläßlich, daß sich kollektive Regressionen nicht mehr wie Naturereignisse abspielen, sondern als bewußte Verbindung mit den Wurzeln der Kultur und religiösen Tradition durchlebt werden. Einzelne und Kollektive bedürfen im dramatischen Wandlungsgeschehen der Gegenwart vermehrt der Introversionsphasen als Räume bewußt akzeptierter Regression; wo diese auf Dauer fehlen, schlägt sich dies bei den Individuen in neurotischen oder psycho-somatischen Störungen nieder und führt in Kollektiven zu destruktiven Konflikten.

Sowenig wie sich die Bevölkerungsdichte der Erde noch durch Seuchen, Krankheiten, Kindersterblichkeit, Kriege und Naturkatastrophen selbst reguliert, sondern nur mehr durch eine bewußte Familienplanung möglich ist, sowenig dürfen in einer Zeit komprimierter Veränderungsprozesse die kompensatorischen Regressionsvorgänge allein den spontanen Reaktionen überlassen werden. Auf der Seite der sogenannten «Progressiven» in den religiösen Gemeinschaften wird die Notwendigkeit der Regression als eines Anschlusses an die Wurzeln der Seele oft verkannt: Auf fundamentalistischer Seite ereignet sich Regression meist völlig unbewußt; dadurch wird sie zu keinem dynamischen Beziehungsvorgang mit den früheren und tieferen Schichten, sondern zu einer statischen Wiederholung der Vergangenheit. Wo die Notwendigkeit der individuellen und kollektiven Regression nicht erkannt wird, leistet sie dem unbewußten Verfall an regressive Bewegungen Vorschub. Leugnung der Regression und Festsitzen in ihr sind dem Leben gleicherweise abträglich.

Nur die bewußt akzeptierte Regression ermöglicht auch immer neue Progressionen, ohne durch sie die individuelle oder kollektive Identität zu gefährden. Das dynamische Spiel zwischen Progression und Regression schafft Raum für die Bildung eines Identitäts-Erlebnisses, das sowohl dem Bedürfnis nach Kontinuität Rechnung trägt und zugleich eine innere Flexibilität aufweist.[28] Tiefenpsychologisch orientierte Psychotherapie ist oft Hilfe zur bewußten Regression: Hilfe zur Wiederentdeckung der eigenen seelischen Wurzeln in der persönlichen Lebensgeschichte und im kollektiven Hintergrund. Diese Regression schafft Anschluß an jene seelischen Energien, die neue Kreativität und Entfaltung ermöglichen.

Sigmund Freud hat mit seiner genialen Vision des Ödipus-Mythos nicht nur einen wichtigen Beitrag zur Entwicklungspsychologie des einzelnen Menschen geleistet, sondern gleichzeitig einen bahnbrechenden Schritt der bewußten Regression in unsere Kulturgeschichte getan. Von Carl Gustav Jung wurde dieser Ansatz systematisch erweitert und vertieft. Die *bewußte* Regression zurück zu den Wurzeln unseres Bewußtseins schafft die innere Sicherheit und den nötigen Freiraum zur allmählichen Überwindung des monotheistischen Mono-Ideismus. Der bewußtere Kontakt mit den historischen Wurzeln und Schichten der Bewußtseinsentwicklung verschafft die nötige Freiheit, über zeitbedingte Konkretisierungen hinauszuwachsen.

Identität und Emotion

In den letzten Jahrzehnten haben sich Millionen von Menschen von den großen religiösen Gemeinschaften, den christlichen Kirchen oder den islamischen Traditionen entfernt. Viele sind formell auf Distanz gegangen, z. B. durch einen offiziellen Kirchenaustritt; viele andere haben – oft über Jahre oder Jahrzehnte – einfach de facto keinen Kontakt mehr mit den religiösen Gruppen gepflegt, denen sie von ihrer Herkunft her zugehörten.

Nur anläßlich der traditionellen «Übergangsriten» bei Hochzeiten und Beerdigungen von Bekannten und Freunden kehren diese «Ehemaligen» und Abseitsstehenden in die sakralen Räume und zu den religiösen Zeremonien ihrer Kindheit zurück. Viele von ihnen werden dabei von einem *Heimweh-Gefühl* erfaßt, das sie nur mit Mühe sich selbst und noch viel weniger anderen einzugestehen wagen. Von religiösen Traditionalisten wird dieses Heimweh-Gefühl umgehend als das schuldbewußte Heimweh «des verlorenen Sohnes» (Lukas 15,11–32) nach dem «Vaterhaus» der verlassenen religiösen Gemeinschaft interpretiert.

Die bei solchen Gelegenheiten erlebte Wehmut hat wesentlich damit zu tun, daß die frühen Erfahrungen des Lebens noch von einer außergewöhnlichen emotionalen Dichte sind und eine emotionale Beheimatung und Identität schaffen. Fast alle Erwachsenen – ob sie 30-, 50- oder 80jährig sind, erinnern sich, daß es in ihrer Kindheit noch «rechte» Winter mit unvergleichlich viel größeren Schneemengen gab. Die objektive Messung und Statistik bestätigt und erklärt diese Erinnerungen nicht. Die Wahrheit dieser Erinnerungen ist eine subjektiv-emotionale. Für das Kleinkind ist Schnee an sich ein eindrückliches Erlebnis; nicht die in Zentimetern gemessene Höhe ist dabei entscheidend, sondern die Neuheit der Erfahrung und die hautnahe Berührung. Die Erinnerung an *viel* Schnee drückt aus, wie intensiv, den ganzen Menschen mit Leib und Seele erfassend das Erlebnis *Schnee* war. Die Erinnerung der Erwachsenen an die schneereichen Winter der Kindheit ist oft von einer ähnlichen Wehmut begleitet wie die bei Hochzeiten und Beerdigungen belebten Erinnerungen an die religiösen Erfahrungen der Kindheit. Gottesdienste, Familiengebete, Riten und Wallfahrten sind für Kinder naturgemäß emotional intensive Erfahrungen und bilden deswegen auch einen wichtigen Teil der kindlichen Identität. Die «Fundamente», zu denen die Fundamentalisten oft zurückkehren, sind zum Teil nichts anderes als die stark emotional besetzten religiösen Kindheitserfahrungen. Diese bleiben auch im Erwachsenen um so tragender und um so «fundamentaler», wenn im Leben allgemein und im religiösen Umfeld im Besonderen wenig Raum ist für neue intensive Gefühls-Erfahrungen. Die Tatsache, daß die amtlichen Kirchen und die sogenannten progressiven religiösen Gemeinschaften meist einseitig intellektuell-theologisch und rational ausgerichtet sind und kaum noch über erlebnisdichte Rituale und Liturgien verfügen, trägt zur emotionalen Heimatlosigkeit und zu einem emotionalen Identitätsverlust bei und begünstigt damit fundamentalistische Entwicklungen nicht unerheblich.

Die nach dem Zweiten Vatikanischen Konzil in der katholischen Kirche durchgesetzte Liturgie-Reform hat in ihrer praktischen Durchführung vielerorts zu einem Erlebnis- und damit zu einem emotionalen Identitätsverlust geführt, welcher zu einem beträchtlichen Teil mitverantwortlich ist für die Ausbreitung des «Neo-Konservativismus» nach dem Muster Lefèbvres. Dogmatische Begründungen täuschen sowohl die Neo-Konservativen wie ihre Opponenten über die eigentlichen Ursachen hinweg, die nicht auf der rationalen, sondern auf der irrational-affektiven Ebene zu suchen sind.

Viele sogenannte Sekten und besonders die *Jugendreligionen* lassen nichts unversucht, über gemeinsames Singen, Tanzen, Essen, Wandern u. ä. emotionale Erlebnisse und damit eine tragfähige neue Identität und erlebbare Zugehörigkeit zu schaffen. Der katholische Neo-Konservativismus ist demgegenüber ein regressiver Versuch der Wiederherstellung der verlorenen *emotionalen Identität.* Die vorkonziliäre lateinische Messe mit Orgelmusik, Weihrauch und goldbrokatenen Gewändern oder in ihrer einfachsten Form als Raum der Stille und meditativen Atmosphäre und andere Rituale waren für viele katholische Menschen die tragenden Säulen ihrer emotionalen Identität gewesen.

Die Identität ist erst über die Emotion eine tragende und bergende seelische Wirklichkeit. Dies gilt für den individuellen Anteil der Identität: die Rückkoppelung des bewußten ICH mit dem SELBST-Bild; dies gilt aber auch für die kollektiven Anteile der Identität, nämlich die verschiedenen Identifikationen mit sozialen Einheiten. Wo in der Gesellschaft und in den religiösen Gemeinschaften gefühlsbezogene Erfahrung schwindet, entsteht ein seelisches Vakuum, das fundamentalistische Bewegungen aufzufüllen versprechen; da dies aber in unbewußt regressiver Weise geschieht, schließen sich gleichzeitig die Tore für zukunftsträchtige, schöpferische Entwicklungen.

4.2 Die Krise der Sicherheit

4.2.1 Das menschliche Sicherheitsbedürfnis

Wie bereits in der Einleitung festgehalten wurde, spielt das Sicherheitsbedürfnis bei den fundamentalistischen und integristischen Bewegungen eine wichtige Rolle; aber es scheint mir nicht gerechtfertigt, in ihm die tiefste oder alleinige Ursache fundamentalistischer Einstellung zu sehen oder den Fundamentalismus generell als «Flucht in scheinbare Sicherheiten» zu deuten.

Eine tiefenpsychologische Analyse der menschlichen Erfahrung von Sicherheit führt an zwei konstitutive Elemente heran. Das Sicherheitserlebnis beruht auf *Zugehörigkeit* und *Verläßlichkeit*. Die menschliche Existenz beginnt mit einer fast totalen Symbiose im Mutterschoß und einer noch fragmentarisch fortdauernden Symbiose im Säuglingsalter. Symbiose ist ein derart enges «Zusammen-Leben», daß eine wirkliche Unterscheidung und noch viel weniger eine Trennung der sym-biotischen Lebewesen nicht möglich ist, ohne daß dadurch für das eine oder andere oder beide das Leben ernsthaft gefährdet wird. Symbiose ist Verschmelzung, Auflösung der Individualität in der Einheit oder ein Ursprungszustand, wo noch keine Bewußtwerdung eingesetzt hat. Der Embryo im Mutterleib lebt noch weitgehend in einer solchen Ursymbiose; auch das Ich des Kleinkindes hat sich noch nicht aus der Einheit mit dem Unbewußten und aus der Identifikation mit dem Bewußtsein der Mutter und der Umgebung herausgeschält und als eine eigenständige Wirklichkeit gegenübergestellt.

Die Bewußtseinsgeschichte der Menschheit (Phylogenese) und die Entwicklung des individuellen Bewußtseins (Ontogenese) lassen keinen Zweifel darüber, daß der Mensch kein solitäres Wesen ist; trotz und in seiner Individualität ist der Mensch ein *«ens sociale»*, ein auf Gemeinschaft und Kommunikation hin angelegtes Wesen. Er braucht nicht nur zu seinem physischen Überleben die existentielle Verbundenheit mit anderen; auch in allen Phasen seiner seelischen und geistigen Entwicklung ist er von einer kontinuierlichen und effektiven Kommunikation abhängig. Im Säuglingsalter bedarf er der «Spiegelung» durch die Mutter oder Mutterfigur, um in diesem «Spiegel» sein eigenes So-Sein zu entdecken. Das Angenommen- und Bejahtsein durch die Mutter oder Mutterfigur wird für den Säugling in dieser Phase der symbiotischen Einheit auch zur Urerfahrung der Selbst-Bejahung und des Sich-selber-Annehmens, die allein zu einem tragfähigen Fundament späterer Liebe seiner selbst und anderer werden kann. In späteren Entwicklungsschritten entfaltet der junge Mensch über *Imitation* und *Identifikation* mit den Eltern und Elternfiguren – u. a. Lehrern, Großeltern und idealisierten Leitfiguren in Sport, Showbusiness, Politik und religiösen Gemeinschaften – seine psychosexuelle Identität und seine Anpassungs- und Überlebensstrategien. Selbst das schöpferische Potential eines Menschen, das in besonderer Weise Ausdruck seines individuellen Wesens ist, kommt nur über die kontinuierliche und lebendige Interaktion mit anderen Menschen zu seiner vollen Entfaltung. Die teilweise oder völlige Isolierung eines Menschen, ob freiwillig oder gewaltsam von außen auferlegt, ist in jedem Lebensalter eine ernsthafte Bedrohung seines Menschseins.

Das andere Wesenselement der Sicherheit ist die *Konstanz* bzw. *Verläßlichkeit*. Es gibt nur Vertrauen in die Umwelt und in Mitmenschen, wenn damit gerechnet werden kann, daß sie sich im Rahmen einer gewissen Gesetzmäßigkeit verhalten. Naturwissenschaft und Technik bezeugen die Effizienz des Vertrauens in die Konstanz der Wirklichkeit und ihre Reaktionen. Auch Planung und Vorsorge für die Zukunft sind nur möglich, weil aufgrund gleichbleibender Gesetzmäßigkeiten die Erfahrungen der Vergangenheit und Gegenwart künftige Entwicklungen mit einiger Sicherheit voraussehen lassen. Dabei ist allerdings auch die Naturwissenschaft in den letzten Jahrzehnten immer mehr davon abgerückt, die Naturgesetze als *absolut* anzusehen, und sie rechnet zusehends mehr auch mit der unberechenbaren und dadurch auch unvorsehbaren Eigendynamik und Eigenbewegung der Bausteine des Kosmos.

Konstanz und Verläßlichkeit sind nicht nur Voraussetzungen für die gesunde psychische Entwicklung der Menschen, sondern auch der Tiere. Wenn gleiches Verhalten einmal bestraft, ein andermal belohnt und ein drittes Mal als wertfrei behandelt wird, werden auch Hunde und Katzen – und alle anderen Tiere – auf Dauer neurotisch ängstlich, in ihrer Vitalität gebremst und aggressiv. Erwachsene und noch viel mehr heranwachsende Menschen bedürfen zu ihrer Orientierung und ihrem seelischen Wohlbefinden der Sicherheit, daß ihre Mitmenschen im Rahmen eines bekannten Musters agieren und reagieren. Nur so ist es möglich, auch das eigene Verhalten darauf abzustimmen oder sich seelisch auf eine Interaktion vorzubereiten. Nicht anders als bei Tieren führt der Mangel an Konstanz und Verläßlichkeit bei Menschen zu tiefgreifenden Entwicklungs- und Verhaltensstörungen. Die Verunsicherung löst Angst und Aggression aus und hemmt die schöpferische Aktivität. Es hat schon immer zu den psychischen Foltermethoden von Tyrannen gehört, durch einen völlig unberechenbaren Wechsel von Freundlichkeit und Brutalität ihre Opfer in den Zustand einer qualvollen Orientierungslosigkeit zu versetzen.

Zugehörigkeit und Konstanz schaffen für den Menschen das Fundament jener seelischen Sicherheit, die ein selbstverständliches Sein-Dürfen und einen schöpferischen Selbstausdruck ermöglichen. Auf dem Boden von Konstanz und Zugehörigkeit kann ein gefestigtes und reifes Ich heranwachsen, das fähig ist, sich in einer für das Individuum förderlichen Weise auf die Umwelt einzulassen und sich ebenso von ihr abzugrenzen.

4.2.2 Der typologische Aspekt des Sicherheitsbedürfnisses – Fritz Riemanns «Grundformen der Angst»

In seinem Buch *Grundformen der Angst. Eine tiefenpsychologische Studie*[29] analysiert Riemann vier seelische Grundbedürfnisse des Menschen. Es sind dies das Bedürfnis nach *Zugehörigkeit*, das Bedürfnis nach *Individualität*, das Bedürfnis nach *Stabilität* und schließlich das Bedürfnis nach *Wandel*. Alle vier müssen gleicherweise als menschliche Existenziale, als unabdingbare und unverzichtbare Bedürfnisse *jedes* Menschen betrachtet und zur Geltung gebracht werden. Überall da, wo eines von ihnen ernsthaft beeinträchtigt oder in wesentlicher Weise eingeengt oder übergangen wird, reagiert die Seele mit ihrem Warnsystem, mit *Angst*.

Entsprechend den vier Grundbedürfnissen diagnostizierte Riemann vier Grundformen der menschlichen Angst: die Angst vor der Ausgrenzung; die Angst vor Vereinnahmung; die Angst vor der Unberechenbarkeit und die Angst vor der Erstarrung. Diese Grundängste sind ihrem Wesen nach nicht als pathologisch, neurotisch oder infantil zu qualifizieren. Sie sind im Gegenteil ein Signal jener lebenerhaltenden und lebenfördernden Steuerungsmitte der menschlichen Seele, die C. G. Jung als SELBST bezeichnete.

Riemann stellte nicht nur fest, daß diese vier Grundbedürfnisse bei allen Menschen vorhanden sind; er beobachtete darüber hinaus, daß das eine oder andere dieser Grundbedürfnisse von den einzelnen Menschen besonders ausgeprägt erlebt wird. Aufgrund seiner Erfahrungen meinte er den Schluß ziehen zu dürfen (und ich stimme ihm darin uneingeschränkt zu), daß einzelne Grundbedürfnisse in der Seele als *Struktur-Dominanten* erscheinen und unabhängig von Erziehung und Umwelt wirksam werden. Sie gehören zu jenen Aspekten der Eigenart des Individuums, die nicht durch die besonderen Umstände der Kindheits- und Familiengeschichte erklärt werden können. Vor und unabhängig von späteren Erfahrungen und Prägungen gibt es psychische Prädispositionen, die u. a. dafür verantwortlich sind, daß bei den verschiedenen Menschen das eine oder andere der genannten Grundbedürfnisse vorherrscht und diese Dominanz meist über das ganze Leben einigermaßen konstant bleibt.

Es gibt demnach Menschen, die von ihrer seelischen Grundstruktur her – und nicht weil sie neurotisch sind – eher darauf angelegt sind, das Überkommene zu bewahren; im Vordergrund ihres spontanen persönlichen Wert-Systems steht die *Kontinuität.* Den Menschen dieses Typus verschafft nur ein besonders hohes Maß an Stabilität seelische Sicherheit und damit seelisches Wohlbefinden. Spontanerweise werden sie darum den Erlaß möglichst vieler und minutiöser Gesetze, Dogmen und moralischer Anweisungen befürworten, weil dadurch die Stabilität und Kontinuität erhöht und erhalten werden.

Es ist fast nicht anders möglich, als daß Menschen dieser Typologie auf die gewaltigen Veränderungen unseres Jahrhunderts und insbesondere der letzten Jahrzehnte mit großer innerer Angst reagieren. Ein Dialog mit diesen Menschen wird dadurch erschwert oder verunmöglicht, wenn ihre Angst unbesehen pathologisiert, als *psychisch krank* oder abnorm erklärt wird. Dies geschieht aber oft, offen oder versteckt, in der Diskussion mit oder über die «Konservativen». Die Angst der *Zwanghaften* – so nennt Riemann diesen Persönlichkeitstypus – ist einfühlbar und hat zunächst einmal ihre seelische Berechtigung; sie ist bei diesen Menschen ein Notsignal, das darauf aufmerksam macht, daß wirkliche Werte in Gefahr sind.

Bei anderen Menschen hat das Bedürfnis nach *Zugehörigkeit* die Priorität in ihrer seelischen Grunddisposition. Die Sehnsucht nach Nähe und Einheit steht im Vordergrund ihrer Typologie. Bei diesen Menschen – Riemann nennt sie die *Depressiven* im Sinn einer typologischen Charakterisierung – kommt Angst auf, sobald Gefahr droht, sie könnten den bergenden Schoß einer Gemeinschaft, der sie zugehören, verlieren. Für sie ist es wichtig, nicht nur Teil einer Gemeinschaft zu sein, sondern möglichst viele ihrer Lebensvollzüge innerhalb dieser Gemeinschaft und in größtmöglicher Harmonie mit ihr leben zu können; um dieses für sie dominanten Wertes willen sind sie in hohem Maß anpassungs- und aufopferungsbereit. Für sie hängt seelisches Wohlbefinden vorrangig davon ab, wie sehr sie sich auf den verschiedenen Ebenen der Gesellschaft eingebettet erleben: in die Familie und Nachbarschaft, ins Dorf oder Quartier der Stadt. Mehr als andere sind es die Menschen dieser typologischen Eigenart, welche Anschluß an religiöse Gruppen und an die *Gemeinschaft der Heiligen* – als Kirche oder Religionsgemeinschaft – suchen und diese möglichst als konfliktfreie, homogene und symbiotische Einheiten gestalten möchten.

Die Veränderungen und Entwicklungen der letzten Jahrzehnte haben zu dramatischen Folgen für das Zugehörigkeits- und Nähebedürfnis geführt. Die rasch angewachsene Mobilität hat – zumindest in den westlichen Industrieländern – das Zugehörigkeits-*Erlebnis* auf vielfache Weise geschmälert. Die Einheit der Familien wird u. a. dadurch beeinträchtigt, daß ein hoher Prozentsatz von Vätern und Söhnen ihren Lebensunterhalt dauernd oder periodisch fern von ihren Familien in den Industriezentren des eigenen Landes oder im Ausland verdienen müssen. Die vordem homogenen Gesellschaften haben sich gleichzeitig so sehr mit Menschen anderer Rasse, Hautfarbe oder anderen religiösen und politischen Überzeugungen vermischt, daß sich die Zugehörigkeit nicht mehr im Alltag wie von selbst einstellt; sie muß bewußt gesucht werden bei religiösen Zeremonien oder Festen und bei organisierten Treffen Gleichgesinnter. Durch diese veränderte Situation sind die Menschen dieses Typus einem großen inneren Unbehagen ausgesetzt, das zu Angstreaktionen führt.

Wenn wir die Massen der islamischen Fundamentalisten im Auge haben, so könnte es den Anschein erwecken, als ob sie sich vorwiegend aus Regionen rekrutieren, die noch weitgehend von den eben angesprochenen Veränderungen unberührt geblieben sind und deren

Gesellschaftsstruktur noch ein fast ungeschmälertes Maß an Zugehörigkeit zu homogenen Einheiten sicherstellt. Aufgrund der Massenmedien und des Massentourismus ahnen und spüren die Menschen dieser Gesellschaften jedoch, daß weltweit ein unaufhaltbarer Prozeß im Gang ist, der über kurz oder lang auch ihre Wertsysteme und ihre Gemeinschaftsstrukturen erfassen und in ihrer bisherigen Stabilität gefährden wird. Gerade die Menschen der Länder mit einem hohen Prozentsatz von Analphabeten und einer von den Regierungen restriktiv gehandhabten Informationspolkitik erleben die Veränderungsvorgänge in anderen Regionen der Erde als eine enorme Bedrohung; weil die Wandlungsprozesse nicht wirklich bewußt gemacht werden, können sie auch nicht in ein historisches Gesamtverständnis eingeordnet werden. Die mangelhafte Information über die wirkliche oder vermeintliche Gefahr erhöht die innere Angst und damit auch das Risiko irrationalen Abwehrverhaltens.

Dies gilt freilich nicht nur für Länder der islamischen Welt; auch viele christliche Gemeinschaften tragen systematisch zur Erhöhung des Angstpotentials bei ihren Gläubigen dadurch bei, daß sie über moralischen Druck ihren Mitgliedern eine direkte und umfassende Information über Andersdenkende verbieten oder erschweren. Was sich in der katholischen Kirche in der Vergangenheit im «Index der verbotenen Bücher» niedergeschlagen hatte, lebt als Einstellung in vielen christlichen Gemeinschaften weiter. Wenn die Welt, welche durch ihre Andersartigkeit die eigene zu gefährden scheint, nicht wirklich gekannt wird oder gekannt werden darf, potenziert sich ihre Gefährlichkeit; die dunkle Unbestimmtheit ruft geradezu nach der Projektion des schlechthin Bösen und Lebensbedrohlichen auf sie. Das Unbekannte ist immer eine Leerfläche, die sich als Projektionsträger für alles Destruktive anbietet.

Nicht-Wissen, unpräzises Wissen, mangelnde Information und fehlende Bildung, die nur eine beschränkte Möglichkeit schafft, vorhandene Informationen zu werten und einzuordnen, erhöhen das Gefühl einer fundamentalen seelischen Verunsicherung. Dies ist die Situation der Mehrheit der Bevölkerung in den meisten islamischen Staaten. Der nicht wirklich gekannte Außenraum wird von den Menschen dieser Länder als das lebens- und existenzbedrohliche *Chaos* erlebt.

Die Menschen der westlichen Welt verfügen demgegenüber über eine derartige Fülle von Informationen, daß sich die meisten nicht mehr in der Lage fühlen, sie zu ordnen und sich in ihr zurechtzufinden. Die Informationsfülle selbst wird zum Chaos, das die Seele bedroht. In dieser Situation bietet sich der Bewußtseins-Raster eines naiven Monotheismus, die Zweiteilung der Wirklichkeit und eine simple Hierarchie, als ein Koordinatensystem an, das eine elementare Orientierung sicherstellt.

Nicht nur die tatsächlichen Ereignisse und Entwicklungen in aller Welt, sondern auch die andauernden Informationen über sie tragen bei ungezählten Menschen der ehemals «christlichen Welt» dazu bei, daß sie einer Grundstimmung der Resignation und Depression verfallen. Die fundamentalistische Abkapselung wird für viele zu einem Schutzwall vor der Hoffnungslosigkeit; das Fernhalten der Information, die systematische Wissensverweigerung und die Selbstisolation bewahren vor einer Auseinandersetzung, der man sich nicht gewachsen fühlt.

4.2.3 Das Sicherheitsbedürfnis in einer bedrohten und zukunftslosen Welt – Die apokalyptischen Träume Jugendlicher

Vor allem sind es die jungen Menschen, die in der westlichen Welt kaum mehr an eine Zukunft der Welt zu glauben vermögen. Die wirtschaftlichen und ökologischen Probleme und die Frage des Bevölkerungswachstums scheinen so unlösbar, daß sie jene seelisch erdrükken und lähmen, die sie bewußt zur Kenntnis nehmen. Jugendliche sind noch nicht abgeschirmt durch die Dauerpräsenz beruflicher und familiärer Alltagspflichten und die petrifizierten Rollen der Erwachsenen. Es ist darum auch nicht erstaunlich, sondern vielmehr zu erwarten, daß gerade Jugendliche anfällig sind für fundamentalistische Bewegungen, weil diese entweder klare Lösungen für alle Probleme und damit einen Ausweg aus der Ausweglosigkeit anbieten oder den Sprung von der «verlorenen Welt» in eine jenseitige oder eschatologisch-künftige tun und damit diese Welt und ihre Probleme fast bis zur Bedeutungslosigkeit relativieren.

Jung'sche Tiefenpsychologen aus den USA sammelten in den 80er Jahren Träume junger Amerikaner, Europäer, Sowjets, Japaner und Afrikaner. Die jugendlichen Träumer (im Alter von ca. 15–22 Jahren) wurden von den Interviewern als durchschnittlich gesund, jedenfalls nicht auffällig gestört oder psychisch belastet erlebt. Es war eindrücklich, wie viele dieser Jugendlichen Träume erinnerten, in denen die ganze menschliche Kultur und alles Leben überhaupt durch eine atomare Katastrophe apokalyptischen Ausmaßes vernichtet wurden. Dabei schien in keinem dieser Träume die totale Zerstörung von einem konkreten Aggressor, den Amerikanern oder den Sowjets, auszugehen; sie ereignete sich vielmehr wie ein Fatum, ein unabwendbares Schicksal. Solche Träume wurden auch von jungen Menschen berichtet, die sich nur wenig oder überhaupt nicht mit Problemen der Weltpolitik befaßten. Es zeigt sich gerade darin, wie sich die aktuelle Weltlage im Unbewußten Jugendlicher niederschlägt und sich auf die seelische Grundstimmung auswirkt, auch wenn sich das Ich bewußt distanziert. Die Sammlung dieser Träume und die mit den jugendlichen Träumern durchgeführten Interviews beanspruchen nicht den Wert wissenschaftlicher Forschung und können auch nicht als repräsentativ betrachtet werden. Aber sie haben als Dokumente der Seele einen Signalcharakter, der ernstgenommen zu werden verdient.

4.2.4 Regression als seelische Überlebensstrategie

Wo das individuelle und das kollektive Dasein als bedroht erlebt wird und wo es keine Hoffnung auf Abwehr der Gefahr gibt, da wird die Angst zur Panik. Der von ihr Betroffene fühlt sich bewußt oder unbewußt gelähmt, depressiv und allenfalls suizidal. Die zur Panik eskalierte Angst treibt Jugendliche in Suchtkrankheiten: u. a. Drogen, Alkohol und Magersucht. Erwachsene flüchten sich in diesem Zustand vorzugsweise in die Arbeit und in ein immer hektischeres Leben. Viele versuchen sich dadurch zu schützen, daß sie sich der Information über die drohenden wirtschaftlichen, politischen und vor allem ökologischen Gefahren vorsätzlich und konsequent verschließen. Eine totale Abschirmung ist in der modernen Welt aber nicht mehr möglich. Die Zukunft bleibt bei aller Vogel-Strauß-Politik wie eine undefinierbare dunkle Wolke über der Seele hängen.

In einer akuten Lebensbedrohung greift die Psyche höher entwikkelter Lebewesen auf die sogenannten *Notspeicher* zurück. Die frühesten Verhaltensmuster, die sich als lebenerhaltend bewährt hatten, werden reaktiviert, und alles später Hinzugelernte wird vorübergehend «vergessen». So passiert es beispielsweise, daß Frauen und Mädchen, die erfolgreich Selbstverteidigungskurse absolviert haben, in einer akuten Bedrohung zunächst wieder mit ihrem *Notspeicher* reagieren; sie können nicht schreien und sich nicht wehren; das Neuhinzugelernte scheint wie ausgelöscht, und der «Totstell-Reflex» als uraltes Verhaltensmuster tritt zur Überlebenssicherung in Aktion. Dabei könnten sich diese Frauen dank ihrer erworbenen Technik erfolgreich gegen den Angreifer zur Wehr setzen. Erst mit Verzögerung oder im nachhinein kehrt ins Bewußtsein zurück, daß ein neuer, bewußterer Umgang mit der Gefahr möglich wäre. Es bedarf einer langen, intensiven Bewußtseinsarbeit, damit in Situationen akuter, existenzbedrohender Gefahr nicht die spontane Aktivität der ältesten, dem gegenwärtigen Entwicklungsstand längst nicht mehr angemessenen «Notspeicher» eine adäquatere Reaktion verhindert.

Die fundamentalistische Reaktion ist eine kollektive Notspeicher-Reaktion, die viele vor dem Absturz in Resignation, Depression oder Sucht bewahrt. Aber sie verhindert gleichzeitig die Möglichkeit, sich mit einem reiferen und weiter entwickelten Bewußtsein mit der aktuellen Situation auseinanderzusetzen.

4.2.5 Zugehörigkeit und Wandel im Erleben der «Schizoiden» und «Hysterischen»

Es gibt Menschen, die von ihrer Wesensart her Zugehörigkeit und Kontinuität als Dominanten ihres psychischen Wert- und Reaktionssystems erleben. Riemann bezeichnet sie in *Anlehnung* an psychiatrische Krankheitsbilder als *«Depressive»* und *«Zwanghafte»*. Aber diese Begriffe beschreiben in diesem Zusammenhang keine Abnormitäten oder seelischen Fehlentwicklungen, sondern typologische Strukturen und seelische Dispositionen. Nur wo die seelische Entwicklung insgesamt gestört wurde, besteht die Gefahr, daß die depressive Struktur den betreffenden Menschen in eine Depression mit all ihren möglichen Symptomen und Auswirkungen hineingleiten läßt. Ähnlich wird bei entsprechenden Lebensumständen aus der zwanghaften Struktur zwanghaftes oder im engeren Sinn zwangsneurotisches Verhalten. Nicht nur Entwicklungsprobleme im Lauf der Kindheit und Jugend können den strukturell Depressiven oder Zwanghaften zum Depressiven oder Zwangskranken machen. Auch aktuelle Verlusterfahrungen oder Extrembelastungen können den betroffenen Menschen dahinbringen. Dies gilt auch für das Verhalten von Kollektiven.

Die Fundamentalismen tragen darum auch Züge, die dem außenstehenden Beobachter als Regression in infantil-symbiotisches, depressives oder zwangshaftes Verhalten erscheinen können. Die Einheit der Gruppe wird so eng interpretiert, daß nicht mehr die kleinste Abweichung geduldet werden kann. Dieses regressive Bedürfnis nach absoluter Einheit führt zwangsläufig zu neuen Auf- und Abspaltungen, weil die Homogenität nie genügt; sie wird immer wieder in noch größerer Reinheit angestrebt. Auch die Konsequenz und Rigidität, mit welcher in fundamentalistischen Gruppen moralische und rituelle Vorschriften eingehalten und heilige Texte wortwörtlich interpretiert und gelebt werden, beeindrucken oft als zwanghaftes Verhalten im psychopathologischen Sinn. Aber der Einzelne wird durch das fundamentalistische Kollektiv davor bewahrt, als Individuum so depressiv oder zwangsneurotisch zu werden, daß er nicht mehr funktionsfähig wäre.

Neben den Gruppen der typologisch *Depressiven* und *Zwanghaften* gibt es die Gruppen der typologisch *Schizoiden* und *Hysterischen*. Von ihrer seelischen Struktur her sind es jene, welche das Bedürfnis nach *Individualität* und nach *Veränderung* als dominant erleben. Für die *Schizoiden* ist der erlebte Grundwert menschlichen Daseins die Einmaligkeit des Individuums und seine Besonderheit. Von daher sind sie spontanerweise auf Abrenzung und Distanz bedacht, was ihnen oft als Beziehungsunfähigkeit und Mangel an Gemeinschaftssinn angelastet wird. Die für die *Depressiven* so wünschenswerte Nähe und Einheit werden für die *Schizoiden* rasch zur unerträglichen Einengung, die mit Erstickungs- und Vergewaltigungsgefühlen verbunden ist. Auch sie kennen das Bedürfnis nach Sicherheit; aber ihr Sicherheitsbedürfnis richtet sich darauf, daß ein minimaler Freiraum für ihre Individualität gewährleistet ist, der sie vor Vereinnahmung und Vereinheitlichung schützt.

Die *Hysterischen* im Sinne der Typologie Riemanns sind von ihrer Struktur her die für das Neue Offenen. Leben ist für sie Bewegung, Veränderung und Wandel; Werden und Vergehen. Was sie bis in die Tiefen der Seele ängstigt, sind die Festlegung auf das Vergangene oder Gegenwärtige und die Fixierung auf eine einmal gegebene Ordnung. Für sie ist Sicherheit die Erfahrung, zum großen Daseins-Strom kontinuierlichen Wandels zu gehören. Nicht die Stabilität gibt ihnen das

Gefühl sinnerfüllter Existenz, sondern die Kontinuität des sich entwickelnden und sich verändernden Daseins. *Panta rhei – alles fließt* (Heraklit).

In der monotheistischen Tradition ist für die Menschen, denen von ihrer Struktur her Individualität und Wandel besonders wichtig sind, also für die sogenannten Schizoiden und Hysterischen, immer wenig Platz gewesen. Die ersten wurden häufig als abartige Sonderlinge, die letzten als unzuverlässige Phantasten und Neuerungssüchtige abgewertet. Sie erschienen immer als gefährlich. Wo sie nicht bereit waren, sich gegen ihr persönliches Wesen an die kollektiven Leitlinien anzupassen, wurden sie bestenfalls als Randständige in der Gesellschaft und in den religiösen Gemeinschaften geduldet. Aufgrund ihrer eigenen Verletztheit durch lange Unterdrückung ihrer seelischen Eigenart sind es diese Menschentypen, die sich jetzt besonders schwertun, das spezifische Sicherheitsbedürfnis und die Ängste der Depressiven und Zwanghaften zu verstehen und ihm bei Reformprozessen soweit möglich Rechnung zu tragen.

4.2.6 «Metanoia» und «Perestroika». Kreativität und Destruktivität

In den Texten des Neuen Testaments ist einige Dutzend Male von *Metanoia* – wörtlich *Sinnes-Wandel* oder *Umkehr* – die Rede (z. B. Matthäus 3,2; Markus 1,15; Lukas 13,3; Apostelgeschichte 2,38; 1 Thessalonicher 1,9). Auch in der Bibel des Alten Testaments ist der Aufruf zur *Umkehr* und *Bekehrung* häufig. Meta-noia heißt nicht *Rück*-kehr, sondern Sinnes-*Änderung*. In den meisten Texten wird damit eine Ab-kehr von der derzeitigen Einstellung und Verhaltensweise gefordert. Diese *kann* im Einzelfall eine Wiederaufnahme des Früheren bedeuten (Offenbarung des Johannes 2,5: «Kehr zurück zu deinen ersten Werken! Wenn du nicht umkehrst, werde ich kommen und deinen Leuchter von der Stelle rücken»); sie kann aber auch ganz im Gegenteil die Forderung ausdrücken, sich von allem Früheren zu lösen und einer neuen Wirklichkeit zu öffnen. Metanoia als Veränderung der inneren Ausrichtung ist der Anspruch, sich von der Anklammerung an das jetzige Daseinsverständnis frei zu machen und dadurch den Glauben an die «alten Götter» zu opfern und sich in den Glauben an einen neuen Gott hineinzuwagen (cf. 1 Thessalonicher 1,9).

Die lateinische Übersetzung der Metanoia-Vorstellung als *poenitentia* hat diese ungebührlich eingeengt und vor allem den Zusammenhang mit Strafe (poena = Strafe) verfestigt. Auch das deutsche Wort Buße läßt kaum mehr etwas von der Dynamik und Offenheit der *Metanoia* durchscheinen, obwohl das Wort «büßen» etymologisch dasselbe ist wie bessern. Es hat also ursprünglich mit besser machen zu tun, wobei nicht von vorneherein festgelegt ist, ob dieses besser regressiv in der Vergangenheit oder progressiv im Neuen der Zukunft gesucht werden muß.[30]

Meist herrscht im heutigen Deutsch die negativ-restriktive Bedeutung vor. Strafen werden «verbüßt»; man erleidet eine «Einbuße» an Zeit oder Geld. Der biblische Appell zur Metanoia bedeutet die uneingeschränkte Bereitschaft, bisherige Anschauungen und praktische Verhaltensweisen auf ihren aktuellen Wert zum Wohl des Menschen zu überprüfen. Sie verlangt kritische Offenheit und den Mut zur Veränderung. «Der Sabbat ist um des Menschen willen geschaffen worden und nicht der Mensch um des Sabbats willen» (Markus 2,27).

Seit Michail Gorbatschow[31] hat das russische Wort *Perestroika* in den internationalen Wortschatz Eingang gefunden. Sein Inhalt steht dem biblischen Metanoia nicht fern. Es heißt *Umgestaltung* und ist ebensosehr dem Kreativen und nicht dem Restaurativen zugewandt. Der Untertitel zu Gorbatschows Buch *Perestroika – Die zweite russische Revolution. Eine neue Politik für Europa und die Welt* zeigt, zu welchen Konsequenzen *Perestroika* oder *Metanoia* führt oder führen dürfte und führen müßte. *Metanoia* und *Perestroika* sind gerade in ihrem zukunftsorientierten, schöpferischen Aspekt nicht nur faszinierend, sondern auch bedrohlich. Zum Archetyp des Schöpferischen und Neuen gehört unausweichlich auch der Gegenpol: *Zerstörung* und *Tod.*

In den letzten Jahrzehnten hat man von vielen Ansätzen her die Destruktivität des Menschen zu erklären versucht. Als Ursache des menschlichen Zerstörungspotentials wurde vielerlei genannt: Triebversagung, welche die moralische Kapazität der Menschen überfordert; ein ungenügend gesichertes Selbstwertgefühl; eine ursprünglich aggressive Energie, die dem Selbstschutz dient; Sozialstrukturen, die das Individuum in seiner Eigenart und seinem Freiheitsbedürfnis ungebührlich einschränken usw.

Alle diese Faktoren haben meines Erachtens einen Anteil an der

Destruktivität des Menschen. Aber die tiefste und spezifisch humane Ursache liegt im *schöpferischen* Geist des Menschen selbst. Die menschliche Destruktivität unterscheidet sich gerade darin grundsätzlich von der Aggression der Tiere. Das *Schöpferische* als das Prinzip des Neuen setzt die Auflösung, die Zerstörung oder den Tod des Alten voraus oder zieht ihn nach sich. Jede *Erneuerung* ist notwendigerweise auch ein Sterbenlassen oder Zutodebringen des Bisherigen. Wer als kreativer Architekt Häuser baut, muß zuerst alte abbrechen oder ein Stück Natur, eine Wiese, einen Acker oder Wald vernichten. Wer religiöse oder soziale Strukturen schöpferisch umgestaltet, zerstört damit jene Anschauungen und Ordnungen, die Menschen vor ihm erdacht und erarbeitet hatten.

Im Hinduismus ist der Gott *Shiva* zugleich der Schöpfer und der Zerstörer, und die *Große Mutter* bringt nicht nur alles neue Leben hervor; als *Kali* nimmt sie es auch wieder in ihren Todesschoß zurück. Jede ernsthafte Wandlung ist zugleich Tod und Auferstehung. Man kann kein neues Leben wollen oder auch nur zulassen, ohne durch die Trauer und den Schmerz des Loslassens und Abschiednehmens zu gehen.

Der Fundamentalismus, der sich gegen Wandel und Umgestaltung zur Wehr setzt, ist letztlich ein Nein zum Leben, weil er den Tod nicht annehmen kann. Das Festklammern an den Strukturen und Anschauungen der Vergangenheit ist ein Abwehrverhalten gegen die Endlichkeit des Endlichen. Das Vorläufige wird mit Ewigkeitscharakter versehen. Von fundamentalistischer Seite wird den «Progressiven» die Verdrängung des Todes vorgeworfen – jedenfalls gilt dies für christliche Fundamentalismen; es ist wohlbegründet, darin eine Projektion zu sehen, weil der einseitige Konservativismus eine der effizientesten und subtilsten Mechanismen darstellt, Vergänglichkeit und Tod zu leugnen, auch wenn in den entsprechenden Theologien wortreich von beiden geredet wird.

Von den Vorkämpfern für Wandlung und Erneuerung wird andererseits zu leicht übersehen, daß ihre schöpferische Aktivität auch Todesaspekte hat und in anderen Menschen Todesängste auslöst. Die Trennung vom Bisherigen ist berechtigterweise mit Trauer und Schmerz verbunden. Der heute oft beschworene Raum für *Trauerarbeit* muß auch bei religiösen, sozialen und politischen Veränderungen den Betroffenen zugestanden werden. Auch diese Trauer ist legitim und als solche kein psychischer Defekt; tiefgreifende Veränderungen in der Gesellschaft und in religiösen Gemeinschaften bedeuten für viele den Tod wichtiger Identitätsanteile ihrer Persönlichkeit und verursachen dadurch seelisches Leiden, das Respekt verdient.

4.3 Die Krise der «Aufklärung» und die Wiedergeburt des Mythos

4.3.1 Rationalismus und Seelenverlust

Seit rund 300 Jahren ist in der westlichen Welt ein beispielloser geistesgeschichtlicher Prozeß in Gang. Das magisch-mythische Weltbild der religiösen und kulturellen Tradition verlor in der Gesellschaft und im Leben der einzelnen seine normierende und sinngebende Kraft. An seine Stelle rückte die menschliche Vernunft, die zum alleinigen Fundament des Daseinverständnisses und der Lebensgestaltung erhoben worden war. Die Klarheit und Eindeutigkeit mathematischer Beweisführung wurden zum Idealmodell der Wirklichkeitserfassung überhaupt. Naturwissenschaftliche Methoden wurden soweit als immer möglich auch in die sogenannten Geisteswissenschaften übernommen. Mathematisches Denken und der «exakte», experimentell nachprüfbare Umgang mit der Wirklichkeit erwiesen sich für die technische Entwicklung und den medizinischen Fortschritt in der westlichen Welt als äußerst effizient. Der offensichtliche Erfolg scheint allenthalben die Richtigkeit des neuen, vernunftorientierten Selbst- und Weltverständnisses zu bestätigen.

Die Entmythologisierung erfaßte unaufhaltsam alle Lebensbereiche und wurde als große Befreiung vom Ballast überlieferter Vorstellungen und Tabus erlebt. Mensch und Welt wurden durchschaubar und meßbar. Die kritische Geschichtsforschung brachte Licht ins Dunkel der Vergangenheit. Experiment und Statistik hielten Einzug in die *Psychologie*. Die kritische *Exegese* erlaubte es, die Herkunft biblischer Texte und Vorstellungen zu eruieren; man suchte ihren «Sitz im Leben» und von daher ihre ursprüngliche Bedeutung ausfindig zu machen. Noch Anfang der 60er Jahre wurden im Sinn dieses Entmythologisierungsprozesses in der katholischen Kirche Latein durch die jeweilige Volkssprache und nicht mehr verstandene Riten durch erklärende Worte ersetzt.

Trotz der offensichtlichen Leistungen des aufgeklärten Denkens machte sich im Laufe der Zeit auch ein zunehmendes «Unbehagen in der Kultur» des Westens bemerkbar. Die Vereinseitigung des cartesianischen «cogito, ergo sum» («ich *denke*, also bin ich») hat mehr und mehr zu dem geführt, was von den Menschen als Seelen- und Sinnverlust erlebt wird. Wo das Denken und die naturwissenschaftliche Betrachtungsweise zum einzigen Gefäß der Wirklichkeitserfahrung wird, scheint das Dasein selbst eindimensional und schal zu werden. Es fehlt neben der quantitativen Erfassung die qualitative Erfahrung; es fehlt neben der analytischen Zerlegung des Menschen und der Welt eine synthetische Vision; die Vernunft macht die Welt verstehbar und bringt den Menschen und die Dinge zum Funktionieren; aber dadurch wird das Leben noch nicht als menschlich und sinnvoll erlebbar.

Vor allem seit den 60er Jahren ist eine Trendwende feststellbar. Der Ruf nach einer *ganzheitlichen Medizin* ist immer lauter geworden. Neben der experimentellen und klinischen Psychologie hat die *anthropologische* an Bedeutung gewonnen; in den an Freud oder Jung orientierten Tiefenpsychologien haben immer mehr Menschen wieder Möglichkeiten einer ganzheitlich-dynamischen Sicht gesucht. Die Psychotherapie ist vermehrt nicht nur als Instrument zur Symptombeseitigung und zur Wiederherstellung der psychischen und sozialen Funktionsfähigkeit verstanden worden, sondern als ein Weg zur ganzheitlichen Persönlichkeitsentwicklung. Und an die Seite der kritischen Bibelinterpretation ist die von der Tiefenpsychologie inspirierte symbolische Deutung getreten. In den Gottesdiensten der reformierten Kirchen, die sich seit der Reformation fast nur auf die Wortverkündigung beschränkt hatten, ist dem Ritual und der Liturgie, dem inkarnierten, symbolischen Handeln wieder mehr Platz eingeräumt worden.

Der Rationalismus hat die Grenzen der Erkenntnis immer weiter hinausgeschoben und die Macht des Menschen fast grenzenlos anwachsen lassen. Aber durch die Verabsolutierung der Vernunft ist dem Menschen gleichzeitig die Seele als vielschichtige und sinngebende Ganzheit und die emotionale Beheimatung in der Welt verlorengegangen. Der Fundamentalismus in der westlichen Welt ist ein «Aufstand gegen die Moderne»; er ist eine – vielfach unbewußte – Reaktion gegen einen Rationalismus, der in seiner Einseitigkeit das Leben und die Welt ihrer Fülle und Tiefendimensionen zu berauben begann.

Die islamischen Kulturräume machten keine vergleichbare «Aufklärung» und schrittweise Entmythologisierung durch. Sie wurden im Lauf dieses Jahrhunderts von der technischen Zivilisation der westlichen Welt, und das heißt vom materialisierten Resultat und Konzentrat des rationalen Weltverständnisses überflutet. Der seelisch unvorbereitete Umgang mit der westlichen Technik mußte in der Tiefe als ein verhängnisvolles Aufeinanderprallen mythischer und rationaler Weltanschauung erlebt werden. Die islamische Welt wurde zudem mit einer Technik konfrontiert, die sich im Westen bereits auch mit ihren lebensbedrohlichen Auswirkungen zeigte. Das Ausmaß und die Intensität der fundamentalistischen Bewegungen in der islamischen Welt erklären sich nur dadurch, daß sie gleichzeitig einer historischen Identitätskrise entspringen und eine Reaktion auf den drohenden Seelenverlust durch den technischen Geist und den Rationalismus des Westens darstellen.

4.3.2 Der Teufel läßt sich nicht wegrationalisieren – Die Ohnmacht der Aufklärer

Wo die Aufklärung entmythologisiert, ohne den Gehalt und Sinn der mythischen Anschauungen verstanden zu haben, dämmt sie den Fundamentalismus nicht ein, sondern verstärkt ihn. Und wo die Symbole kultureller und religiöser Tradition nur *erklärt* werden, ohne daß sie als Gefäße seelischer Erfahrung und Energie vermittelt werden, werden Aberglaube und Magie nicht verschwinden, sondern sich weiter ausbreiten. Und wo den Menschen nicht als *Ergänzung* zu ihrem rationalen Welt- und Selbstverständnis ganzheitliche Erfahrungsmöglichkeiten angeboten werden, wird sich das Irrationale auch in den Verzerrungen grotesker Praktiken und Rituale durchsetzen. Überall dort, wo die Vernunft keinen Raum läßt für das Geheimnis des Transzendenten und die mythisch-irrationale Sinnerfahrung, kommt es früher oder später fast zwangsläufig zu fundamentalisitischen Reaktionen. Gegen das verabsolutierte «Cogito, ergo sum» erhebt sich das nicht minder extreme «*Credo*, quia absurdum» – «ich *glaube*, gerade *weil* es *unvernünftig* und absurd ist». Die Verabsolutierung der Vernunft und der damit einhergehende Sinnverlust haben dazu beigetragen, daß in der aufgeklärten Welt des Westens auch von durchaus vernünftigen Menschen derart extreme Stellungnahmen für das Irrationale eingenommen werden. Das wortwörtliche Festhalten an der biblischen Schöpfungserzählung gehört zu dieser Einstellung «Credo, quia absurdum». Gegen alle naturwissenschaftlichen Erkenntnisse fixiert man sich in manchen fundamentalistischen Kreisen darauf, daß Gott die Welt und die Menschen genauso erschaffen habe, wie es in den ersten Kapiteln der Bibel berichtet wird (*Kreatianismus*). Gerade die vermeintliche Treue zum Wort der Bibel zerstört seinen symbolischen Wert. Die Vernunft schafft Einsicht; im mythologischen Bild drückt sich Sinnerfahrung aus.

Die Gestalt des Teufels ist in den letzten Jahrzehnten wiederholt zum Testfall «progressiver» oder «konservativ-traditionalistischer» Theologie geworden.[32] Fundamentalistische Gläubige halten unbeirrbar daran fest, daß es den Teufel als konkretes, individuelles Wesen gibt. Für «aufgeklärte» Theologen dagegen ist er eine antiquierte Veranschaulichung des Bösen und ein *Bild*, das als Konglomerat und Überbleibsel mythischer Anschauungen zu werten ist.

In der Tradition der monotheistischen Religionen ist der Teufel der Repräsentant des Bösen und Widergöttlichen; er verkörpert die Auflehnung gegen die gottgewollte Ordnung; er ist der Archetyp der Rebellion und des Ungehorsams. Der Teufel gehört zur teilbaren und geteilten Welt; er ist ein Wesensbestandteil der dualistischen Konzeption der monotheistischen Traditionen. Der Teufel erscheint als Träger all dessen, was im Gottesbild der betreffenden Religion keinen Platz hat, von den Menschen aber doch als *numinos*, die tiefsten Geheimnisse des Daseins berührend, erlebt wird.

In den monotheistischen Religionen hat viel *Numinoses*, Ur-Gewaltiges im Gottesbild keine Heimstatt gefunden und ist darum einem unwiderruflich und absolut *Bösen* zugeordnet worden. Polytheistische Religionen haben auch diesen dunklen «Ur-Kräften» ihr göttliches Geheimnis gelassen und ihm Verehrung erwiesen.

Nicht die Theologie, sondern die ikonographische Tradition und die Mythen und Märchen haben einen Teil dieses Wissens um die «göttlichen» Dimensionen des Teufels bewahrt und in ihren Gestaltungen etwas von der lebenspendenden Energie an die Menschen weitergegeben. Der Teufel ist mehr als das abstrakte Prinzip des Bösen; in seinem Bild wird eine ewige Dimension der Wirklichkeit spürbar.

Im Teufel mit dem Dreizack erscheint noch *Poseidon*, der Gott der Meere; er ist der Gott der unerfoschlichen Tiefe; das Geheimnis, das nie auszuloten ist; das gewaltige Potential unbewußter Seelenkräfte, welches das bewußte ICH nie zu fassen oder integrieren vermag. Sogar in einer modernen Darstellung über der Autobahnbrücke am Gotthard trägt der Teufel noch den Dreizack.

Der christliche Teufel ist auch der alte *Pan*, der Gott mit den Hörnern und den Füßen des Ziegenbocks; er ist der große Gott der Natur und die Urkraft der Leidenschaft, die so gewaltig und unvermutet hereinbrechen kann, daß sie für den zivilisierten und wohlkontrollierten Menschen zum *pan-ischen* Schrecken wird. Dieser Teufel ist noch jene Natur, die sich nicht domestizieren läßt und die sich am Menschen rächt, wenn sich dieser allzu selbstsicher als ihr Herr aufspielt.

In der Schweizer Sage von der Teufelsbrücke am Gotthard wie in ungezählten anderen wird erzählt, wie im Umgang mit den Urkräften der Natur nicht der traditionelle Gott weiterhilft, sondern der Teufel. Der Gott der Christen und der Moslems ist kein Gott der Natur mehr. In Mythen und Sagen wenden sich darum oft die gläubigen Christen schon gar nicht mehr an ihren «lieben Gott», sondern an seinen dunklen Bruder, wenn sie es mit der Macht der Natur zu tun haben. Und wenn man z. B. in der Sage von der Teufelsbrücke meint, mit dem Ziegenbock den Teufel um seinen Lohn betrogen zu haben, so ist damit nur dem christlichen Gewissen Genüge getan. In Wirklichkeit wurde dem Teufel mit dem Bock, der über die vom Teufel erstellte Brücke gejagt wurde, genau das ihm gemäße Opfer, die ihm gemäße Verehrung zuteil. Der liebe Gott wurde in der erwähnten Sage erst wieder zum Schutz und zur Bewahrung der bestehenden Brücke angerufen. Der Teufel erbaut; Gott erhält und bewahrt. Dieses Motiv ist häufig in Sagen und Legenden.

Als Gott der Natur kennt der Teufel auch deren Geheimnisse. Im Märchen «Der Teufel mit den drei goldenen Haaren» ist er es, der weiß, warum der Brunnen kein lebenspendendes Wasser mehr gibt und warum der Baum keine Früchte mehr trägt.

In der Gestalt der Schlange ist der Teufel im biblischen Paradies auch *Prometheus*, der den Menschen zur Erkenntnis von «gut und böse» verhilft. Dadurch werden Autonomie und Eigenverantwortung möglich. Seine Verführung öffnete das Tor, durch das die Menschen das Paradies der kindlichen Unschuld und Unbewußtheit verlassen konnten – und mußten, um als Erwachsene sich und die Welt zu entdecken.

Der Teufel, der mit den *Hexen* die Walpurgisnacht feiert, ist der Gott der Lust und Ekstase. Nur bei den Mystikern der monotheistischen Religionen ist von diesem Aspekt des Göttlichen noch etwas spürbar. Aber die Mystiker wurden immer der Häresie verdächtigt. Der Teufel ist auch der *grüne Jäger:* männliche Aggressivität und phallische Kraft. Als Höllenfürst ist er wie *Hephaistos* der Gott des Feuers, der aus den vorhandenen Rohmaterialien Kunst und Kultur schafft.

Der Teufel ist auch schwarz wie der Tod; er ist *Hades*, der Gott der Unterwelt; er *ist* der Tod, das absolut dunkle Geheimnis. Wer jemanden zum Teufel wünscht, wünscht ihm den Tod. Der Tod als teuflische Wirklichkeit verbietet jede pseudowissenschaftliche Verharmlosung im Stil der modischen «Leben nach dem Tod»-Literatur; der Tod als Teufel duldet auch keine religiöse Verklärung. Zur Realität des Absoluten und Göttlichen gehört auch das «tremendum», nicht nur das «fascinosum»; es ist auch ein schreckliches Geheimnis.

Schließlich ist der Teufel auch die schillernde Trixter-Figur des *Hermes*, ein Lügner und Dieb, doppeldeutig und hinterlistig. Aber genau dieser Hermes ist der Götterbote, der zwischen den Göttern selbst und zwischen den Göttern und den Menschen Frieden vermittelt und da Versöhnung stiftet, wo weder Weisheit noch Wohlwollen weiterhelfen. Im Buch Hiob ist von diesem Teufel als Gottesboten noch eine Ahnung erhalten geblieben.

Im Vergleich zur Farbigkeit und Vielschichtigkeit der Teufelsgestalt ist das Bild «des allwissenden, gerechten, allmächtigen und gütigen Gottes» vielfach zu einer leblosen Abstraktion verkommen. Je purgierter und geistiger sich im Lauf der Geschichte der monotheistischen Religionen das Gottesbild präsentierte, um so facettenreicher und tiefgründiger wurde die Gestalt des Teufels. Das hat aber auch seine Gefährlichkeit erhöht; wie die Götter Kanaans für die Israeliten, so faszinierend-verführerisch wurde der Teufel für die Christen; um so heftiger mußte er bekämpft werden.

Keine wissenschaftlichen Erklärungen (weder theologische, philosophische noch religionsgeschichtliche) werden Menschen daran hindern, in fundamentalistisch-konkretistischer Weise an den Teufel zu glauben, wenn diese im Teufelsmythos spürbaren Urkräfte des Daseins nicht ins Gottesbild reintegriert werden. Und wo die aufklärerische Wegdeutung des Teufels ohne eine substanzielle Reintegration in die Gottheit gelingt, geschieht dies zum Schaden der Seele, die der energievermittelnden Urbilder bedarf. Wer den Teufel wegrationalisiert, ohne Poseidon und Pan und Hermes und Luzifer als Aspekte des Göttlichen und Wurzeln des Psychischen wieder in die Erfahrung des modernen Menschen zurückzubringen, trägt zu einem Seelenverlust bei, der die fundamentalistischen Strömungen nicht beseitigt, sondern ihnen Vorschub leistet. Das Wiederaufleben eigentlicher Teufelskulte in unserer Zeit scheint mir die aufgestellte Hypothese zusätzlich zu bestätigen.

Mythen sind nicht harmlose Metaphern, wie es die modernen Aufklärer sehen, sondern energiegeladene und energiespendende Urbilder der Psyche. Die sich über Jahrhunderte erstreckenden Hexenprozesse, denen Hundertausende von Menschen zum Opfer fielen, hatten wesentlich damit zu tun, daß die *negative Faszination* des Teufels immer größer wurde. In einem immer enger werdenden Gottesbild fanden die göttlichen Kräfte des Daseins kein begrenzendes und vermittelndes Gefäß mehr. Weil nicht mehr Gott, sondern der Teufel zum Träger einer Vielzahl von Ursymbolen des Lebens geworden war, konnte es zu dieser beispiellosen Tragödie der Geschichte der Christenheit kommen.

Die polytheistischen Religionen kennen keine vergleichbare Teufelsgestalt. Sie brauchen keinen Teufel; denn alle Urkräfte des Daseins, der Geist und der Trieb, die Natur und der kulturschaffende Logos haben ihren Platz im Pantheon der Götter. Und in jeder der Göttergestalten sind immer beide Pole beieinander, der helle und der dunkle. Jede Gottheit hat ihren hellen und ihren dunklen, ihren kreativen und ihren destruktiven Aspekt. Shiva ist Schöpfer und Zerstörer; die Große Mutter, die alles Leben schenkt, ist auch die Todesgöttin Kali.

Rationalistische Erklärung *allein* schließt uns nicht an die Urkräfte der Seele an und hilft uns weder im persönlichen Leben noch in der Gesellschaft beim Umgang mit diesen Kräften.

4.3.3 Die Renaissance des Irrationalen – Der Märchen- und Esoterikboom

Während in der konziliären Ära der katholischen Kirche die «Entmythologisierung» noch ihren Fortgang nahm, begannen sich bereits vielerlei Formen einer neuen Zuwendung zur mythischen Wirklichkeitsbetrachtung und zur mythischen Wirklichkeitserfahrung zu manifestieren. Die Einstellung zu den Märchen mag diesen neuen Trend beispielhaft verdeutlichen. Trotz kritischer Vorbehalte symbolunkundiger Pädagogen hatten die Mütter im Kinderzimmer und die Märchentanten am Rundfunk nie damit aufgehört, Märchen zu erzählen; jene Märchen nicht ausgenommen, in denen Hexen verbrannt, böse Stiefmütter einem grausamen Tod überantwortet, Menschen gefressen und junge Helden schrecklichen Foltern unterworfen wurden.

Schon länger hatten Märchen das Interesse von Literaturgeschichtlern (Max Lüthi) gefunden. Von C. G. Jung und seiner Schule sind seit Jahrzehnten Märchen als Bilder des kollektiven Unbewußten studiert und systematisch in die psychotherapeutische Arbeit miteinbezogen worden.

Seit den 70er und besonders seit den 80er Jahren kam es zu einem eigentlichen Märchen- und Mythenboom. In immer neuen Ausgaben wurden Märchen und Mythen ediert, kommentiert und – vermarktet. Märchen und Mythen gehören zur Zeit zu den beliebtesten Themen von Vorträgen, Workshops, Wochenendveranstaltungen und Kursen. Inzwischen gibt es sogar wieder professionelle MärchenerzählerInnen.

Märchen und Mythen sind wiederentdeckt worden als Spiegelungen der Seele und ihrer Strukturen, Bedürfnisse und Entwicklungsprozesse. Sie werden wieder ernstgenommen als *Symbole* – im Sinne C. G. Jungs –, die Energie zwischen dem unbewußten, kollektiven Urgrund der Seele und dem individuellen Bewußtsein zum Fließen bringen. Über die Bilder der Mythen und Märchen wird der Wiederanschluß an die überpersönliche Weisheit des kollektiven Unbewußten und an dessen schöpferisches Potential gesucht. Sie werden nicht mehr nur als Illustrationen für das schon Bekannte herangezogen, sondern als *Quellen* psychologischer Erkenntnis und heilsamer Erfahrung ernstgenommen. In Märchen und Mythen werden soziale, kulturelle und religiöse Strukturen und Prozesse wieder gegenwärtig, die als äußere, gesellschaftliche Wirklichkeit der Vergangenheit angehören, in den unbewußten Schichten der Seele aber noch inmer wirksam sind und unsere emotionalen Spontanreaktionen weiter nachhaltig beeinflussen. Dies gilt besonders für die Beziehung zwischen Mann und Frau; für das Verhalten zur Autorität und für das Verhältnis von Geist und Trieb.

Die symbolische Betrachtung der Mythen und Märchen als archetypische Bilder und Träger seelischer Energien hat nicht mehr viel gemeinsam mit dem pädagogischen und moralisierenden Gebrauch oder Mißbrauch der Märchen, wie er selbst von den «aufgeklärten» Brüdern Grimm und vielen anderen praktiziert wurde.

Bereits zu Beginn des Jahrhunderts hatte Sigmund Freud den *Ödipus*-Mythos als dramatische Selbstdarstellung der wichtigsten Entwicklungsprozesse der kindlichen Psyche verstanden. Er fand in ihm das inzestuöse Begehren als Ausgangspunkt aller späteren Beziehungsformen und die aggressive Überwindung des Vaters als Weg zur Autonomie des Ichs modellhaft dargestellt. Für Freud war der Rückgriff auf die Mythologie keine Abkehr vom Wert rationalen, an der Naturwissenschaft orientierten Denkens; ihm räumte er weiter unbedingte Priorität ein. Das Irrationale, Mythische und Unbewußte sollten dem Rationalen sogar mehr und mehr unter- und eingeordnet werden. Ganz in diesem Sinn formulierte er auch das Therapieziel der Psychoanalyse. Wo *ES* war, sollte *ICH* werden. Trotzdem war mit Freud ein Anfang gemacht zur Überwindung einer ausschließlich rationalen Wirklichkeitserfassung und des monistischen Welt- und Menschenbildes.

Auch C. G. Jung versuchte zeitlebens, die naturwissenschaftliche Denkart des Empirikers zusammenzubringen mit der ganzheitlich-intuitiven Erkenntnis einer mythisch-symbolischen Weltbetrachtung. Er verschaffte mit seinem Komplex- und Archetypenverständnis der pluralistischen Psychologie einen definitiven Platz in der zeitgenössischen Geistesgeschichte. Der Vielzahl der Götter entsprach innerpsychisch eine Vielzahl ursprünglicher seelischer Energiezentren.

Gleichzeitig mit der Wiederentdeckung der Mythen und Märchen in der breiten Öffentlichkeit schwoll das vormalige Rinnsal *esoterischen* Interesses zu einem Strom an. Was zuvor immer nur wenigen «Eingeweihten» vorbehalten geblieben war, wurde jetzt für Ungezählte zum erhofften Weg sinngebender Erkenntnis und heilender Erfahrung. Sie suchten und suchen abseits der breiten Straßen der offiziellen Theologie, Philosophie, Psychologie und Medizin Heilung und Heil.

Die *Astrologie* gehört nicht mehr länger zur belächelten Illustriertenseite. In Schulungskursen werden Astrologinnen und Astrologen systematisch ausgebildet. Die Methoden wurden so weit perfektioniert, daß auch die computerisierte Auswertung der Horoskope möglich geworden ist. Astrologische Gutachten werden bei der Personalrekrutierung eingeholt, und sie werden herangezogen in der allgemeinen Persönlichkeitsberatung, für die Partnerwahl und in der Paartherapie, in Berufskrisen usw. Die Astrologie dient nicht mehr primär der Vorhersage der Zunkunft; sie ist zu einem Instrument ganzheitlich-schöpferischen Umgangs mit sich selbst und der Welt geworden.

Viele andere haben sich mit der gleichen Zielsetzung und Einstellung dem *«I Ging»* oder den *«Tarot-Karten»* zugewandt. Das Pendeln gilt nicht mehr bloß als vergnüglicher Zeitvertreib oder unsinniger Aberglaube. *Buchstaben-* und *Zahlen-Mantik* werden zu Rate gezogen. In speziellen esoterischen Buchhandlungen wird die sprunghaft anwachsende esoterische Literatur feilgeboten. Auf esoterischen Kongressen werden Erfahrungen und Informatinen ausgetauscht. Eine immer größere Anhängerschaft sucht seelische oder körperliche Heilung bei Schamanen oder Geistheilern oder in vielfältigen Formen der Alternativmedizin: Homöopathie, Akupunktur, Akupressur, Rai-ki, Bach-Blüten, Steine, Gerüche usw.

Die esoterischen Strömungen und ihre Offenheit für das Irrationale sind insgesamt eine Reaktion auf die Verkürzung einer ausschließlich rationalen Daseinsbetrachtung. Auch die fundamentalistischen Bewegungen beanspruchen für sich, daß sie gerade dort über eine umfassendere und tiefere Wirklichkeitserkenntnis verfügen, wo ihre Anschauungen und Vorschriften nicht mehr rational begründbar sind. Durch den fundamentalistischen Dogmatismus wird jedoch das Irrationale wieder vom Ich-Bewußtsein her einengend festgelegt und damit seiner Offenheit und Ganzheitlichkeit beraubt.

4.3.4 Die Auferstehung der Götter – Die vielen Urbilder für weibliche und männliche Identität

Immer häufiger sehen sich Psychotherapeuten/innen Männern und Frauen gegenüber, die auf der Suche nach ihrer Weiblichkeit oder Männlichkeit, ihrer weiblichen oder männlichen Identität sind. Und es gibt die Psychologen und Theologen, die mit ebenso unreflektierter wie unfehlbarer Sicherheit zu wissen meinen, worin die «Weiblichkeit» einer «weiblichen» Frau und die «Männlichkeit» eines «männlichen» Mannes zu bestehen habe. Die meisten Fachleute jedoch erleben sich in dieser Beziehung nicht mehr in der Lage, eindeutige Antworten zu geben; sie sind selber Suchende mit den Suchenden. Für die in ihrer Identität verunsicherten Frauen ist meist nur das eine klar, daß ihnen die archetypischen Bilder der christlichen Tradition nicht mehr genügen. In diesen erscheint die Frau nur als Mutter und als jungfräuliche «*Magd des Herrn*» (Lukas 1,38). Ebensowenig können sich heute die meisten jungen Männer mit dem traditionellen Männerbild des *Helden* (Kriegers, Abenteurers, «self-made man») oder *Heiligen* (Mönchs, Märtyrers der Nächstenliebe, Missionars) identifizieren.

Vor allem Therapeuten/innen, die der Analytischen Psychologie Jungs nahestehen, sehen in den Göttern und Göttinnen, Heroen und Protagonistinnen der polytheistischen Religionen ein breites Spektrum sinnträchtiger Gestaltwerdungen weiblicher und männlicher Identität. Sie suchen mit den Klienten zusammen nach der individuellen Verwirklichungsmöglichkeit eines dieser mythischen Urbilder. Götter und Göttinnen werden als Symbole einer *möglichen* weiblichen oder männlichen Identität betrachtet. Es ist gerade die Vielzahl und Unterschiedlichkeit dieser «ewigen» Bilder des Weiblichen und Männlichen, welche dazu beiträgt, Menschen aus ihrer reduktiven Fixierung auf herkömmliche Geschlechterrollen zu befreien. Die Vielfalt und der polymorphe Charakter dieser Spiegelungen psychosexueller Energie vermögen auch im modernen Menschen einen schöpferischen Prozeß in Gang zu setzen; vielfältige Möglichkeiten des Mann- oder Frau-Seins werden aktiviert. Es wird Menschen wieder möglich, sich mit Urbildern zu identifizieren, die im Lauf der patriarchalen Kulturgeschichte ihre Legitimität verloren hatten.

Die Begrenzung auf die wenigen erhaltenen Leitbilder hat nicht wenig zur Neurotisierung vieler Männer und Frauen und zur seelischen Sterilität beigetragen. Wo andere archetypische Bilder des Mann- und Frau-Seins wieder zugelassen werden, können Männer und Frauen angstfreier nach einem schöpferischen und authentischen Ausdruck ihrer Männlichkeit und Weiblichkeit suchen. Auch widersprüchliche Gestalten können zu einem sicheren Raum psychosexueller Selbstverwirklichung und zur seelischen Beheimatung werden.

Die Beispiele, die zur Illustration herangezogen werden, sind der griechischen Mythologie entnommen. Diese gehört mit zu den Wurzeln der westlichen Kultur; darum sind ihre Bilder auch noch leicht einfühlbar. Andererseits geht von ihrem polytheistischen Pluralismus noch immer eine Dynamik aus, die mithelfen kann, die vom jüdischen und christlichen Monotheismus überlagerten Urbilder des Männlichen und Weiblichen wieder freizulegen.

Hera und *Demeter* sind die «Großen Mütter» des griechischen Pantheon. Wie die ägyptische Isis ist *Hera* die «kuhäugige», noch ganz und gar instinkthaft nährende Mutter; in ihrer Mütterlichkeit ist sie aber keine sich selbst aufopfernde Mutter – sie unterscheidet sich darin wesentlich von der schmerzensreichen Pietà der christlichen Tradition. Sie ist auch nie *nur* Mutter; sie bleibt immer auch die eifersüchtige, um ihre Ebenbürtigkeit kämpfende Gattin des Zeus. *Demeter* ist ganz Erd-Mutter und Lebensrhythmus der Natur. Nach der Entführung ihrer Tochter in den Hades verfällt sie in eine lange Depression, aus der sie weder die weisen noch trostreichen Worte der großen Götter und Göttinnen zu erlösen vermögen; erst der frivole Scherz *Baubos*, einer sonst unbedeutenden, sexuell freizügigen Göttin, bringt die große Göttin wieder zum Lachen und damit Befreiung aus dem Stillstand des Lebens.

Bekannt ist *Aphrodite*, die Göttin der leidenschaftlichen Beziehung, die zu ekstatischer Lust und totaler Hingabe an den Augenblick befähigt; sie ist die Gottheit, die in Bewegung bringt. *Athene* ist jungfräulich wie Maria; sie ist eine Vater-Tochter, aber keine «ancilla domini», keine «Magd des Herrn». Sie ist die Schutzherrin von Athen und Kulturschöpferin, groß und selbstbewußt auch ohne Mann und Kinder. *Artemis* ist die einzige griechische Gottheit, die in der Bibel namentlich genannt wird. «... da schrien sie etwa zwei Stunden lang: Groß ist die Artemis der Epheser!» (Apostelgeschichte 19,34). Artemis ist die Jägerin, die in großartiger Unabhängigkeit die Welt durchzieht; sie ist zwar jungfräulich, aber keine männerfeindliche Frau; und sie ist an keinen Mann gebunden. Als Jägerin ist sie Trägerin vieler jener Qualitäten, die in patriarchalen Kulturen üblicherweise den Männern zugeordnet wurden. Ihre vielen vorgehängten Beutel sind keine Brüste, wie lange irrtümlicherweise angenommen wurde, sondern Stierhoden, die ihr in Verehrung ihrer Vitalität und Kraft geopfert worden waren.

Frauen haben in den letzten Jahren wieder damit angefangen, «ihre» Göttin oder ihre Göttinnen auch rituell zu «verehren». Sie sind damit keineswegs in einen konkreten Polytheismus zurückgefallen, sondern sie sind bemüht, über Gesten und Riten ihre Persönlichkeit wieder jenen Möglichkeiten weiblicher Identität zu öffnen, die sie in den numinosen Bildern gespiegelt sehen. Worte allein erreichen nur den Intellekt; Liturgien (vor allem auch Tänze und vielfältige Rituale) ergreifen den ganzen Menschen.

Als Urbild männlicher Identität erweitert schon die Vatergestalt des *Zeus* die sinnträchtigen Möglichkeiten männlicher Selbstverwirklichung in eindrücklicher Weise. Er ist der auf Ordnung und Stabilität bedachte Herrscher und der blitzeschleudernde, zornige Patriarch. Er ist auch der sexuelle Mann, der seine Partnerinnen mit der Urgewalt des Stiers (im Mythos von Io und Europa) begehrt; derselbe Zeus kann sich ihnen aber auch nähern in der Anmut und Schönheit des Schwans (bei Leda) und in der Zärtlichkeit des goldenen Regens (bei Danae). Aggressive Potenz und äußerste Sanftheit sind in diesem einen Urbild männlicher Identität beisammen.

Apoll ist ein knabenhaft-jugendlicher Gott; er ist der «ewige Jüngling», der nie ein reifer Erwachsener wird und keine festen Beziehungen zu Frauen hat; nur dann und wann stellt er geil und ungestüm einer jugendlichen Nymphe nach. Und doch ist diese mythische Männergestalt, die heute von den Fachleuten der Bindungsunfähigkeit und adoleszenten Fixierung bezichtigt würde, der herrliche Gott der Musen, ein freier und schöpferischer Geist. Auch diese Art Männlichkeit hat Urbild-Charakter; sie ist nicht einfach defizient; *es darf sie geben.*

Hephaistos ist der behinderte Muttersohn und begabte Kunsthandwerker. *Hermes* ist das Chamäleon unter den Göttern; er ist einer, der nie recht faßbar ist; er ist der Archetyp des Vermittlers, des Geschäftsmanns, Politikers und Therapeuten.

Alle diese Götter und Göttinnen und viele andere sind als Spiegelungen der Seele *mögliche* Leitbilder psychosexueller Identität. Die pluralistische Welt hat eine Auflösung der patriarchal-fixierten Rollenbilder in Gang gesetzt, und sie bedarf der Wiederentdeckung und Neubildung einer Vielzahl männlicher und weiblicher Selbstverwirklichungsmöglichkeiten. Der angelaufene Prozeß hat zu einer Verunsicherung geführt, die von den meisten *Männern* zwar erlebt, aber noch systematisch verleugnet oder verdrängt wird. Bei einer großen Zahl von *Frauen* hat dagegen längst eine intensive Reflexion und ein gemeinsames Suchen nach möglichen neuen Identitäten eingesetzt. Vor allem ist die Angst vor einer Neutralisierung und Verwischung der sexuellen Identität angewachsen. Die religiös-fundamentalistischen Bewegungen reagieren auf diesen unübersehbaren Wandlungsvorgang mit gewaltigen Anstrengungen, die dem «Wesen» von Mann und Frau gemäßen Rollenzuweisungen der hierarchisch-patriarchalen Welt zu retten oder wiederherzustellen.

Der Pluralismus polytheistischer Traditionen könnte den neuen soziokulturellen Gegebenheiten der pluralistischen Gesellschaft besser Rechnung tragen als die wenigen Leitbilder der monotheistischen Religionen. Die vielen Urbilder stellen kein undifferenziertes und unstrukturiertes Chaos dar. Sie könnten gerade in ihrer Vielfältigkeit dazu beitragen, die spezifische Identität des Menschen als Mann und Frau zu erhalten und nicht in einem allgemeinen Menschsein untergehen zu lassen. Götter und Göttinnen haben ihre eindeutige Bestimmtheit und ihren je spezifischen Charakter. Da alle diese Gottheiten aber nur Erscheinungsbilder einer einzigen absoluten Wirklichkeit sind, verbinden sie als männliche und weibliche Urbilder implizit auch mit den Wurzeln des Menschseins und des Daseins schlechthin.

4.3.5 Der mythische Ort: Rom, Mekka, Jerusalem

Raum und Zeit haben für den Menschen als seelisches Wesen nie nur eine quantitative, sondern immer auch eine qualitative Bedeutung gehabt.[33] Erst durch die «Aufklärung» und die Naturwissenschaft sind Raum und Zeit zu einem meist qualitätslosen Kontinuum geworden. In den Kulturen und in den Religionen aller Völker gab es heilige Orte: Haine, Berge, Höhlen, Plätze usw. Meist waren es Orte, an denen Menschen das *Absolute, Numinose, Göttliche* in besonderer Weise erfahren hatten. Orte wurden zum «Nabel» und zur Mitte der Welt und der Geschichte, zum Symbol ihres Ursprungs und ihres Ziels. Für Individuen und Kollektive waren solche Orte Orientierungs- und Fluchtpunkte ihrer Existenz.

Die monotheistischen Religionen haben entsprechend ihrer Einheits-Vision je einen Ort, der zwar nicht der einzige *heilige* Ort ist, der aber alle andern unvergleichlich an Bedeutung überragt. Es ist für die Juden Jerusalem, für die (katholischen) Christen Rom und für die Moslems Mekka. Für die fundamentalistischen Bewegungen (von den christlichen, aber nicht römisch-katholischen abgesehen) sind diese Zentren absolut wichtig. In einer pluralistischen und entmythologisierten Welt sind sie zur konkreten Mitte und zum Angelpunkt aller

Orientierung geworden. In der Welt des pluralistischen «Chaos», in der alle Werte relativiert und alle Ordnungen auflösbar erscheinen, wird das konkrete Zentrum zur Mitte des Koordinatenkreuzes, das horizontale und vertikale Ordnung herstellt und damit einen «Kosmos» schafft. In der jüdischen Tradition und in der Johannes-Apokalypse des Neuen Testamentes ist das kommende Jerusalem auch Zielpunkt der ganzen Menschheitsgeschichte. Raum und Zeit sind nicht mehr bloß Ausdehnung, sondern sinnerfüllte und sinngebende Wirklichkeiten, die die Vorläufigkeit der unmittelbaren Welt in eine hintergründige hinein transzendieren.

4.3.6 Die mythische Zeit

Für das aufgeklärte, naturwissenschaftliche Bewußtsein (von der Einstein'schen Relativitätstheorie abgesehen) ist die Zeit ein einfaches, lineares Kontinuum. Die beseelte Zeit des Menschen ist anders: sie ist rhythmisch und zyklisch, dicht oder entleert. Die Zeit der Verliebten ist eine andere als die der Gefolterten: die Zeit der Jugend eine andere als die des Alters: die Zeit des Sterbenden eine andere als die Zeit der Geburt neuen Lebens. Die Veränderungen der Lebensbedingungen haben seit dem 2. Weltkrieg dazu geführt, daß die Zeit immer flacher und strukturloser geworden ist. So sind z. B. die Rhythmen der Jahreszeiten durch den verbesserten Kälte- und Wärmeschutz und das über das ganze Jahr fast gleichbleibende Nahrungsangebot immer weniger spürbar. Durch die unübersehbare Vielzahl von «Veranstaltungen» und sportlichen und kulturellen Ereignissen sind die alten Feste kaum mehr als zeitliche Höhe- oder Brennpunkte erlebbar.

Die Fundamentalisten beanspruchen, die *Urzeit* als *verdichtete Zeit der Eigentlichkeit* wieder herstellen oder bewahren zu wollen. Ihr Zeit- und Geschichtsverständnis ist ein mythisches, kein historisches im modernen Sinn. Wenn katholische Fundamentalisten die Messe in der liturgischen Form Pius' V. als die *ursprüngliche* und *zeitlos gültige* zu erhalten oder wieder einzuführen versuchen, ist für sie «ursprünglich» keineswegs identisch damit, «wie es am historischen Anfang war». «Anfang» und «Ende» sind qualitative, keine quantitativen Zeitbegriffe. Die Bibel selbst beginnt mit einer solchen mythischen Zeitangabe. «*Im Anfang* schuf Gott Himmel und Erde» (Genesis 1,1).

«Ursprünglich» ist eine symbolische Zusammenfassung für das, was von Menschen als das Wesentliche und Eigentliche betrachtet wird, sei es in Liturgien, religiösen und moralischen Anschauungen, Zielsetzungen von politischen Parteien oder sozialen Institutionen. Dem außenstehenden Betrachter erscheint es darum fast immer so, daß der behauptete «Ursprung» völlig willkürlich angesetzt werde. «Anfang» und «Ursprung» ist in den Religionen und Weltanschauungen eine psychische Projektion des «Wesentlichen», keine quantitative Zeitaussage. Die Unmöglichkeit des Gesprächs zwischen kritisch-progressiven und konservativ Gläubigen ergibt sich oft schon daraus, daß von den einen mythische, von den andern historische Zeitkategorien verwendet werden. Nicht selten freilich wird in der fundamentalistischen Argumentation selber die mythische und lineare Zeit unbewußterweise vermischt. Dadurch entsteht eine heillose Konfusion, die einem konstruktiven Dialog im voraus den Boden entzieht.

4.3.7 Das mythische Wort

Alle drei großen monotheistischen Religionen sind Buch-Religionen: die Bibel und der Koran sind ihre Heiligen Schriften. Anders als im Hinduismus oder im Buddhismus stellen im Judentum, Christentum und Islam die Heiligen Schriften einen abgeschlossenen Kanon dar; es gibt eine genau festgelegte und begrenzte Anzahl von Texten, die als von Gott inspiriert und damit in ihrem Wahrheitsgehalt garantiert gelten. Alle anderen religiösen Texte, so wichtig sie auch sein mögen, sind Kommentar, Deutung und Aktualisierung. Als Wort Gottes ist das Wort der Heiligen Schriften mythisches Wort: Bild und Symbol für einen transzendenten Inhalt.

Die Neuzeit hat durch die Techniken der Wortvervielfältigung (bis hin zum Laser-Drucker) zu einer Inflation und Entwertung des Wortes überhaupt geführt. Die kritische Bibelwissenschaft hat ihrerseits auch das *mythische Wort* mit dem Licht der Vernunft zu erhellen versucht. Bei aller Richtigkeit und bei allem Reichtum der damit gewonnenen Erkenntnisse ist ihm damit die numinose Qualität, das irrationale *«Mehr»* abhanden gekommen. Nur wenn das *«Wort»* nach aller wissenschaftlichen Analyse seine symbolische Dimension zurückerhält, wird es zur schöpferischen Kraft und damit wieder zum

Mittler transzendenter Wirklichkeit. Die tägliche Erfahrung der Psychotherapie bestätigt, daß das Wort, das nur rationale Erkenntnis vermittelt, zwar die Vernunft zufriedenzustellen vermag, aber weder eine Veränderung der emotionalen Reaktionen noch eine Heilung der Seele bewirkt.

Dem aufgeklärten Denker erscheint der *Literalismus* und der Glaube an die *Verbal-Inspiration* der Heiligen Schriften schwer einfühlbar. Jedes Wort gilt den Vertretern dieser Einstellung als von Gottes unmittelbarer Eingebung gedeckt; und jedes Wort gilt so, wie es dasteht, auf jeder möglichen Verstehensebene als absolut irrtumsfrei. Für den psychologischen Betrachter ist diese fundamentalistische Betrachtungsweise ein regressiver Versuch, dem Wort seine transzendente, schöpferische Kraft zu erhalten. Denn nur vom mythischen Wort gilt der Prolog des Johannes-Evangeliums: «Im Anfang war das Wort... Alle Dinge sind durch dasselbe geworden... In ihm war das Leben.»

4.3.8 Das konkretistische Mißverständnis des Mythos

Im Vergleich zu den polytheistischen Traditionen weisen die monotheistischen Religionen einen hohen Grad an Rationalität auf. Das Gottesbild und die Aussagen über den einen Gott sind abstrakt und vernünftig. Die Entwicklung der rationalen Wirklichkeitserfassung läuft parallel zur Entwicklung der monotheistischen Religion. Rationale Wirklichkeitserfassung geht vom Ich aus und ist Ich-zentriert. Das monotheistische Gottesbild ist vorwiegend ein archetypisches Ich-Bild, eine Spiegelung des Zentrums rationalen Bewußtseins. Das naturwissenschaftliche Denken hat längst vor der europäischen Neuzeit begonnen; und es hat schon weit zurück in der Geschichte der christlichen Theologie zu Konflikten und seltsamen «Kreuzungen» mit dem Glauben als einer ganzheitlich-mythischen Welterfahrung geführt. Als Beispiel dieser Art kann die «Transsubstantiations-Lehre» der scholastischen Theologie dienen. Sie stellt einen dieser verwegenen Versuche dar, naturphilosophisches Denken und den Glauben an die Gegenwart Christi im eucharistischen Brot widerspruchsfrei zu vereinigen. Die dafür herangezogene Theorie der «Transsubstantiation» ist allerdings ebenso kompliziert wie der sie bezeichnende Begriff.

Wo Mythos und naturwissenschaftliches Denken vermischt und nicht als zwei einander ergänzende Weisen der Erfahrung in ihrer Eigenart belassen werden, kommt es in verschiedenen Bereichen zu Aussagen, die sowohl den schöpferisch-transzendenten Inhalt des Mythos zerstören als auch dem wissenschaftlichen Fortschritt im Wege stehen. Von den amerikanischen Fundamentalisten beispielsweise wird die biblische Schöpfungs-«Geschichte», oder richtiger der biblische Schöpfungs-«Mythos» als naturwissenschaftliche Information behandelt. Die gemachten Zeitangaben werden mathematisch-linear gewertet und die beschriebenen Vorgänge als Dokumentarbericht verstanden. Das Ergebnis dieser konkretistischen Betrachtungsweise ist der «Kreatianismus», der den Zugang zum hintergründigen Sinn dieser grandiosen Schöpfungsvision wirksam verstellt.

In ähnlicher Weise wird von der fundamentalistischen Theologie die «jungfräuliche Geburt» Jesu weiter wie ein naturwissenschaftlich-medizinisches Problem behandelt. Dieser *biologistische Konkretismus* hat nicht nur zu seltsamen Fragestellungen (z. B. nach dem Wesen der «Jungfräulichkeit *in* der Geburt») und befremdlichen theologischen Traktaten geführt.[34] Durch den biologistischen Literalismus ist auch diesem Mythologem seine innere Dimension genommen worden.

Ein pseudo-naturwissenschaftlicher Konkretismus ist zur Zeit auch im Umfeld des Todes und der *jenseitigen Welt* zu beobachten. Was der Tod über den physischen Tod hinaus ist, kann nie wissenschaftlich, sondern immer nur «gläubig» oder mythisch ausgesagt werden. Die vielen Aussagen der marktgängigen «Im Tod»- und «Leben nach dem Leben»-Literatur über das Wesen des Todes und das künftige Leben und die Versuche, das Fortleben oder die Reinkarnation empirisch zu beweisen, zerstören die sinnstiftende und hilfreiche Kraft eines lebendigen Mythos und bringen den Sterbenden kaum wirkliche Hilfe; sie verschaffen nur den Lebenden ein Pseudowissen und eine Pseudosicherheit. Der Konkretismus zerstört das Geheimnis des Absoluten; der Mythos bewahrt es und belebt die Seele.

Um mit den naturwissenschaftlich-exakten Wissenschaften gleichzuziehen, hat der Konkretismus auch in die Psychologie Einzug gehalten. Ein Beispiel hierfür ist der quantifizierende Umgang mit den Jungschen Typologie-Konzepten der Introversion und Extraversion. Begriffe wie «warm» und «kalt» machen keine quantitativen Angaben und sind für den Naturwissenschaftler unbrauchbar: trotzdem sind sie als qualitative Aussagen für das praktische Leben von hohem Wert. Sie drücken einen Daseins-*Zusammenhang* oder eine *Befindlichkeit* aus, von der das Wohlergehen oder eine adäquate Entscheidung wesentlich abhängen kann. Nur der «Sitz im Leben» ist dafür ausschlaggebend, ob eine wissenschaftlich-objektive Temperaturangabe (das Thermometer zeigt 30 Grad Celsius) notwendig und sinnvoll ist oder eine subjektiv-relationale (es ist heute wärmer als gestern).

Ähnliches gilt von den von C. G. Jung eingeführten typologischen Begriffen «introvertiert» und «extravertiert». Ihren eigentlichen Wert haben sie nur als qualitative Bezeichnungen, welche die Eigenart seelischen Verhaltens im Vergleich zu anderen oder in bezug auf bestimmte Situationen beschreibt. Der Versuch ihrer Objektivierung und Quantifizierung bringt für das menschliche Selbst- und Fremdverständnis nicht sehr viel. Wenn amerikanische Gäste Zürich als besinnlich-introvertierte Stadt bezeichnen, macht dies hingegen ebenso viel Sinn, wie wenn die gleiche Stadt von Besuchern aus ländlichen Regionen als hektisch-extravertiert beschrieben wird.

Die Dominanz naturwissenschaftlichen Denkens in der technischen Zivilisation führt immer wieder zu bewußten oder unbewußten Vermischungen der mythischen und rationalen Wirklichkeitserfassung, quantitativer und qualitativer Kategorien: dies wirkt sich zum Schaden beider aus. Die Verwechslung und Vermischung dieser Ebenen haben innerhalb der religiösen Fundamentalismen, aber auch in der Psychologie und Politik zu grotesken Konsequenzen geführt. Die Einstellung des katholischen Lehramtes zur Empfängnisverhütung und die Verweigerung jedweder hierarchischer Strukturen bei den «grünen Fundis» sind Beispiele hierfür.

Der Mythos vom Sinn[35]

Lebens- und Daseins-Sinn sind irrational. Keine noch so sorgfältige Analyse der Pathologie und Lebensgeschichte eines Menschen, der sein Leben als sinnlos erfährt, bringt ihm die Erfahrung von Sinn zurück. Nur das gelebte Leben selbst schafft das, was von der Seele als Sinn-Erfahrung wahrgenommen wird. Sinn ist die Frucht einer persönlichen «Mythologie», in der alle wesentlichen Strukturen, Bedürfnisse, Ängste und Hoffnungen des betroffenen Menschen Raum und Zusammenhang haben. Sinn kann weder geglaubt noch demonstriert werden. Sinn wird unmittelbar erlebt, oder er ist nicht.

Wo sich zur Rationalität der Wirklichkeitserfahrung auch irrationale Unter- und Hintergründigkeit hinzufügt, entsteht Möglichkeit für Sinn-Erfahrung. Sie ist die erlebte Vision unserer fragmentarischen Existenz als Teil eines größeren Ganzen. Zur Sinnhaftigkeit führt nur der Überstieg von der quantitativen Wirklichkeits-Wahrnehmung zur qualitativ-«mythischen» Wirklichkeits-Erfahrung.

5 Die Überwindung des monotheistischen Bewusstseins

5.1 Perspektive Dialog

5.1.1 Die strukturelle Dialog-Unfähigkeit

Das monotheistische Bewußtsein ist von seiner Struktur her *monologisch. Karl Rahner*[36], einer der bedeutendsten katholischen Theologen des 20. Jahrhunderts, hat die Frage explizit gestellt, ob es vom Selbstverständnis und vom Anspruch der monotheistischen Religionen her überhaupt einen ernstgemeinten Dialog geben könne. Denn Dialog setze nicht nur uneingeschränkte physische und moralische Freiheit der Meinungsäußerung voraus, sondern auch die prinzipielle Bereitschaft, im Gegenüber einen ebenbürtigen Gesprächspartner anzuerkennen. Dialog als Zwiegespräch sei definitionsgemäß nur da, wo zwei *gleichberechtigt redeten* und wo beide *gleichermaßen auch zuhörten.* Es müsse zumindest grundsätzlich die Möglichkeit vorhanden sein, daß beide einander zu neuen Erkenntnissen führen könnten, die für das Selbst- und Weltverständnis von Belang seien.

Nun gehöre es aber, so Rahner, zum Selbstverständnis der monotheistischen Offenbarungsreligionen, daß es außerhalb ihrer eigenen Grenzen kein ebenbürtiges Selbst- und Weltverständnis gebe. Judentum, Christentum und Islam nähmen gleicherweise in Anspruch, daß sich Gott über ihre Propheten, Jesus und Mohammed, in einer einmaligen und verbindlichen Weise den Menschen mitgeteilt habe. Was von Vertretern dieser Religionen als Dialog angeboten werde, sei darum fast immer (zumindest heimliche) Katechese, Belehrung und (wenigstens impliziter) Bekehrungsversuch.

In den Kulturräumen der monotheistischen Religionen fehlt ein archetypisches Bild des Dialogs. Die Gottheit der Juden, Christen und Moslems hat kein *ebenbürtiges* Gegenüber. Innerhalb der Gottheit gibt es kein Du; und wenn sie sich über ihre Mittlergestalten den Geschöpfen mitteilt, sind diese keine wirklichen Gesprächspartner, sondern letztlich immer nur «Hörer des Wortes» (Karl Rahner). Dieses *monologische Urmodell* hat sich auf allen Ebenen der Gesellschaft und der religiösen Institutionen konkretisiert. Es ist gegenwärtig in der Polarisierung der Kirche in eine «lehrende» und eine «hörende»; es findet sich in der paulinischen Anweisung an die Frauen, in der Gemeinde zu schweigen und zu Hause ihre Männer zu fragen, falls sie etwas lernen wollen (1 Korinther 14,34)[37].

Der eine Gott genügt sich selbst; er bedarf niemandes Rat und Weisheit (cf. Jesaja 40,13; zit. im Römerbrief 11,34). Dieser Gott kann nichts hinzulernen, denn er weiß schon immer alles. Gott und Mensch sind keine ebenbürtigen Partner; der Mensch kann Gott nur loben, ihm danken und ihn bitten; und selbst das Bitten hat nur beschränkt Beziehungsqualität. Denn der «Vater» – in der Bibel – oder der «Erhabene» – im Koran – weiß schon im voraus, wessen der Mensch bedarf (u. a. Lukas 12,30).

Was für die Theologie Ausdruck der absoluten Transzendenz und Überlegenheit Gottes einerseits und Äußerung liebevollster Besorgtheit andererseits ist, ist als gesellschaftliches und pädagogisches Strukturmodell höchst fragwürdig. Denn wer sich als Mittler Gottes versteht und sich nach dem «Bild und Gleichnis» verhält, ist nicht dialog-bereit und nicht dialog-fähig. Religiöse Gemeinschaften, die ihr mitmenschliches Verhalten nach ihrem monotheistischen Gottesbild ausrichten, können andersartige religiöse und weltanschauliche Überzeugungen nicht als ebenbürtige ernst nehmen. Die historische Dialog-Unfähigkeit der Juden, Christen und Moslems ist nicht primär ein Problem der persönlichen Einstellung, sondern eine Folge des Gottesbildes und seiner Übertragung auf ihr soziales Verhalten. Der persönliche Charakter der Träger der Institutionen, ihre narzißtische Selbstgefälligkeit und ihre hybride Selbstüberschätzung sind lediglich dafür verantwortlich, daß aus dieser grundsätzlichen Schwierigkeit im Lauf der Geschichte so oft eine Tragödie und Katastrophe geworden ist.

Auch in den monotheistischen Traditionen gab es zwar Theologen und Denker, die außerhalb der eigenen Grenzen Aspekte der Wahrheit Gottes wahrzunehmen und anzuerkennen vermochten; aber diese Wahrheitsfragmente waren doch nur «Funken» und «verstreute Lichtpartikel» (Ambrosius von Mailand) im Vergleich zur hellen Sonne, in deren Licht man selber stand, oder Brosamen, die vom reich gedeckten Tisch der Kinder Gottes gefallen waren.

Die monotheistischen Offenbarungsreligionen haben keine dialogisch-dialektische Grundstruktur; sie sind geistes- und theologiegeschichtliche Einbahnstraßen, auf denen wir uns noch heute fortbewegen. Das monologische Bewußtseinsmodell wirkt noch in alle Lebensbereiche hinein. Es prägt z. B. das pädagogische Verhalten jener Eltern und Erzieher, die wie der liebe Gott schon immer im voraus wissen, was für das Kind und seine Zukunft gut ist. Sie hören nicht hin, weil sie die Bedürfnisse und Möglichkeiten ihrer Schützlinge schon zu kennen meinen. Dieses Modell wirkt auch bei den vielen Theologen und Psychologen nach, die mit Selbstverständlichkeit davon ausgehen, daß sie aufgrund ihrer Glaubensüberzeugung oder ihrer psychologischen Intuition wissen, was zum Heil, zur Sinnfindung oder Individuation ihrer Gläubigen oder Klienten führt.

Für das monotheistische Bewußtsein ist Wahrheits-Findung kein dialektischer Prozeß. Es ist im Grunde genommen schon falsch, von Wahrheits-*Findung* zu reden. Die Wahrheit muß weder gesucht noch gefunden, sondern gläubig entgegengenommen werden. Sie wird vertikal übermittelt, von oben nach unten weitergegeben.

Der im Trend der Moderne oft angebotene «Dialog» mit den Untergebenen (in Kirche, Staat, Betrieben, Schulen usw.) ist in den meisten Fällen nur eine *kathartische* Übung, ein reinigender Entladungsvorgang im Sinn der Psychoanalyse. Er schafft einen Freiraum, in dem Hoffnungen, Aggressionen, Enttäuschungen und Nöte geäußert werden dürfen – so wie der Beter vor Gott seine Klagen vorträgt. In vielen anderen Fällen hat er sogar nur eine *«Alibifunktion»*, durch welche die autoritäre Führungsstruktur verdeckt werden soll, und er dient lediglich der Pflege eines demokratisch-kollegialen Image. Während über den scheinbaren Dialog Kooperation und Anteilgabe an der Verantwortung vorgetäuscht wird, sind in den Chefetagen der gesellschaftlichen und religiösen Institutionen die wichtigen Entscheidungen meist längst gefallen.

Monolineares Denken prägt unsere Bewußtseinsstrukturen so sehr, daß auch die Vorstellungen und das Handeln der «Progressiven» weitgehend von ihm bestimmt werden. Sie verhalten sich vielfach wie «Konvertiten», die das Lager gewechselt haben, aber nicht die Art ihres Denkens und Handelns. Während sie vorher «Eiferer für das Gesetz» (Galaterbrief Kap. 1) waren, sind sie nachher genau so unduldsame und fanatische Verfechter ihrer neuen Wahrheit und Freiheit, neben der es keine andere geben kann. Und sie meinen mit der gleichen absoluten Sicherheit zu wissen, was Gottes eigentliche Intention mit dem Menschen ist und was den Menschen zu ihrem zeitlichen oder ewigen Heile dient.

Im hierarchisch-monologischen Denken sind auch jene Professoren, Pfarrer und Firmenchefs befangen, die in Einzelgesprächen und in Gruppensituationen den Ausführungen ihrer Untergebenen lange und geduldig zuhören, um dann am Ende ihre eigene Meinung als das abschließende Wort der Offenbarung vorzutragen; ihre eigene Meinungsäußerung ist dann keineswegs gemeint als ein weiterer Diskussionsbeitrag, sondern als die einzig mögliche Interpretation eines Ereignisses oder eines Textes oder als die allein gültige Erklärung eines Konfliktes. Alle vorangegangenen Mitteilungen werden dabei gar nicht ernsthaft einbezogen, oft nicht einmal erwähnt.

Dia-log ist ein Bewegungsfluß in beiden Richtungen. Das griechische Wort bedeutet «auseinander-legen, über-legen, aus-sondern, auswählen»; das «Wort» geht hin und her; der *«Logos»* als schöpferisches Prinzip ereignet sich im *Wechselspiel* von Ideen und Gedanken: Anschauungen werden dargelegt, prüfend angeschaut, kritisch bewertet und zurückgespiegelt.

Monolog und Dialog in der Paarbeziehung

Die strukturelle Dialog-Unfähigkeit und das Fehlen archetypischer Bilder des Dialogs macht sich als große Not auch da spürbar, wo Menschen den Dialog mit großem Ernst suchen, nämlich in der modernen Paarbeziehung. Die Erfahrung zeigt, daß die wenigsten Paare dialog-fähig sind oder im Lauf der Jahre dialog-fähig werden. Die Paartherapie besteht oft zu einem wesentlichen Teil darin, mit den Partnern erste Schritte auf einen Dialog hin zu versuchen und einzuüben. Weil es in unserer Kulturtradition keine verinnerlichten Bilder dialogischer Beziehung zwischen Mann und Frau gibt, bleibt der Appell an Liebe, Geduld und Vergebung (cf. 1 Korinther Kap. 13) auch bei willigen Hörern weitgehend wirkungslos. Wenn Theologen und Psychologen die Gesprächs-Unfähigkeit so vieler Männer und Frauen in Paarbeziehungen als Mangel an Selbstlosigkeit oder als Defizit an seelischer Reife deuten, so tragen sie nur dazu bei, diese Menschen zusätzlich mit Schuldgefühlen zu belasten; die Not wird dadurch nicht gelindert, sondern vergrößert.

Das Glück der *Verliebten*, einen Menschen gefunden zu haben, mit dem sie über alles reden können, hat in den seltensten Fällen mit Dialog-Fähigkeit zu tun. Die Gespräche von Verliebten sind meistens glückselige Monologe; und sie dürfen es in dieser Phase der Begegnung auch sein. Der eine Partner erzählt dem anderen von seinem Leben, seinen Taten, Ideen, Phantasien, Plänen und Wünschen, während der andere mit religiöser Inbrunst zuhört. Sich einem offenen Hörer mitteilen zu können, verschafft ein hohes Maß an narzißtischer Befriedigung. Als vertrauenswürdiger Zuhörer erwählt worden zu sein, wird nicht weniger als «Gnade» erlebt und schafft ein tiefes Gefühl des Angenommenseins. Der vermeintliche «Dialog» in der Periode der Verliebtheit fügt sich noch nahtlos ein in das dualistische Modell der Offenbarungsreligionen, wo auf der einen Seite die Selbst-Mitteilung Gottes und auf der anderen Seite das aufnahmebereite Gefäß des Menschen steht. Auch die meisten Märchen unserer Kulturen enden mit dieser Vor-Phase der Paarbeziehung und bieten keine Ur- und Vor-Bilder dialogischer Kommunikation an.

Die monotheistisch geprägte Kultur ist eine Kultur der Monologe. Dialogische Kommunikation zwischen den Religionen, zwischen Progressiven und Konservativen innerhalb der Religionsgemeinschaften, zwischen Gläubigen und Atheisten, zwischen Mann und Frau ist nur in dem Maße möglich, als sich auch das monistische Bewußtsein zugunsten eines komplexen, mehrdimensionalen, pluralistischen verändert. Andererseits kann es nur zu einer solchen Veränderung kommen, wenn immer mehr Menschen trotz der fehlenden seelischen Dispositionen den Dialog versuchen und neue Strukturen einüben.

5.1.2 Die psychologische Dialog-Unfähigkeit

Das «Haas-Syndrom»

Es geht im folgenden nicht darum, einen kirchlichen Würdenträger einer tiefenpsychologischen Analyse zu unterziehen. Nicht die Person und Lebensgeschichte von Bischof Wolfgang Haas von Chur stehen zur Diskussion. Es soll lediglich das *öffentlich* in Erscheinung tretende Verhalten einer Persönlichkeit reflektiert werden, an welcher fundamentalistische Einstellung und ihr Dialogverhalten exemplarisch zur Darstellung kommt. Wolfgang Haas lebt mit unerbittlicher Konsequenz und einer fast schamlos anmutenden Direktheit vor, was zu einem regressiv-patriarchalen Beziehungsverständnis gehört. Seine Anhänger sehen und verehren in ihm darum nicht zu Unrecht einen «heiligmäßigen», also *beispielhaften* Vertreter des Priester- und

Bischofsamtes. Sein Verhalten zeichnet sich durch eine Anzahl Elemente aus, die für das Verhalten fundamentalistisch orientierter Hierarchen als derart typisch gelten können, daß sie hier zu einem «Syndrom» zusammengefaßt werden sollen.

Wolfgang Haas wurde 1988 zum Weihbischof und Koadjutor des damaligen Diözesanbischofs Johannes Vonderach ernannt. Daß diese durch den Papst vollzogene Berufung *mit dem Recht auf Nachfolge* verknüpft wurde, löste den Protest eines Großteils der Gläubigen und des Klerus der Diözese Chur aus; mit dieser Ernennung mit dem Recht auf Nachfolge hatte der Papst althergebrachtes Recht auf Mitsprache des Domkapitels und anderer Gremien bei der Bischofswahl verletzt. Die Legitimität der Berufung von Wolfgang Haas auf den Bischofsstuhl von Chur wird darum von den Gegnern des Bischofs noch immer angefochten. Gegen den massiven Widerstand und organisierte Protestaktionen wurde Wolfgang Haas zwei Jahre später erwartungsgemäß vom Papst als neuer amtierender Diözesanbischof bestätigt.

Wolfgang Haas war bereits vor seiner Ernennung als konservativ-reaktionär und dem *«Opus Dei»* (einer fundamentalistischen Gruppierung innerhalb der katholischen Kirche) nahestehend bekannt. Seit seiner Amtsübernahme spaltete sich die Diözese Chur zusehends in zwei Lager; trotz zahlreicher Initiativen und Versöhnungsversuche scheinen bis heute zwischen Anhängern und Gegnern des Bischofs weder Gespräche noch Zusammenarbeit möglich.

Die Identifikation mit der Wahrheit und die Monologe der «beati possidentes»

Unter dem Druck der Ereignisse (Protestdemonstrationen, Verweigerung der Überweisung von Geldern an die bischöfliche Kurie, Ablehnung des von ihm ernannten Generalvikars/Stellvertreters für den Kanton Zürich usw.) signalisierte Bischof Haas wiederholt Dialog-Bereitschaft. Es kam auch zu verschiedenen Treffen mit Pfarrern, KatechetInnen, Laien-TheologInnen und Gemeindeangehörigen. Nach der fast einhelligen Aussage der jeweils beteiligten GesprächspartnerInnen kam es bei diesen Veranstaltungen jedoch nie auch nur ansatzweise zu einem Dialog. Laut den bekanntgewordenen Mitteilungen der TeilnehmerInnen *hörte* Bischof Haas bei diesen Kontakten seine Kritiker an; aber er schien nie wirklich *hin-* und *zuzuhören.* Identifiziert mit der «herablassenden Güte Gottes» «neigte er seinem

Volk» zwar «gnädig sein Ohr»; er zeigte sich auch bereit, mit den Irrenden Nachsicht zu üben und den Bösen, die ihre Wut gegen ihn richteten, huldvoll zu vergeben. Aber seine Stellungnahmen gingen nie auf das ein, was von den TeilnehmerInnen vorgebracht worden war. Er gab keine Ant-worten auf das Wort der Gesprächsteilnehmer; seine Stellungnahmen waren Belehrung, Zurechtweisung und Vortrag der «ewigen Wahrheiten» der Kirche.

Wolfgang Haas gehört wie die meisten fundamentalistischen Autoritäten zu den *«beati possidentes»*, den *«glücklichen Besitzern»* der Wahrheit. Wer schon die ganze Wahrheit hat, kann dadurch nichts hinzugewinnen, daß er sich auf die Anschauungen und Fragen anderer einläßt. Und wer sich mit der Wahrheit identifiziert, darf sich zu seinem eigenen Schutz nicht ernsthaft einer anderen Überzeugung öffnen, weil dies zu einer Bedrohung seiner Identität führen könnte.

Der absolute Gehorsam. Die Faszination der Selbst-Hingabe

Wolfgang Haas äußerte bei verschiedenen Gelegenheiten seine bedingungslose Ergebenheit dem Oberhaupt der katholischen Kirche, dem Papst, gegenüber. Auch die Übernahme des Bischofsamtes und das hartnäckige Verbleiben im Amt – gegen die anhaltenden Rücktrittsforderungen von Seiten der Gläubigen und seines eigenen Klerus – wird von ihm in durchaus glaubwürdiger Weise als Akt des Gehorsams verstanden. Die Fundamentalisten aller Religionen verstehen ihre Treue zu den überlieferten Anschauungen oder ihre Unterwerfung unter eine religiöse Autorität als Akt des Gehorsams: im bedingungslosen, absoluten Gehorsam «opfern» sie ihre Autonomie und unterstellen sich vorbehaltlos dem Absoluten. Christliche Fundamentalisten berufen sich dabei gern auf Worte Jesu, die in ihrer paradoxen Formulierung zu den provozierendsten und stimulierendsten der Bibel gehören. Wie wenige andere Logien Jesu werden sie von allen vier Evangelisten überliefert; bei Matthäus und Lukas finden wir sie sogar in zwei Versionen.

«Wer sein Leben retten will, wird es verlieren; wer aber sein Leben meinetwegen verliert, der wird es finden» (Matthäus 16,25 und Parallelen).

Johann Gottfried Herder (1744–1803) hat diesen biblischen Gedanken so formuliert: «Vergiß dein Ich; dich selbst aber verliere nie.» Gegen die Enge einer reinen Ich-Psychologie und deren Anleitungen zu einem gekonnten Egoismus wird hier die Vision einer Anthropologie spürbar, die sich auf ein größeres Ganzes hin ausweitet. Das Ich ist nicht der absolute Mittelpunkt der menschlichen Person und nicht das letzte Ziel der Persönlichkeitsentwicklung. Der Mensch kann gerade dann zu einer wesentlichen Sinnerfahrung vorstoßen, wenn er dieses *Ich* mit dessen begrenzten und vorläufigen Ansprüchen losläßt und sich als Person wiederfindet in der Fülle und Weite absoluter Werte.

Es gibt die Sehnsucht nach dem «Sterben-lassen» des Ich. Darin nur ein masochistisches Regressionsphänomen oder eine Manifestation des Freud'schen Todestriebes zu sehen, wird diesem Wunsch nach totaler Selbst-Hingabe nicht gerecht. Auch in den meisten meditativen Traditionen und im Mönchtum der verschiedenen Religionen werden Wege gesucht, das «Ich hinzugeben», um gerade dadurch den Überstieg in eine Art transzendente Personerfahrung zu erreichen.

Seit eh und je sterben Menschen für die Ich-transzendenten Werte Freiheit und Gerechtigkeit. Andere riskieren ihr Leben im Dienst der unbegrenzten Neugier des menschlichen Geistes; in der Vergangenheit waren es Forschungsreisende und Entdecker unbekannter Länder; heute sind es die Pioniere, die in die Tiefen des Meeres oder in die Räume des Weltalls vorstoßen. Auch im Drogenrausch wird in einer Art Kurzschlußverfahren versucht, die Grenzen des «Ichs» zu verlassen, ohne sich selbst auszulöschen.

In den religiösen Traditionen erscheint *der unbedingte Gehorsam* dem geistlichen Führer gegenüber als einer der goldenen Wege, die ichhafte Begrenzung auf einen höheren absoluten Wert hin zu transzendieren. In den monotheistischen Traditionen steht dieser geistliche Führer letztlich an der Stelle Gottes selbst; er ist der Stellvertreter des Absoluten. Das Ich braucht sich nicht mehr um die Inhalte des verlangten Gehorsams zu kümmern. Die Anordnungen der einmal akzeptierten Autorität brauchen nicht mehr kritisch befragt zu werden. Der Gehorsam als solcher wird zum absoluten Wert.

Dies ist nicht so in den spirituellen Traditionen des Buddhismus oder des Hinduismus. Der geistliche Lehrer ist dort nicht institutionalisierte Autorität, nicht Teil eines ganzen hierarchischen Systems, sondern immer nur der persönliche Guru, der Begleiter auf einem persönlichen Erkenntnis- und Heilsweg. Der Lehrer steht nicht an der Stelle des Absoluten; seine absolute Gehorsamsforderung hat nur den Sinn, den Adepten aus dem Schlaf der Ich-Gebundenheit zu wecken, um ihn dann aber der Führung seines eigenen «SELBST», seines eigenen Wesenskerns zu überlassen.

C. G. Jung hat die Ich-transzendente Mitte des Menschen als SELBST bezeichnet. In dieser Terminologie müßte korrekterweise nicht von «Selbst»-Hingabe oder «Selbst»-Verleugnung gesprochen werden, sondern von ICH-Hingabe oder von der ICH-Öffnung auf das Selbst hin.

Die fundamentalistische Einstellung projiziert das, was mit dem «SELBST» nur vage angedeutet werden kann, auf die konkrete Institution und auf den Autoritätsträger innerhalb dieser Institution. Was C. G. Jung als Polarität innerhalb der menschlichen Person beschreibt, wird in den Fundamentalismen zu einer Polarität zwischen der menschlichen Person einerseits und der institutionalisierten Autorität andererseits. Es gibt für die fundamentalistische Grundhaltung keine innerpsychische ICH-SELBST-Achse. Fundamentalistische Einstellungen sind einseitig außenorientiert.

Die Bereitschaft zum Gehorsam ist oft, aber nicht immer ein pathologisches Phänomen im Sinn einer nie gelungenen Auflösung der Kind-Mutter-Symbiose oder eines masochistischen oder gar nekrophilen Selbstzerstörungswunsches. Gehorsamsbereitschaft kann in einer ich-orientierten Kulturtradition das kompensatorische seelische Bedürfnis zur Geltung bringen, nicht zum Gefangenen eines hochentwickelten und starken Ich zu werden, sondern das Ich in Beziehung zu einem größeren Ganzen zu setzen und es diesem unterzuordnen.

Wo der Gehorsam aber als solcher zum absoluten Wert in Kirche, Staat und Institution wird, da verunmöglicht er jede dialogische und kritische Kommunikation; und er wird für sich oder andere in einem hohen Maß lebensbedrohlich. Auch bei vielen Nazi-Offizieren und SS-Leuten, die sich größter Greueltaten schuldig machten, scheint es durchaus glaubwürdig, daß sie sich als Menschen fühlten, die in selbstloser Weise ihr eigenes Ich verleugneten und nur einer großen Idee und ihrem Führer rückhaltlos dienten und gehorchten. Die Faszination der Selbst-Hingabe im bedingungslosen Gehorsam war so groß, daß die konkreten Inhalte des Gehorsams schon gar nicht mehr richtig wahrgenommen oder gar kritisch hinterfragt worden wären. Zerstörung fremden oder eigenen Lebens zählte neben diesem als absolut erlebten Wert des Gehorsams nicht mehr.

Selbst in der Tagespresse werden immer wieder Beispiele bekannt, wie fundamentalistische Gläubige bereit sind, aus Gehorsam ihren religiösen Führern gegenüber sich selbst finanziell, gesundheitlich oder beruflich zu ruinieren. Daß von diesem Untergang auch ganze Familien mitbetroffen werden, ist selbstverständlich. Es scheint der Umwelt meist schwer verständlich, wie ansonsten vernünftige und selbständige Menschen den Forderungen der Gurus und Monarchen fundamentalistischer Bewegungen bis zur Selbstzerstörung nachkommen.

Die einseitige Extraversion der monotheistischen Religionen und ihr Gehorsamsverständnis hat damit zu tun, daß Gott nur als ein der Welt transzendenter, als der total andere tradiert wird. Die *Immanenz* Gottes, die göttliche Gegenwart *in den Dingen* und *im Menschen* selber wird von der christlichen Theologie zwar grundsätzlich bejaht; aber in der praktischen Verkündigung und in den christlichen Institutionen wird sie kaum ernst genommen. Von hier aus wird auch begreifbar, warum im institutionalisierten Judentum, Christentum und Islam der Mystik nur mit größtem Mißtrauen begegnet wurde. In der mystischen Erfahrung ist zwar Gott auch ein transzendenter, aber nur ein ich-transzendenter, nicht notwendigerweise auch ein person- und welt-transzendenter. Das Absolute ist auch Ich-übergreifend, aber im Menschen selbst anwesend. Die Analytische Psychologie hat diese Erfahrung der mystischen Tradition mit der bereits erwähnten Vorstellung der *ICH-SELBST-Achse* beschrieben.

Die Verdrängung und Delegation der Angst

Psychologien verschiedener Orientierung haben in den letzten Jahrzehnten dazu beigetragen, daß die in unserer Kultur verdrängten menschlichen Grundgefühle der Aggression und Trauer ihre Heimatberechtigung wieder zurückerhielten. Auch Männern wird wieder gestattet zu weinen, ohne daß sie deswegen als «Softies» gelten müssen; Frauen dürfen ihre Wut äußern, ohne daß sie deswegen schon als Xanthippen verschrieen werden.

Die *Angst* freilich ist noch immer im Exil. Selbst viele Psychologen tragen zur Verdrängung der Angst bei, indem sie sie als eine krankhafte seelische Reaktion betrachten und in Workshops und Therapieangeboten auf das Ideal eines angstfreien Menschen hinarbeiten. Die Theologen ihrerseits lassen die Angst nicht als ein legitimes menschliches Grundgefühl zu und deuten sie oft als Mangel an Gottvertrauen und als ungenügenden Glauben an die Vorsehung oder an die Vergebung Gottes. Es kommt hinzu, daß ein einseitig martialisches Männerbild Angst seit jeher als unmännlich diffamierte und allenfalls noch Kindern und Frauen gestattete.

Neben den wirklich krankhaften Ängsten, die Menschen in ihrer Handlungsfähigkeit einengen und wie eine unerträgliche Last auf der Seele liegen, sind Ängste ursprüngliche Äußerungsformen der Seele, deren Ziel es ist, die Wachheit und Reaktionsbereitschaft des Menschen (natürlich auch der Tiere) zu erhöhen, auf Gefahren aufmerksam zu machen und Energien für die Verteidigung oder für Flucht zu mobilisieren. Die Angst gehört zur Menschlichkeit des Menschen; sie ist ein adäquater Ausdruck der Seele vor dem Unfaßbaren und Unbekannten, vor dem Göttlichen und vor dem Tod. Im Märchen «von einem, der auszog, das Fürchten zu lernen», erscheint zu Recht die Absenz von Angst als defektes Menschsein.

Bischof Haas und viele prominente Führer fundamentalistischer Gruppierungen beeindrucken ihre eigenen Anhänger und auch Außenstehende mit einer erstaunlichen Gelassenheit; sie scheinen keine Angstgefühle zu kennen. Es sieht nicht danach aus, daß sie solche nur geschickt überspielen. Die Identifikation mit der Wahrheit macht die Verdrängung der Angst so perfekt, daß sie die fundamentalistischen Autoritätsträger bei sich selbst nicht mehr wahrnehmen können.

Aber auch verdrängte Angst existiert weiter und bleibt weiter wirksam. Im betroffenen Individuum taucht sie meist früher oder später in der Form von Depressionen und Suchtkrankheiten (z. B. Alkoholismus, übermäßiges Essen oder exzessives Arbeiten) oder in somatischen Störungen wieder auf. Wichtiger scheint mir im vorliegenden Zusammenhang die Tatsache, daß sich verdrängte Ängste *innerhalb des sozialen Systems* erhalten und sich in den «schwächsten» Gliedern des Systems in potenzierter Stärke manifestieren.

In der psychotherapeutischen Arbeit mit Krebspatienten habe ich diesen Kompensationsmechanismus immer wieder beobachten können. Wenn z. B. der Krebspatient – aus welchen Gründen auch immer – keine Angst zuläßt, werden Ehepartner oder andere nahestehende Angehörige oder Freunde um so mehr von Ängsten geplagt. Die Polarisierung nimmt oft im Laufe der Krankheit zu. Der «angstfreie» Patient wird von der Umgebung, die behandelnden Ärzte und das Pflegeteam miteingeschlossen, für seine tapfere, zuversichtliche Haltung bewundert und gelobt. Das trägt wiederum dazu bei, daß er seine Angst noch weniger zulassen kann. Zur ursprünglichen Verdrängung kommt der Druck hinzu, dem Erwartungsbild des heiter-hoffnungsvollen Kranken entsprechen zu müssen. Die unter Angst leidenden Angehörigen aber fühlen sich immer beschämter und schuldiger, und sie beklagen ihre Angst als Schwäche und Mangel an Vertrauen. In anderen Fällen wird der Kranke fast «wahnsinnig vor Angst», während die gesunden Angehörigen immerzu eine ruhige Zuversicht ausstrahlen. Die auf der einen Seite verdrängte und auf der anderen Seite zur Panik gesteigerte Angst verunmöglicht auch Menschen, die einander wirklich lieben, ein echtes Gespräch und eine wirkliche Begegnung – selbst in den letzten Monaten oder Wochen vor dem Tod. Verdrängte und auf andere delegierte Angst verhindert den Dialog.

Die fundamentalistischen Gruppierungen funktionieren auch für sich genommen wie kommunizierende Gefäße. Während die Führer dieser Gemeinschaften von einer unanfechtbaren Sicherheit und Ruhe getragen scheinen, ist bei den «Kleinen» und «Schwachen», bei den einfachen Anhängern und Gläubigen fundamentalistischer Kreise häufig eine allgegenwärtige Angst spürbar. Überall droht für ihr Gefühl der moralische Zerfall, der Verlust des wahren Glaubens, ja sogar der Untergang der Kirche und der ganzen Menschheit. Hinter ungezählten Ereignissen werden von diesen angstgeplagten Menschen die gezielten Machenschaften gottfeindlicher Mächte gesehen; alle politischen oder sozialen Gefährdungen gelten als Werk des Welt-Kommunismus, des Welt-Zionismus oder der Freimaurerei; und alle Katastrophen hat der Teufel selbst oder der schon längst fällige Zorn Gottes herbeigeführt. Die Angst vieler dieser «Kleinen» trägt die Züge einer eigentlichen Panik und bedeutet für die Betroffenen ein nie endendes, qualvolles seelisches Leiden, während es den starken, angstfreien Führern an der Spitze wohlergeht.

Auch in fundamentalistischen Kreisen folgt die beschriebene Polarisierung einem autonomen Verstärkerprozeß. Je ängstlicher die «Kleinen» sind, um so mehr fühlen sich die «starken, angstfreien» Führer berufen, die Zuversicht und Sicherheit der Wahrheit auszustrahlen. Und je «übermenschlicher» die Sicherheit der Führergestalten ist, um so mehr klagen sich die «kleinen Ängstlichen» ihres mangelnden Gottvertrauens an.

Die Verdrängung und Delegation der Aggression
Wolfgang Haas ist bekannt für sein immerzu lächelndes Gesicht. Auch andere fundamentalistische Autoritätsträger imponieren oder irritieren mit ihrer unbeirrbaren Freundlichkeit. Dies ist um so beachtenswerter, als manche von ihnen – wie Bischof Haas – auch in aller Öffentlichkeit als Zielscheibe massivster und nicht selten unflätiger Vorwürfe und Verdächtigungen herhalten müssen. Es mögen verschiedene Gründe eine Rolle spielen, warum diese großen Fundamentalisten auch dann nicht aus der Ruhe und Fassung zu bringen sind. Bei manchen tritt offen zutage, wie sehr sie sich als «Märtyrer für die Wahrheit» fühlen und sich, wo es sich um gläubige Christen handelt, mit der Gestalt Jesu identifizieren. «Haben sie mich verfolgt, so werden sie auch euch verfolgen» (Johannes 15,20). «Selig seid ihr, wenn man euch schmäht und verfolgt und alles (mögliche) Böse (fälschlich) wider euch redet um meinetwillen. Freut euch und jubelt; denn euer Lohn ist groß im Himmel; denn so hat man auch die Propheten vor euch verfolgt» (Matthäus 5,11 f.).

Es darf auch mitberücksichtigt werden, daß die «verfolgten» Fundamentalisten – wie im Falle von Bischof Haas – oft an den Schalthebeln der Macht sitzen und die Schlüsselstellen der betreffenden Organisationen in Händen haben; vielfach verfügen sie auch über deren ökonomische Ressourcen. Nicht selten sind die «beati possidentes» der Wahrheit gleichzeitig auch die «glücklichen Besitzer» von Macht und Geld. Dies muß mit in Rechnung gestellt werden, wenn nach einer Erklärung für die gelassene Freundlichkeit fundamentalistischer Monarchen gesucht wird.

Betrachtet man das Verhalten des fundamentalistischen «Fußvolks», so muß man als Psychologe begründeterweise annehmen, daß auch bei diesen aggressionslosen fundamentalistischen Führern eine immense Aggression vorhanden ist; sie wird aber wie die Angst ins Unbewußte verdrängt und auf die «Schwachen der Gemeinschaft» delegiert. Liest man die Schriften der Anhänger fundamentalistischer Gruppierungen, fällt nicht nur die allgegenwärtige Angst, sondern auch eine fast allgegenwärtige Gehässigkeit auf. In den Pamphleten dieser meist nicht hochrangigen Schreiber werden Andersdenkende fast durchweg der boshaftesten Absichten, gemeinsten Irreführung und der frevelhaftesten Hybris beschuldigt. Wo die Führer ihren aggressiven Schatten konsequent verleugnen und verdrängen, manifestiert er sich in seiner inferiorsten Qualität bei den «einfachen Leuten», die zu solcher Verdrängung – glücklicherweise – nicht fähig sind.

Ein hohes Maß an Aggression ist auch bei den meisten «Progressiven» beobachtbar. Es scheint, daß auch sie einen Teil der verdrängten Aggression ihrer Gegenspieler ausagieren. Vor allem bei den meist scheiternden Gesprächsversuchen zwischen Fundamentalisten und Progressiven ergibt sich eine fast exemplarische Polarisierung. Während die einen immer lautstärker und unkontrollierter werden in ihren Angriffen, werden die andern immer unerreichbarer in ihrer «Ruhe und Überlegenheit».

Die Aggression der «Kleinen» und der Verunsicherten äußert sich meist explosiv; sie tobt und rast. Die Aggression der «Starken», auch das muß beachtet werden, kommt oft auf leisen Sohlen daher. Mit dem Hinweis auf die Verantwortung für die treuen Glieder der Gemeinde oder mit einem sanften Ausdruck des Bedauerns werden von diesen «Starken» Entscheidungen getroffen, welche die berufliche und finanzielle Basis von «unbotmäßigen» MitarbeiterInnen oder Untergebenen zerstören. Wie in vergleichbaren Paar-Situationen wird die aggressionslose Gelassenheit der «Starken» zu einer Form von zynischem Sadismus. Während die «Schwachen» in Verzweiflung und Schmerz rasen, bleiben die «Starken» ohne jede sichtbare Gefühlsregung.

Verunsicherung erhöht die Aggressionsbereitschaft. Die sogenannten «Progressiven» sind Verunsicherte; sie sind nicht mehr beheimatet in einer tradierten Identität; die meisten von ihnen sind Suchende. Es kommt hinzu, daß sie weniger als die Traditionalisten getragen werden von homogenen Gruppen, denen sie zugehören. Von ihrem offeneren Selbst-Verständnis her ist auch ihre Zugehörigkeit und Eingebundenheit in Gruppen eine offenere; sie können und wollen sich keine absolute Idenfitikation erlauben, und es gibt für sie darum auch keine umfassende Geborgenheit.

Dialogpartner in der pluralistischen Gesellschaft müssen davon ausgehen, daß sie als Verunsicherte verletzlich und als Verletzliche und Verletzte in vermehrtem Maße aggressiv sind. Dasselbe gilt für die Dialogversuche heutiger Paare; die Verunsicherung der Identität und Rollen in der Beziehung von Mann und Frau macht die Beteiligten aggressiver; sie sind deswegen nicht liebloser als die Männer und Frauen früherer Generationen: sie sind vielfach nur hilfloser und ratloser in ihrer Verletzlichkeit.

Aggression als Folge eines historischen «double-bind»

Die monotheistischen Religionen haben die Ich-Entwicklung und Individualität des Menschen durch die Jahrtausende in einem hohen Maß gestützt und gefördert. In keinen anderen Kulturräumen sind die Menschen so ich-stark geworden, daß sie sich die Erde buchstäblich «untertan» zu machen vermochten. Und nirgendwo sonst wurden die Menschen als einmalige, unverwechselbare Individuen «bei ihrem Namen» und in eine absolut persönlich-individuelle Verantwortung gerufen. Der Gott (oder exakter: das Gottesbild) der monotheistischen Religionen ist primär (wenn auch nicht ausschließlich) einc Ich-Repräsentanz und hat als archetypisches Bild die Entwicklung eines autonomen Ich gerechtfertigt und vorangetrieben. Der autonome schöpferische Gott wurde zum Ur- und Leitbild des autonomen schöpferischen Menschen, für das Judentum, das Christentum und den Islam. «Nach seinem Bild und Gleichnis schuf er sie» (Genesis 1,27).

In der gesellschaftlichen Konkretisierung der monotheistischen Religion wird aber diesem zur Autonomie und Eigenverantwortung gerufenen Menschen sein autonomes Verhalten als widergöttliche Rebellion ausgelegt und konsequent bestraft. Er soll eben doch nicht vom «Baum der Erkenntnis» essen (Genesis 3). Die monotheistischen Religionen haben in ihrem bisherigen Monotheismus-Verständnis nicht nur die Triebwelt als böse ausgegrenzt; sie haben auch die Autonomie und Eigenverantwortung des Individuums, die sie gefordert und gefördert haben, dauernd an der konkreten Umsetzung gehindert. Selbst ein Paulus, der sich mit Vehemenz für die Freiheit des neuen Menschen einsetzte, rief seine Gläubigen sofort in die alten autoritären Strukturen zurück, als sie es wagten, die verkündete Freiheit in eigener Regie und Verantwortung zu konkretisieren. Dies betraf ebensosehr das Verhalten im Gottesdienst (1 Korinther 11) wie die Realisierung der Sexualität (1 Korinther 6,12 ff.).

Es ist auffällig, daß sich gerade die Kulturen der monotheistischen Religionen durch deren ganze Geschichte hindurch als unvergleichlich aggressiv und destruktiv erwiesen haben. Meines Erachtens liegt ein wichtiger Grund dafür in dem, was als eine *historische «double-bind»-Situation* bezeichnet werden könnte. Die Offenbarungs-Religionen haben eh und je den absoluten Wert der Individualität proklamiert; und sie haben die ethische Orientierung am eigenen Gewissen propagiert und die Unmittelbarkeit des einzelnen zu seinem Gott verkündet.

Gleichzeitig wurde aber ein konsequentes Handeln auf der Linie dieser Theologumena in jeder nur möglichen Weise diskreditiert, eingeschränkt und als Sünde verdammt. Wenn Eltern oder Lehrer von ihren Kindern Selbständigkeit erwarten, aber jede selbständige Entscheidung, die den Vorstellungen der Eltern zuwiderläuft, als böse verurteilen, wiederholen sie nur, was ihnen die religiöse Tradition vorgemacht hat.

Auch Fundamentalisten sind Menschen, die in einem Kulturraum groß geworden sind, der ihre Ich-Entwicklung grundsätzlich begünstigt hat. Sie müssen sich darum über die allgemeine «double-bind»-Erfahrung hinaus in ihrem Selbstwertgefühl gekränkt fühlen. Ihre extreme Unterwürfigkeit verlangt von ihnen eine massive Unterdrükkung des Autonomiestrebens, das es als Resultat der kollektiven Bewußtseinsentwicklung auch in ihnen gibt. Die konsequente und radikale Verdrängung der Autonomiebedürfnisse müssen die Seele in einem Maß verletzen, daß diese nur mit depressiven Verstimmungen oder aggressiven Entladungen darauf reagieren kann. Beide Reaktionen sind im diskutierten Umfeld mühelos zu beobachten.

5.1.3 Elemente der Dialog-Fähigkeit

Selbst-Erkenntnis im Spiegel der «Schattenprojektion»

«Was siehst du den Splitter im Auge des Bruders, den Balken in deinem eigenen Auge aber beachtest du nicht?» (Matthäus 7,3)

Das Bergpredigt-Wort vom «Splitter und Balken» rührt weniger an ein moralisches als vielmehr an ein psychologisches Problem. Eine einigermaßen verläßliche Selbsterkenntnis ist eine unabdingbare Voraussetzung dialogischer Kommunikation. Aber Selbst-Erkenntnis ist nur in beschränktem Maße direkt möglich. Sie ereignet sich vorwiegend in Prozessen der Selbst-Projektion und Selbst-Spiegelung. Es gehört zu den banalsten Alltagserfahrungen, daß uns Haltungen und Fehler von Mitmenschen dann am meisten irritieren, wenn diese auch zu unserem eigenen Charakter oder zu unseren eigenen Reaktionsformen gehören. Im Spiegel des Mitmenschen wird uns unsere eigene Schwäche anschaubar. Weil uns die Distanz zu uns selber fehlt, ist es tatsächlich nicht möglich, einen «Splitter» oder einen «Balken» im eigenen Auge zu sehen. Wir können bestenfalls wahrnehmen, daß uns etwas stört: aber wir können nicht direkt identifizieren, was uns stört. Allenfalls können wir auch noch feststellen, daß unsere eigene Sehfähigkeit behindert ist und darum eine adäquate Wahrnehmung von Objekten verunmöglicht. Vor allem ist es so, daß das Auge sich selbst nie direkt anschauen kann: es kann sich nur im Spiegel sehen. Nur ein beträchtliches Maß an kritischer Bewußtheit macht es möglich, die Projektion eigener Persönlichkeitsanteile von der wirklichen «Objekt»-Erkenntnis zu unterscheiden.

Die Projektionsvorgänge betreffen grundsätzlich alle Aspekte, Komplexe und Anlagen der Seele, nicht nur die negativen Anteile unserer Persönlichkeit. Je energiereicher und je unbewußter eigene seelische Inhalte sind, um so eher erscheinen sie im Spiegel von Mitmenschen. Der noch weitgehend unbewußte Säugling spiegelt sich so sehr in seiner Mutter, daß er diese überhaupt noch nicht als ein anderes Wesen zu erkennen vermag. Erst wachsende Bewußtwerdung ermöglicht eine wachsende Unterscheidung von Subjekt und Objekt. Menschliche Selbst-Erkenntnis wird aber nie völlig unabhängig von den Spiegelungen der Seele.

Die Tiefenpsychologie Sigmund Freuds und C. G. Jungs hat in den Träumen solche Seelen-Spiegel erkannt und den modernen Menschen als Wege der Selbsterkenntnis wieder zugänglich gemacht. Aber auch in den Gottesbildern, Mythen und Märchen, in den Göttern, Heroen, Teufeln und Hexen spiegeln sich seelische Strukturen, Triebe, Wünsche, Ängste und Hoffnungen der Menschen wider. In ihnen können wir uns selber anschauen. Wenn Verliebte fasziniert sind von der Offenheit und Güte, vom Witz und Geist, von der spielerischen Kindlichkeit oder von der überlegenen Weisheit der Geliebten, so sehen diese Verliebten in den geliebten Partnern noch weitgehend die Spiegelungen der Hoffnungen und des noch ungelebten Reichtums der eigenen Psyche.

Der Fundamentalist im Progressiven

Viele der «Progressiven» sind noch im Milieu einer traditionellen religiösen Einstellung und im Einflußbereich einer konservativ-kirchlichen oder konservativ-bürgerlichen Moral aufgewachsen. Ob diese Umwelt als seelische Gefangenschaft und Vergewaltigung oder als Ort der Geborgenheit und Sicherheit erlebt wurde, ändert nichts an der Tatsache, daß sie die Tiefenschichten der Seele wesentlich und nachhaltig prägte. Selbst wo sich bewußte Einstellungen im Laufe des Lebens verändern, bleiben in den emotionalen Bereichen die Spuren der frühen Erfahrung als maßgebliche psychische Faktoren erhalten. Auch die Menschen mit einem ausgesprochen aufgeklärten Bewußtsein und einer offenen pluralistischen Einstellung tragen in ihrer unbewußten Psyche beträchtliche fundamentalistische Anteile mit sich herum. Wenn Leute wie Wolfgang Haas diese «Progressiven» über die Maßen ärgern, so auch deshalb, weil sie in ihrem Spiegel frühe Prägungen und emotionale Reaktionsformen der eigenen Seele und ihrer Geschichte anschauen müssen. Jahrtausende monotheistischer Tradition haben die Psyche geprägt, und die tieferen Schichten des kollektiven Unbewußten tragen die Spuren dieser uralten Erfahrung noch lange weiter, auch in jenen Zeitgenossen, welche in ihrer bewußten Einstellung einen weiteren Entwicklungsschritt getan haben. Gerade jene Mitmenschen, die sich einem neuen Bewußtsein verpflichtet fühlen, haben eine enorme innerpsychische Spannung auszuhalten zwischen den alten, traditionell-monotheistischen Prägungen der Seele und ihrer pluralistisch-dialogischen Einstellung.

Der Progressive, der noch in der vorkonziliären katholischen Kirche groß geworden ist, wird in Augenblicken eines «abaissement du niveau mental» – und solche gibt es bei allen – die wehmütige Sehnsucht nach dem «Paradies der Kindheit» mit der Magie des Latein, dem Geruch von Weihrauch, den feierlichen Orgelklängen und der Ruhe der «stillen Messen» auf den Seitenaltären verspüren. Bei manchen verlagert sich dieser unbewußte Fundamentalismus in andere Lebens- oder Kulturbereiche. Wenn die Religiosität eine kritisch-moderne ist, hört z. B. im Bereich der Musik die «wahre» Musik, die diesen Namen noch verdient, mit der «klassischen Musik» auf. Dort ist dann der «mythische Anfang» dieser heimlichen Fundamentalisten.

So viele, die bewußt gegen jede Rassendiskriminierung ankämpfen, erleben bei sich selber unvermittelt rassistische Gefühle, wenn der eigene Sohn oder die eigene Tochter sich mit einem Araber anfreundet; Angst und längst überwunden geglaubte Vorurteile werden spürbar. Menschen, die sich für eine offene Drogenpolitik einsetzen, wehren sich plötzlich vehement dagegen, daß in ihrer Nachbarschaft Winterquatiere für Drogenabhängige eingerichtet werden sollen. Liberale, die sich gegen jedwede staatliche Bevormundung und für eine größtmögliche persönliche Freiheit stark machen, rufen nicht minder laut nach der

Polizei, wenn sie sich nachts von bettelnden Drogensüchtigen belästigt fühlen. Kirchliche Autoritätsträger, die sich während des 2. Vatikanischen Konzils am profiliertesten gegen die absolutistischen Gehorsamsforderungen der römischen Zentralgewalt auflehnten, galten in ihren eigenen Diözesen als ausgesprochen autoritäre, undemokratische Kirchenfürsten.

Es kann nur zu einem Dialog kommen, wo die progressiven Gesprächspartner das »Haas-Syndrom« des Fundamentalismus auch im eigenen Verhalten oder in den eigenen Gefühlen der Trauer, der Wut und der Angst wiedererkennen.

Prometheus im Fundamentalisten

Eva hat vom Baum der Erkenntnis gegessen; das ist nicht rückgängig zu machen. Das Streben nach Autonomie gehört zum Erbe unserer Bewußtseinsgeschichte und damit auch zu den archetypischen Strukturen in den unbewußten Schichten der Seele. Auch im extremsten Fundamentalisten lauert ein rebellischer Prometheus auf die Möglichkeit, den Göttern ihr Feuer zu stehlen. In jedem traditionalistisch Gläubigen gibt es auch den «ungläubigen Thomas» (Johannes 20,24 ff.), der zweifelt, eigene Erfahrung verlangt und sich nicht mit den Beteuerungen der Mitwelt oder einer höheren Autorität begnügen will. Die Bewußtseinsgeschichte macht es nicht anders möglich, als daß es auch im Fundamentalisten den Zweifler gibt, der doch nicht so sicher ist, ob die eigene Parteiführung oder der Papst und Bischof immer recht haben und der exklusive Anspruch der eigenen religiösen Tradition zu Recht besteht. Es gibt bei ihm auch den meist uneingestandenen Neid auf die Freiheit der «Abtrünnigen» und Unbotmäßigen; ähnlich den Heimwehgefühlen der Aussteiger. Es ist eindrücklich, wie viele puritanisch-fundamentalistische Moralisten, vom einfachen Pfarrer und Dorfgewaltigen bis hinauf zum renommierten Fernsehprediger und einflußreichen Politiker, heimliche Liebschaften pflegen oder fragwürdige Geschäfte tätigen. Das ist mehr als die allen zuzugestehende menschliche Schwäche. Darin äußert sich jene seelische Energie, die über die «Vater-Welt» hinausdrängt und die absolute Gültigkeit des Systems selber in Frage stellt.

Fundamentalistisch eingestellte Menschen tun alles, um solch luziferischen Impulse, den inneren Prometheus, möglichst von sich fernzuhalten und sofort ins Unbewußte zurückzudrängen. Für das seelische

Gleichgewicht ist es schon hilfreich, daß sie wenigstens dann und wann als «Versuchungen» erlebt werden können. Konservative, die den rebellischen Prometheus und den zweifelnden Thomas auch in der eigenen Psyche erkennen und mit dem inneren Revolutionär im Gespräch sind, haben den wichtigsten Schritt zur Dialogfähigkeit getan. Dasselbe gilt *mutatis mutandis* auch von ihren progressiven Gegenspielern.

Wenn die Abwehrkräfte des Ich durch Alkohol, Müdigkeit, große Trauer, Depression oder Wut reduziert sind, tauchen auch in treuesten Fundamentalisten jene Gefühle und Überlegungen auf, die im «normalen Bewußtseinszustand» nie zugelassen oder sofort wieder beiseite geschoben würden. Pfarrer können sich dann selber zugeben, daß sie eigentlich gern aussteigen würden; aber sie können es nicht aus Rücksicht auf ihre Familien oder wegen des zu erwartenden Skandals oder aus ökonomischen oder altersbedingten Gründen. Ehepartner gestehen sich ein, daß sie die bestehende Bindung schon lange nur noch aufrechterhalten, weil sie sich zu feige oder zu schwach fühlen, eine Scheidung durchzustehen. Treue, «überzeugte» Parteigänger offenbaren Freunden, daß die Partei ihre Glaubwürdigkeit für sie schon längst verloren hat; aber da sind die Menschen, denen sie sich seit Jahren eng verbunden fühlen und die sie nicht verlieren möchten.

Eine neue Wahrhaftigkeit. Die Offenlegung von Gefühlen

Nicht die größtmögliche Sachlichkeit schafft bessere Voraussetzungen für einen Dialog zwischen «verfeindeten Lagern», sondern der Mut, Gefühle der Aggression, der Angst und des Zweifels bei sich selber wahrzunehmen und sie im Gespräch mit dem «Gegner» einzubringen. Verdrängte und delegierte Affekte stehen sonst wie unsichtbare Mauern zwischen den Menschen und verunmöglichen eine wirkliche Kommunikation. Der Rekurs auf das Sachproblem ist eine der häufigsten und effizientesten Abwehrmechanismen. Wo es um Beziehung (in einer Paarsituation) oder um Weltanschauung (in Religion und Politik) geht, sind wir immer *emotional Betroffene*. Was uns existenziell angeht, was die Sinnhaftigkeit unseres Daseins ins Spiel bringt, kann nicht objektiv abgehandelt werden. Ohne subjektive Wahrhaftigkeit kann man keiner «objektiven Wahrheit» und keiner wirklichen Besserung näherkommen.

Sigmund Freud hat die schonungslose Wahrhaftigkeit sich selbst gegenüber zum unverzichtbaren Ausgangspunkt jedes therapeutischen, Heilung schaffenden Prozesses gemacht. Er hat mit unübertreffbarer Intuition und sorgfältiger Beobachtung gezeigt, wie viele «Wölfe» sich unter den «Schafspelzen» unserer Tugendhaftigkeit versteckt halten. Es ist beeindruckend, mit welcher Hartnäckigkeit die Protagonisten des fundamentalistischen und des progressiven Lagers das Bild vom «Wolf im Schafspelz» (Matthäus 7,15: «Hütet euch vor den falschen Propheten, die in Schafskleidern zu euch kommen, inwendig aber sind sie räuberische Wölfe,») nur auf die jeweiligen Gegner applizieren, jede subjektiv-psychologische Betrachtungsweise aber strikte ablehnen. Die militanten Propheten der Wahrheit in allen Lagern sind auch jene, die sich nach bald einem Jahrhundert tiefenpsychologischer Forschung so gut wie nie bereit finden, über ein analytisches Verfahren in die Hinterräume und Keller der eigenen Seele hineinleuchten zu lassen. Dabei könnte oft der «Balken im eigenen Auge» nur wahrgenommen werden, wenn mit einem neutralen Anderen in den Spiegel der eigenen Träume, Erinnerungen und Projektionen geschaut würde.

Am schwierigsten dürfte die Erkenntnis und das Eingeständnis der Angst sein. Angst widerspricht dem heroischen Leitbild des patriarchalen Mannes. Angst gilt als Schwäche. Wer Angst eingesteht, macht sich verletzbar. Die Gespräche der Männer waren bislang weitgehend Demonstrationen der Stärke und ritualisierte Rangkämpfe. Unsere hierarchisch orientierte Vergangenheit hat die Erwartungshaltung in unserer Seele zurückgelassen, daß jedes Eingeständnis von Angst sofort zum Gegenschlag ausgenützt würde. Die Verleugnung unserer Angst, Verletzlichkeit und Schwäche ist system-immanent geworden. Dies gilt in der Paarbeziehung zwischen Mann und Frau ebenso wie in der Politik und in den Religionsgemeinschaften.

Die Wahrhaftigkeit ist im monotheistischen System keine einfache Tugend. Die Unehrlichkeit hat in den monistisch geprägten Kulturen Tradition; sie ist institutionalisiert. Hans Küng ist in seinem Buch «Wahrhaftigkeit»[38] zum Schluß gekommen, daß die Erneuerung und die Zukunft der Kirche wesentlich von einer neuen, auch kollektiven Wahrhaftigkeit abhängt. Die Schwierigkeiten mit der Wahrhaftigkeit sind mit der Struktur monotheistischen Bewußtseins mitgegeben. Zu ihm gehört die prinzipielle Aufteilung der Welt in eine gute und eine böse. Wenn es Böses auch in der Welt der Guten gibt, so sind es eigentlich nur dahin verirrte Schatten; das Dunkle gehört nie wirklich zur eigenen guten Welt. Weil es nicht sein dürfte, müßte es entfernt werden; und weil es sich oft nicht entfernen läßt, wird es zugedeckt und verleugnet.

Schwach und defekt dürfen in der zweigeteilten Welt nur die Individuen sein, nie die Institution; die Institution als solche und deren Wahrheit, Moral und Sozialordnung darf nicht angezweifelt werden. Mit ihr identifiziert sich der einzelne, und so muß er zum Schutz der eigenen Identität deren Mängel, meist gegen besseres Wissen, leugnen. Jene Defekte der Institution aber, die nicht verheimlicht werden können, müssen so konsequent als Kette von Mißverständnissen, Anfangsschwierigkeiten oder als Folgen der Unzulänglichkeit der einzelnen erklärt werden, bis kein Schatten auf dem System als solchem zurückbleibt. Auch für die Flugzeughersteller und die Eisenbahningenieure ist es besser, wenn «menschliches Versagen» für einen Unglücksfall verantwortlich gemacht werden kann; keiner denkt gern an Konstruktionsfehler, weder im technischen noch im sozialen und religiösen Bereich.

Schwächen der Institution dürfen nicht aufgedeckt werden: in der katholischen Kirche werden am Ende des 20. Jahrhunderts noch Dokumente unter Verschluß gehalten, die deren mittelalterliche Geschichte betreffen. Weil die katholische Kirchenleitung die Zölibatsgesetzgebung um jeden Preis aufrecht erhalten will, veröffentlicht sie zwar Statistiken über die Anzahl ihrer Priester; sie tut aber gleichzeitig alles, damit auch die innerkirchliche Öffentlichkeit nicht erfahre, wie viele ihrer Priester heiraten und wie hoch der Prozentsatz jener ist, die heimliche Freundschaften mit Frauen unterhalten.

Auch in den profanen Abkömmlingen monotheistischer Orientierung gehört aus denselben Gründen die Verleugnung oder Verheimlichung der Wahrheit zum System. Im «real existierenden Sozialismus» der ehemaligen DDR verteidigten die Machthaber das System noch als das bestmögliche und dem Wohl der Menschen einzig gemäße, als die wirtschaftliche Katastrophe schon unaufhaltsam und offenkundig war. Die Verleugnung der Mängel und Schwächen der Institution, der man zugehört, ist eine kollektiv-neurotische Weise, das monotheistische Bewußtsein und die dualistische Aufteilung von gut und böse uneingeschränkt aufrecht zu erhalten. Zur Dialogfähigkeit gehört nicht nur der Mut zur persönlichen, sondern noch viel mehr der Mut zur geschichtlichen und kollektiven Ehrlichkeit.

Der neue Gehorsam: die Offenheit nach unten und nach innen
«La grâce, c'est l'autre» (Francis Jeanson)

Der Prediger übermittelt Wahrheiten. Der Mensch im Dialog dagegen teilt *sich selber* mit. Er gibt nicht «Offenbarung» weiter, sondern er offenbart eigene Gefühle, Erfahrungen und Anschauungen. Der dialogfähige Mensch ist aber auch der für die Selbst-Mitteilung des anderen offene; für den Dialog ist das Hinhören nicht weniger wichtig als das Reden. Dialog setzt *Gehorsam* in seinem ursprünglichsten Sinn voraus und verpflichtet zu ihm.

Ge-horsam kommt von hören; auch hinter dem lateinischen *oboedientia* steht das ob-audire, das sorgfältige Hin-horchen. Die Gehorsamen der hierarchischen Tradition hören nur in eine Richtung. Ihre Offenheit ist allein nach oben gerichtet. Dialogbereite Menschen hören mit ebenso viel Ernst auch in horizontaler Richtung, und nach unten und nach innen.

Hören heißt Raum geben. In der Paartherapie ist meist ein entscheidender Schritt getan, wenn nach 20 oder mehr Jahren Ehe die Partner wieder bereit sind, darauf zu verzichten, den anderen durch und durch zu kennen, und wenn sie wieder anfangen, hinzuhören und nachzufragen. Dieser Raum muß umso größer sein, je emotionsgeladener die Beziehung ist, weil die eigene Emotion das leere Gefäß auffüllt, dessen der andere für seine Mitteilung bedürfte. Dies gilt auch für die belasteten Beziehungen zwischen den progressiven und fundamentalistischen Fraktionen innerhalb der Kirchen und religiösen Gemeinschaften. Nicht dem Wissenden, sondern dem Hörenden geschieht durch Mitmenschen und von der eigenen Seele her Offenbarung.

5.2 Perspektive Toleranz

5.2.1 2000 Jahre «Bergpredigt» – Ein Manifest der Gewaltlosigkeit ohne geschichtliche Wirkung

Es sind rund 150 Jahre her, seit *K. Marx* und *F. Engels* mit dem *Kommunistischen Manifest* (1848) ihr historisches Plädoyer für eine gerechtere Sozialordnung veröffentlichten. Eine klassenlose Gesellschaft sollte alle bisherigen Strukturen ablösen und zum Fundament und Raum der neuen Welt werden. Die Geschichte hat inzwischen gezeigt, daß sich selbst in den sozialistisch und kommunistisch regierten Staaten alles andere als eine klassenlose Gesellschaft herausgebildet hat. Die hierarchisch-patriarchalen Gesellschaftsstrukturen haben sich in ihnen nicht nur erhalten, sondern teilweise sogar radikalisiert. Der in fast allen kommunistischen Ländern aufkommende Personenkult nahm Formen an, wie es ihn selbst in der Geschichte der Monarchien nur bei wenigen absolutistischen Herrschern je gegeben hatte.

Es gibt vielfältige Gründe, warum die *klassenlose Gesellschaft* eine Utopie geblieben ist. Meines Erachtens mußte diese Vision auch deswegen scheitern, weil die *Bewußtseinsstrukturen* der Menschen in den betreffenden Kulturräumen die alten geblieben waren. Eine klassenlose Gesellschaft könnte es nur auf dem Boden einer wesentlich anderen Bewußtseinsgrundlage geben. Auch das kommunistische System ist noch eine Äußerung und Fortsetzung monotheistischer Einstellung. Die ihm zugrundeliegende Denkweise hält genauso wie die jüdische, christliche und moslemische daran fest, daß es nur *einen* Wert, *eine* Wahrheit und *eine* mögliche Konkretisierung dieser Wahrheit gibt. Die Partei beansprucht, die von den Gründer-Vätern Marx und Lenin «geoffenbarte Wahrheit» uneingeschränkt und unverfälscht weiterzugeben; sie allein kennt auch die eigentliche Intention ihrer «Propheten». Alle Machtansprüche der Parteigewaltigen werden als Treue und Unterwerfung unter die ursprüngliche Botschaft des Marxismus-Leninismus interpretiert; damit werden auch alle persönlichen Privilegien gerechtfertigt, weil sie ja nicht perönlichen Zielen, sondern der Schaffung einer neuen Gesellschaft dienten. Wer widerspricht, zweifelt oder das System als solches kritisiert, wird unvermeidlich zum gefährlichen Konterrevolutionär. Auch die katastrophalsten Mängel dürfen nie dem System angelastet werden, sondern sind immer nur als Folgen seiner mangelhaften Umsetzung der Theorie in die Praxis zu betrachten.

Die *eine* Wahrheit bleibt unveränderlich und ausschließlich. Ungerechtigkeit und Not werden vollumfänglich den Menschen angelastet, die diese Wahrheit nicht verstehen oder nicht konsequent genug umsetzen. Nicht anders sind auch von den monotheistischen Religionen soziale Ungerechtigkeiten, Unterdrückung im Innern und Kriege nach außen dem Versagen der Menschen zugerechnet worden; das zugrundeliegende Gottesbild mußte genauso unangetastet bleiben wie die Dogmen der Kirche und das System einer für alle gültigen Moral.

Die *klassenlose Gesellschaft* war der utopische Raum, in dem die Ideale der Französischen Revolution Freiheit, Gleichheit und Brüderlichkeit hätten Wirklichkeit werden sollen. Sie war die schöpferische Vision einer menschlichen Sozietät, in der es ein Nebeneinander und Miteinander statt eines Oben und Unten hätte geben sollen. Doch was als Ort horizontaler Beziehungsstrukturen gedacht war, wurde zum Instrument größtmöglicher Ungleichheit und Diktatur.

Die christliche Tradition hat in der sogenannten *«Bergpredigt»* des Matthäus-Evangeliums (Kapitel 5–7) eine Verdichtung und einen Höhepunkt der Botschaft Jesu gesehen. Sie gilt als Zusammenfassung seiner Verheißungen und seiner Forderungen.[39] Besonders beeindruckt hat die «Bergpredigt» als ein Manifest der Versöhnung, der Gewaltlosigkeit und der Toleranz.

> «Selig die Friedensstifter, denn sie werden Söhne Gottes heißen» (Matthäus 5,9).
>
> «Wenn du nun deine Opfergabe zum Altare bringst und dir dabei einfällt, daß dein Bruder etwas gegen dich hat, so laß deine Gabe dort vor dem Altare liegen und geh zuerst hin und versöhne dich mit deinem Bruder...» (5,23).
>
> «Wer dich auf die rechte Wange schlägt, dem halte auch die andere hin» (5,39).
>
> «Liebet eure Feinde und betet für die, die euch vefolgen, damit ihr Söhne eures Vaters im Himmel werdet; denn er läßt seine Sonne aufgehen über Böse und Gute und läßt regnen über Gerechte und Ungerechte« (5,44 f.).

«Richtet nicht, damit ihr nicht gerichtet werdet» (7,1).

«Was siehst du den Splitter im Auge deines Bruders, den Balken in deinem Auge aber beachtest du nicht?» (7,3)

Obwohl die christlichen Kirchen und Gemeinschaften die *«Bergpredigt»* als Grundlage und Kern ihrer Ethik bekannt haben, ist die Geschichte des Christentums bis auf den heutigen Tag zu einer Geschichte großer Intoleranz und Gewalttätigkeit geworden. Auf das *«Manifest der Gewaltlosigkeit»* folgte eine endlose Kette destruktiver Aggression und der erbarmungslosen Verfolgung all jener, welche von der einen Wahrheit und der einzigen als legitim anerkannten Moral abwichen. In der Geschichte der Völker keiner anderen Religion wurde wohl im Namen der Religion so viel gerichtet und hin-gerichtet wie im Raum der christlichen Tradition.

Es genügt nicht, die weitgehende Wirkungslosigkeit des neutestamentlichen Toleranz-Manifests mit dem sittlichen Versagen der einzelnen Christen zu erklären. Im Lauf der 2000 Jahre christlicher Geschichte hat es immer Menschen gegeben, die mit der Botschaft der Bibel ernst zu machen versuchten. Die stoßende Paradoxie läßt sich auch nicht dadurch aufheben, daß von den Fachkundigen der Bibel der Kreis der ursprünglich gemeinten *Adressaten* der *«Bergpredigt»* eingeengt wird. So wird vertreten, daß sich die darin formulierten ethischen Forderungen nur an den damaligen Jüngerkreis gerichtet hätten; sie wären also nie als allgemein verbindliche Richtlinien gemeint gewesen und müßten folgerichtig auch nur von einer christlichen *«Elite»*, den heutigen «Jüngern» uneingeschränkt befolgt werden.[40]

Von anderen Exegeten werden die brisantesten der «Bergpredigt»-Texte als *eschatologische Visionen* eingestuft; sie seien utopische Zielvorgaben, die eine ethische Richtung anzeigen, aber im Einzelnen nie konkret verwirklicht werden können. Von wieder anderen wird der radikale Charakter mancher «Bergpredigt»-Texte mit dem Hinweis entschärft, daß hier wie in manch anderen biblischen Äußerungen typisch orientalische *Hyperbolismen* vorlägen; es handle sich um bildhafte Übertreibungen, die von den Zuhörern Jesu noch unmittelbar als solche verstanden und darum nie wörtlich genommen worden seien.

Die geschichtliche Wirkungslosigkeit der Botschaft der «Bergpredigt» hat wesentlich mit der Bewußtseinsgeschichte der westlichen Kultur zu tun. Der Aufruf Jesu zu Gewaltlosigkeit und Toleranz stand in einem inneren Gegensatz zum herrschenden Gottes- und Menschenbild. Die monotheistische Bewußtseinsstruktur des Kollektivs erwies sich stärker als die individuelle ethische Bemühung. Wo der traditionelle Monotheismus das Denken und Handeln bestimmte, war dieses *monistisch,* eindimensional und ausschließlich; auf diesem Boden hatte das ethische Postulat der Toleranz keine Chance für eine dauerhafte und generelle Verwirklichung. Gegen die vorherrschende kollektive Bewußtseinseinstellung vermögen nur wenige hervorragende einzelne ein andersgeartetes Ideal zu leben.

Intoleranz *kann* Ausdruck persönlicher Sturheit, Blindheit und Machtgier sein; Intoleranz darf aber nicht nur als moralisches Problem des Einzelnen gesehen werden. Die Intoleranz hängt ebenso sehr mit den «Fundamenten» der kulturellen und religiösen Tradition zusammen und ist darum ein Problem der kollektiven Einstellung.

Ähnlich wie in der Bibel gibt es auch im Koran Toleranzappelle; sie sind genauso wie jene der Bibel in der islamischen Geschichte gescheitert. Nur ein verändertes, pluralistisches Bewußtsein macht auf Dauer Toleranz im religiösen und gesellschaftlichen Zusammenleben möglich.

5.2.2 Der Verzicht auf «Objektivität»

Bewußtseinsveränderung geschieht nur in kleinen Schritten. Bewegung in eine neue Richtung setzt voraus, daß alte Anspruchsmuster losgelassen werden. Bislang ist die *«Bemühung um größtmögliche Objektivität«* als der Boden betrachtet worden, auf dem fruchtbare Auseinandersetzungen am ehesten möglich sind. In der «größtmöglichen Objektivität« ist fast eine Garantie dafür gesehen worden, daß engagierte Diskussionen nicht in destruktive Konflikte entarten. Die «Bemühung um Objektivität» wird als politische Tugend gehandelt und darum bei vielen Gelegenheiten angemahnt. Persönliche Bedürfnisse und Gefühle sowie der subjektive Standpunkt sollen im Dienst am Ganzen möglichst zurückgestellt werden; das Objekt soll absoluten Vorrang haben vor dem Subjekt, dem Ich. Diese Art Objektivität gilt auch als eine der traditionellen Formen der Bescheidenheit und Selbstlosigkeit.

Die Erfahrung hat allerdings deutlich gezeigt, daß es mit dieser Tugend seine Schwierigkeiten hat. Die beschworene Objektivität scheint nur selten Konflikte zu entschärfen; sehr viel häufiger treibt sie die Beteiligten noch tiefer in die Sackgasse hinein und versperrt ihnen den Weg zum Rückzug. Die Schwierigkeit mit der Objektivität ist eine grundsätzliche. Wer emotional engagiert an einer Auseinandersetzung beteiligt ist, identifiziert seinen persönlichen Standpunkt spontanerweise mit der objektiven Wirklichkeit. Das naive Bewußtsein nimmt gutgläubig an, daß eine deutlich erlebte Erkenntnis auch dem wirklichen Sachverhalt entspricht; es hat keine Veranlassung, daran zu zweifeln, daß die Dinge an und für sich so sind, wie sie vom erkennenden Ich wahrgenommen werden. Im Affekt regredieren auch Menschen, die üblicherweise kritisch und selbstkritisch sind, zu dieser simplen Gleichung zwischen Erkenntnis und Sache. «Ich und der Vater sind eins» (Johannes 10,30). Das erkennende Ich identifiziert sich distanzlos mit dem erkannten Objekt. Das eigentliche Problem liegt gerade darin, daß Konflikt-Partner meistens gutgläubig davon überzeugt sind, nichts anderes als die objektive Wahrheit zu vertreten und nichts anderes als das objektive Gute zu wollen. Aus Sorge für das Gemeinwohl fühlen sich die Beteiligten sogar dazu verpflichtet, ihren Standpunkt gar nicht ernsthaft in Frage stellen lassen zu dürfen. Selbst die vorsätzliche Verweigerung, sich den Argumenten der Gegner offen zu stellen, wird unter diesen Voraussetzungen nicht mehr als Mangel erkannt. So wird die ursprünglich ehrliche Bemühung um Objektivität sehr leicht und völlig unbewußt zum Deckmantel für Egoismus und Kurzsichtigkeit.

Die Auflösung der ICH-«ÜBER-ICH»-Identifikation

Sigmund Freud hat mit seinem «ÜBER-ICH»-Konzept einen seelischen Prozeß beschrieben, der wesentlich ist für das Verständnis der Möglichkeiten und Grenzen objektiver Erkenntnis. Im Lauf der Kindheit formt sich nicht nur ein ICH als Zentrum der bewußten Persönlichkeit. Zu gleicher Zeit ist der heranwachsende Mensch den Normen und Wertvorstellungen seiner Eltern und der Umgebung ausgesetzt, und es wird von ihm erwartet, daß er sich in sie einfügt. Diese Normen und Wertvorstellungen werden vom Kind im Lauf der Jahre so tief in seine Persönlichkeit hineingenommen, daß sie allmählich nicht mehr als das erkannt und erlebt werden, was sie ursprünglich waren, nämlich als Einstellungen und Erwartungen der Außenwelt. Die verinnerlichten Wertbilder der Umwelt werden als Anteile der eigenen Seele erlebt und demzufolge als Einstellungen des ICH verkannt. In Wirklichkeit stellen sie jedoch Überlagerungen dar, an welchen sich das kindliche ICH orientiert; Freud nannte sie das ÜBER-ICH. Das ÜBER-ICH ist von seinem Wesen her statisch; es geht nicht aus der eigenen Seelenmitte und deren Dynamik hervor, sondern stellt eine Art Raster dar, der sich aus den Sedimenten personfremder Anschauungen gebildet hat.

Wenn sich ein Mensch in der Adoleszenz und im frühen Erwachsenenalter gesund weiterentwickeln kann, wird er im Lauf dieser Phasen fähig, seine ÜBER-ICH-Anteile von seinem ICH und dem eigentlichen Wesenskern seiner Person zu unterscheiden. Das reifer und selbständiger gewordene ICH kann sich den verinnerlichten ÜBER-ICH-Normen distanziert-kritisch gegenüberstellen und sie auf ihre Tauglichkeit für die eigene Person und die Sozietät beurteilen.

Wo diese Bewußtwerdung und Abgrenzung zwischen ICH und ÜBER-ICH nicht stattfindet, wird diese innere Konfusion für den betroffenen Menschen zu einer zusätzlichen Schwierigkeit, zwischen Ich und Objekt zu unterscheiden. Sowenig wie die ÜBER-ICH-Normen als verinnerlichte Außenwelt erkannt werden, sowenig kann in der Umkehrrichtung die Projektion der subjektiven Wahrnehmung von der objektiven Realität unterschieden werden.

Die hierarchisch-patriarchale Kulturtradition hat die kritische Abgrenzung des ICH vom ÜBER-ICH nicht begünstigt, sondern systematisch behindert. Die verinnerlichten Normen wurden «zur Stimme Gottes» in der eigenen Seele und zum «Gewissen» gemacht, das absoluten und unbedingten Gehorsam fordert und keine kritische Hinterfragung und Relativierung duldet. Nur wo das Gewissen des einzelnen in Widerspruch zur herrschenden Moral geriet, wude es unbesehen zum «irrigen» Gewissen degradiert und damit seiner Verbindlichkeit enthoben.

Die Möglichkeit objektiver Erkenntnis ist nicht nur durch vielfache Projektionsprozesse, sondern auch durch die mangelnde ICH-ÜBER-ICH-Abgrenzung prinzipiell eingeschränkt. Fundamentalistisch Gläubige wehren meistens schon die Forderung nach dieser kritischen Bewußtheit als blasphemische Hybris ab. Gerade weil die Tiefenpsychologien Freuds und Jungs mehr Bewußtsein über das Absolute und Relative in der menschlichen Psyche zu schaffen versuchen, werden sie von den religiösen Fundamentalisten aller Lager als Gefahr für den wahren Glauben bekämpft.

Die Auflösung der ICH-SELBST-Identität

In den großen religiösen und philosophischen Traditionen wird seit Jahrtausenden die Überzeugung weitergegeben, daß es in jedem Menschen einen absoluten Wesenskern gibt, der mehr ist als das von den Eltern Ererbte und von der Umwelt Gelernte. Vor allem die Mystiker aller Religionen haben das *im* Menschen erfahrene Transzendente in Bilder zu fassen und darin wenigstens ansatzweise auch mitzuteilen versucht. Carl Gustav Jung hat diese unverwechselbare innerste Wirklichkeit der Seele als SELBST bezeichnet. Die jahrzehntelange Beobachtung seelischer Entwicklungsprozesse schien ihm die Existenz eines psychischen Zentrums zu bestätigen; eines Zentrums, das weder mit den Trieb-Energien noch mit den verinnerlichten Umwelt-Normen (ÜBER-ICH) noch mit dem ICH gleichgesetzt werden konnte. Für Jung war es offensichtlich, daß in den Tiefen jeder Psyche eine «Instanz» am Werk ist, welche nach einem vorgegebenen, Ich-unabhängigen Plan das Individuum durch die verschiedenen Phasen des Lebens der Verwirklichung seines spezifischen Lebensmusters entgegentreibt. Aus der gleichen Wesens-Mitte heraus stammen nach Jung auch die schöpferischen Energien und die selbstregulierenden Impulse, wie sie in Träumen oder psychosomatischen Reaktionen wahrgenommen werden können. Erst in dieser Tiefe und nicht in der ÜBER-ICH-Struktur ist nach Jung auch jene «Stimme» zu vernehmen, die dem Individuum mit absoluter Verbindlichkeit seine ihm eigene Wahrheit und seine letztgültige ethische Verpflichtung offenbart. Die großen Mystiker und der empirisch eingestellte Tiefenpsychologe rechnen gleicherweise mit der Existenz und Erfahrbarkeit des Absoluten im Menschen. Und gleicherweise betonen sie die unbedingte Notwendigkeit, daß sich das ICH nicht mit diesem inneren Absoluten identifizieren darf. Wo es doch geschieht, wird das ICH inflativ: wo sich das ICH nicht genügend vom SELBST abgrenzt, verfällt es einer gefährlichen und destruktiven Selbstüberschätzung. Was in der eigenen Seele als Ahnung des Absoluten erlebt wird, darf nicht mit dem Absoluten überhaupt gleichgesetzt werden. Die unzulässige Identifikation von ICH und SELBST verleitet zu Ansprüchen an die Mitwelt, die von dieser nur als ungeheuerliche Zumutungen zurückgewiesen werden können. Endlose und oft zerstörerische Konflikte sind die unausweichliche Folge.

Für den Mystiker ist der «Seelenfunke» und für den Tiefenpsychologen das SELBST nie Besitz; es bleibt immer nur Ahnung, die ein hohes Maß an seelischer Wachheit erfordert; es ist nie definierbar und seine Offenbarungen können nie objektiviert werden. Wo sich das ICH in naiver Unbewußtheit mit dem SELBST identifiziert, wird die subjektive Wahrheit und Erfahrung, die für das Subjekt absolute Gültigkeit hat, zur Wahrheit schlechthin, die keinen Raum mehr läßt für die nicht weniger gültigen SELBST-Erfahrungen der andern.

5.2.3 Der Mut zum radikalen Subjektivismus

Die neue Form der Bescheidenheit

In der philosophischen Tradition gibt es das Axiom: *«quidquid recipitur, modo recipientis recipitur»*. «Was immer einer erkennt, erkennt er auf seine Weise.» Jede Erkenntnis, auch die religiöse, ist subjektbezogene, vom erkennenden Subjekt geprägte Erkenntnis. Es gibt keine schlechthinige «Objektivität». Alle unsere Aussagen über die Objektwelt sind subjektiv, *alle Erkenntnisse* sind *je meinige* Erkenntnisse der objektiven Wirklichkeit.

Das aufgeführte Axiom, das in der Vergangenheit zum philosophischen Wissen der «Weisen» und Gelehrten gehörte, wird in der pluralistischen Welt der Gegenwart zur unverzichtbaren Voraussetzung einer tragfähigen Toleranz. Toleranz gibt es nur, wo der Anspruch auf Objektivität geopfert wird. Dies bedeutet Abschied von einer durch jahrtausend-alte Tradition geheiligten und in der Seele verankerten Einstellung zur Wirklichkeit. Sie bildete einen Teil des Identitätsgefühls und trug zur Eindeutigkeit und Sicherheit bei. Der bewußte Verzicht auf den Anspruch auf «Objektivität» ist eine mit Schmerz verbundene Leistung, ist Trauerarbeit. Unsere ganze Prägung verleitet uns dazu, die eigene Erkenntnis naiverweise als objektiv zu betrachten.

In der Paartherapie besteht oft einer der schwierigsten Lernschritte darin, die eigene Erinnerung an Situationen und gemachte Äußerungen nicht mehr als objektive Wahrheit zu reklamieren. «So war es. Das hast du mit deiner Bemerkung beabsichtigt.» Der Neuanfang liegt nicht selten in der scheinbar kleinen, aber folgenschweren Differenz der Formulierung; aber die abweichende Formulierung drückt eine wesentlich andere Einstellung zur Möglichkeit «objektiver Erkenntnis» aus. In der neuen Formulierung heißt es nicht mehr: «So war es.

Das hast du mit deiner Bemerkung beabsichtigt», sondern «So erinnere *ich* den Vorfall. So habe *ich* deine Bemerkung verstanden.» Bis Partner allerdings von der neuen Formulierung uneingeschränkt zur damit gemeinten neuen Einstellung durchstoßen, ist nicht selten monatelange harte Arbeit an sich selbst notwendig.

Das Loslassen des Anspruchs auf Objektivität ist eine Zumutung und eine zeitgemäße Form des «Opfers». Sich zurückzunehmen auf die eigene Subjektivität schafft aber einen ungeahnten Freiraum für den Mitmenschen, dem es dann im Gegenzug auch eher möglich wird, seine Subjektivität ins Spiel zu bringen und damit einen ähnlichen Freiraum anzubieten.

Radikale Subjektivität braucht Mut. Wer sich auf die *objektive* Wahrheit beruft, braucht die Verantwortung für seine eigene Erkenntnis und Entscheidung nicht zu übernehmen; er begibt sich unter den Schutz der Autorität der vermeintlich objektiven Wahrheit. Der Rekurs auf den «Willen Gottes» oder auf einen objektiven Sachverhalt ist häufig regressiv.

Das jesuanische «ich aber sage euch ...»

Im Gegensatz zum Sprachgebrauch religiöser Fundamentalisten beruft sich Jesus erstaunlich selten auf den Willen Gottes. Es wirkt befreiend, mit welcher Konsequenz und Selbstverständlichkeit er dagegen sagt:
«Ihr habt gehört, daß zu den Alten gesagt worden ist...
Ich aber sage euch» (Matthäus 5 passim).

Jesus wies in diesen Texten zunächst auf die gängigen Auslegungen des Gesetzes in der Vergangenheit hin. Dann stellte er *seine* Sicht und *seine* Deutung daneben. Er berief sich dabei auf keinen Amtstitel; er hatte keinen, er war kein Rabbi. Und doch lehrte er «wie einer, der Vollmacht hat» (Matthäus 7,28 f.). Es war die Vollmacht des Menschen, der voll zur eigenen Überzeugung, Einsicht und Verantwortung steht.

Seine Interpretation war darum auch kein unverbindliches Meinungsangebot in einem Gelehrtenstreit. Es war seine engagierte Vision, für die er bereit war, auch mit seinem Leben geradezustehen. Mit seinem *«ich aber sage euch ...»* beanspruchte Jesus, daß auch er den Willen Gottes oder das Gesetz in einer gültigen und sinnvollen Weise in die Gegenwart hinein zu interpretieren wußte. Er tat dies nicht in einer zeitlos abstrakten Weise, sondern «hier und jetzt», in einem konkreten Augenblick der Geschichte und in einer konkreten Situation; sein «ich aber sage euch ...» stand mitten in der religiösen, politischen und sozialen Wirklichkeit seiner Welt und seiner Zeit. Da hinein versuchte er mit seiner Sicht eine Antwort auf wesentliche Fragen des menschlichen Daseins zu geben.

Das *«ich aber sage euch ...»* unterscheidet sich wesentlich von der Haltung jener, die sich auf den geschichtslosen, mythischen Ursprung berufen und damit eine überzeitliche und überräumliche Gültigkeit beanspruchen. Jesus blickte zuerst zurück in die Geschichte der religiösen und sozialen Tradition. *«Den Alten ist gesagt worden ...»* Das verbindet mit den Wurzeln und nimmt die Interpretationsbemühungen der Vergangenheit ernst – und relativiert sie zugleich. Mit dem Blick zurück wird auch spürbar, daß es Entwicklung und Veränderungen gibt, mehr oder weniger geglückte Versuche, eine religiöse Botschaft in immer neue Situationen hinein zu aktualisieren.

Wer sagt: «ich aber sage euch ...», kann darauf behaftet werden; er ist ungeschützt. Radikaler Subjektivismus ist von seinem Wesen her aber auch radikale *Beschränkung* des Wahrheitsanspruchs. Was ich als *meine* Erkenntnis oder Erfahrung absolut ernst nehmen darf und soll, ist zugleich immer *nur* meine Erkenntnis und *nur* meine Erfahrung. *Meine* Erfahrung und *meine* Erkenntnis haben nie den Anspruch auf universale Gültigkeit; ihre Verbindlichkeit betrifft zunächst nur mich. Als Fragment haben sie absoluten Wert; aber das Fragment setzt sich nicht an die Stelle des Ganzen. Mein persönlicher Gott, mein Stammesgott wird nicht zum universalen Gott proklamiert, sondern er bleibt *meine* Weise, das Absolute zu erfahren.

Subjektivismus schafft die Voraussetzung, daß auch andere sagen dürfen: *ich aber sage euch ...* Ein ehrlicher und radikaler Subjektivismus ist die glaubwürdigste und nützlichste Weise zeitgemäßer Bescheidenheit. Er ist der Mut, sich selbst unbedingt ernst zu nehmen; und zugleich das Eingeständnis, daß die Unbedingtheit eigener Erkenntnis und Erfahrung nur für sich selbst absolut gültig ist, nicht aber für die anderen. Subjektivismus ist weder Grandiosität noch unverbindlicher Relativismus.

5.3 Perspektive Einheit in Vielfalt

5.3.1 Polarität statt Dualismus – Komplementarität statt Homogenität

In der christlichen und islamischen Tradition gibt es die Vorstellung einer ewigen Hölle, in der *die Bösen* für immer ausgesondert werden. Die Vorstellung einer ewigen Hölle gehört in das Umfeld dualistischer Weltanschauung. Die Wirklichkeit ist letzlich teilbar, und sie wird einmal definitiv und radikal in ihren guten und bösen Anteil geschieden. Es gehört zum eschatologischen Szenarium dieser beiden Religionen, daß mit dem «Ende der Zeiten» und dem Anbruch der «Welt Gottes» die Scheidung zwischen gut und bös und zwischen Guten und Bösen vollständig und unwiderruflich wird.

Es gibt eine ganze Anzahl *neutestamentlicher Texte,* welche diese Endzeit-Vision vertreten. «Und die Schafe wird er zu seiner Rechten stellen, die Böcke aber zur Linken... Dann wird er zu denen zur Linken sagen: Gehet hinweg von mir, ihr Verfluchten, in das ewige Feuer, das mein Vater dem Teufel und seinen Engeln bereitet hat» (Matthäus 25.31–46). Im Koran sind es mehrere Dutzend Stellen, in denen den Bösen ewige Verdammnis und die *Dschehenna,* das ewige Feuer angedroht wird. *«Nein, wer Übles erworben hat und wen seine Sünde umgibt, jene werden des Feuers Gefährten sein und werden ewig darin verweilen» (Sure 2,75).* Das dualistische Bewußtsein ist nicht dadurch schon überwunden, daß die Aussagen über die Hölle und die ewige Verdammnis von den Theologen entmythologisiert werden.

Durch die Jahrhunderte prägte dieser dualistische Grundtenor auch einen Großteil der Märchen. Insofern diese das Denken und Fühlen der Menschen wesentlich mitbeeinflußten, trugen sie auch dazu bei, daß die dualistische Grundeinstellung in Erwachsenen und Kindern fortlebte. Zum «happy end» vieler Märchen gehört nicht nur das immerwährende Glück des Paares, das sich gefunden hat, sondern ebenso die Ausgrenzung und Vernichtung jener Gestalten, welche die «böse Wirklichkeit» darstellen. Das ist z. B. so im *Schneewittchen,* wo sich die böse Stiefmutter in glühenden Schuhen zu Tode tanzen muß: die Hexe in *Hänsel und Gretel* wird im Ofen verbrannt; die ehebrecherische Gattin in den *drei Schlangenblättern* wird in einem löchrigen Faß dem offenen Meer und damit dem Tod überantwortet; und der böse Wolf im *Rotkäppchen* ertrinkt im Brunnen.

Es entspringt wohl weitgehend dem Wunschdenken moderner Märchen-Interpreten, in diesen Symbolgeschichten eine *Integration* des «Bösen» im Dienst der Ganzwerdung der Persönlichkeit zu sehen. Offensichtlich ist das zeitgenössische Bedürfnis nach einer Bewußtseinseinstellung, die das Gute und Böse nicht endgültig auseinanderreißt, so groß, daß eine entsprechende Aussage in die Märchen hineinprojiziert wird. An und für sich liegen die meisten Märchentexte auf einer Linie mit den biblischen und koranischen Vorstellungen, nach denen das Böse und Dunkle bekämpft und vernichtet werden muß. Der Märchenheld kommt meistens dadurch zu seinem Heil und Glück, daß er das Böse besiegt und in einer unumkehrbaren Exkommunikation für alle Zeiten von sich fernhält. Das Böse mag zwar auf dem Weg des Helden seine Funktion haben, indem es von ihm den Einsatz seiner besten Seelenkräfte fordert: Mut, Schlauheit, Treue, Hingabe u. ä. Aber es kommt zu keiner Polarität, in der gut und böse dynamisch aufeinander bezogen sind. Das Dunkel ist im besten Fall die «felix culpa», «die glückliche Schuld», von der in der katholischen Osternacht-Liturgie gesungen wird, daß sie Christus, den Erlöser hervorgebracht habe. Das von der Analytischen Psychologie als *«Schatten»* bezeichnete Böse wird auch in den meisten Märchen und Mythen als eine widergöttliche Welt dargestellt, *von* der Erlösung gesucht wird; es wird *nicht mit* ihr zusammen Erlösung bewirkt. Die Zielvorstellung, die Utopie des Heils besteht in der Hoffnung, einmal zu jener einen Welt zu gehören, in der es nur das Gute und das Licht gibt, weit weg von der Gegenwelt des Bösen und des Dunkels.

Die Ich- und Bewußtseins-Psychologien der Gegenwart sind noch ganz dem traditionellen, monotheistischen Bewußtsein zuzurechnen. Nur die von Freud und Jung initiierten Tiefenpsychologien formulieren ein Selbstverständnis des Menschen, das wenigstens ansatzweise auf dem Fundament einer pluralistischen Bewußtseinsstruktur aufbaut. Freud und Jung haben erkannt, daß die Psyche des Menschen im Wesentlichen einen energetischen Prozeß darstellt, der zwischen zwei Polen schwingt: zwischen dem bewußten ICH und dem UNBEWUSSTEN. Beide Pole haben ihre Autonomie und stellen nur in ihrer Bezogenheit aufeinander eine funktionsfähige psychische Ganzheit dar.

C. G. Jung hat dieses pluralistische Grundverständnis der Psyche erweitert und differenziert. Er erkannte im UNBEWUSSTEN eine Vielfalt relativ autonomer seelischer Energiezentren. Das *Entweder-Oder* wurde abgelöst durch das *Sowohl-als auch*. Nicht die sexuelle Libido *oder* das Machtstreben ist der Urgrund aller seelischen Dynamik und schöpferischen Entfaltung, sondern die libidinösen Triebenergien *und* das Urbedürfnis nach sozialer Akzeptanz. Die gesunde und kreative Seele schwingt zwischen Geist *und* Trieb; sie braucht Stabilität *und* Wandel; menschliche Entfaltung gibt es nur durch Individualität *und* soziale Bezogenheit. Auf eine pluralistische Anthropologie läßt sich das Wort der Bergpredigt nicht mehr anwenden: «Niemand kann zwei Herren dienen; denn er wird entweder den einen hassen und den anderen lieben, oder dem einen anhangen und den anderen verachten. Ihr könnt nicht Gott dienen und dem Mammon» (Matthäus 6,24). Eine pluralistische Einstellung fordert vielmehr, die scheinbar unversöhnlichen Widersprüche und die unauflösbaren Paradoxien auszuhalten und sich nie auf Dauer auf die eine oder andere Seite zu schlagen.

Die Gegensätze selbst stellen den Energiestrom her, der das Leben und die fortschreitende seelische Entwicklung in Gang hält. Gut *und* böse, Kosmos *und* Chaos, Natur *und* Kultur, Geist *und* Materie sind die zusammengehörigen Pole, die nicht nur die Spannung erzeugen, welche vom Menschen als mühsam und schmerzlich erlebt werden, sie bilden auch den offenen Spiel-Raum für die Entfaltung und Wandlung des Lebens.

Für das monotheistische Bewußtsein gilt Spannung als Defekt, und das Ziel ist die spannungsfreie Harmonie. Da diese nie realisierbar ist, erscheint sie als Mythos des paradiesischen Anfangs: und sie wird ersehnt in den Hoffnungen auf einen himmlischen Endzustand. In der Wirklichkeit des Menschen gibt es diese vollständige Harmonie nur in der noch völligen Unbewußtheit des Embryos im Mutterschoß. Im Fortgang des Lebens wird die größtmögliche Harmonie dadurch zu erreichen versucht, daß sich das Individuum mit je *einem* Pol der paradoxen Wirklichkeit identifiziert. Dies kann vorübergehend zu einem eindrücklichen Harmonieerleben führen; auf Dauer führt diese Harmonie aber zur Stagnation und Sterilität.

Dem monotheistischen Denken entspricht das Streben nach Perfektion. Vollkommenheit in diesem Verständnis ist eine Form der Reinheit; sie wird gesucht als Freisein von der inneren Provokation und Auseinandersetzung mit dem als fremdartig erlebten Gegenpol. Alle Regungen und Strebungen sollen mit dem Ich-Ideal oder dem kollektiven Wertkodex in völlige Deckungsgleichheit gebracht werden.

Polare Einstellung unterscheidet sich von der dualistischen dadurch, daß sowohl in der eigenen Psyche wie in der Gesellschaft Gegensätze und Widersprüche nicht als unvermeidbare Übel betrachtet, sondern als Motor der Wirklichkeit bejaht werden. Hell und Dunkel werden nicht geleugnet; die psychische und die kosmische Wirklichkeit bleibt differenziert und unterscheidbar. Sie wird nicht durch Verabsolutierung der Einheit monistisch vergewaltigt; sie wird aber auch nicht durch die Verabsolutierung der Gegensätze dualistisch zerrissen.

5.3.2 Elohim: die eine Gottheit mit den vielen Gesichtern

Das erste Buch der Bibel, die Genesis beginnt mit dem Satz: *«Im Anfang schuf Gott den Himmel und die Erde»*. Mit «Gott» wird das hebräische Wort *«Elohim»* übersetzt. Elohim ist eine Mehrzahlform und könnte darum auch *die Götter* heißen. Aber der Kontext macht deutlich, daß nicht an eine Vielzahl göttlicher Wesen gedacht ist, sondern an einen Gott, der *einer* ist und doch in seiner Einheit und Einzigkeit nicht unserer numerischen *Eins* entspricht. Es trifft wohl die Vorstellung am besten, wenn das *Elohim* der Schöpfungsgeschichte mit *«Gottheit»* übersetzt wird. Das abstraktere Wort *Gottheit* verhindert die Festlegung auf ein allzu konkretes und genau definiertes Gottesbild. Gerade in seiner Unbestimmtheit läßt der abstrakte Begriff Raum für eine Wirklichkeit, die nie exakt definierbar und ebensowenig abgrenzbar und eingrenzbar ist.

Jahwe ist der Gott Israels. Von ihm hat man gewußt (oder wenigstens zu wissen beansprucht), wie er handelt und was er plant; was er verheißt und was er fordert. Jahwe ist der Gott einer konkreten Geschichte, der Gott der Geschichte Israels. Insofern ist Jahwe, ganz anders als Elohim, ein Stammesgott. Erst im Lauf der Geschichte Israels wurde dieser Stammesgott von seinen Propheten zum universalen Gott proklamiert. Die partikuläre Gottes-Erfahrung und Gottes-Vision wurde zum alleinigen Modell gültiger Gottes-Erfahrung und Gottes-Vorstellung gemacht.

Israel war es verboten, sich von Gott ein Bild zu machen. Ursprünglich waren damit konkrete Darstellungen gemeint, wie sie bei den umliegenden Völkern üblich waren in der Form von Statuen, Tiergestalten usw. Trotz dieses Verbots beanspruchte Israel in seiner Spätzeit, daß sein geistiges Gottesbild das einzige war, das der numinosen Wirklichkeit des Daseins irgendwie gerecht zu werden vermochte. Mit dem Bilderverbot in der jüdischen und islamischen Tradition ging auch das Bewußtsein verloren, das alle Gottes-«Erkenntnis», auch die geistigste, immer *nur* ein Bild ist; und daß auch alle «Selbstoffenbarungen» Gottes person- und zeitgebundene Bilder waren, die das Gemeinte immer nur symbolisch andeuten, aber nie wirklich erfassen konnten.

Mit dem Bilderverbot sollte die Gottheit davor bewahrt werden, in die engen Gefäße konkreter Materialisierungen hineingezwängt zu werden; das Unfaßbare sollte nicht anfassbar gemacht werden. Im Nachhinein wurden die theologischen Aussagen in ihrer dogmatischen Starrheit und begrifflichen Präzision zu viel beengenderen und lebloseren Gottes-Bildern, als es Stein und Holz je gewesen waren.

Der Pluralismus der Bibel

Die Bibel der Juden und die Bibel der Christen, das Alte und Neue Testament nach christlichem Sprachgebrauch, stellt die Sammlung einer Vielzahl verschiedenartiger Texte und mit ihnen verschiedenartiger Gottesbilder dar. Sie spiegeln die Erfahrungen und Anschauungen einiger Dutzend Autoren und Redaktoren, die in einem Zeitraum von über 1000 Jahren unter verschiedenen sozialen, kulturellen, ökonomischen und politischen Bedingungen gelebt haben. Ihre Vorstellungen wurden von wechselnden religions- und geistesgeschichtlichen Strömungen beeinflußt; oder sie fühlten sich von ihnen bedroht und suchten sich abzugrenzen.

Selbst die neutestamentlichen Texte sind kein monolithischer Block, obwohl ihre Redaktion in der Spannweite einiger Jahrzehnte erfolgte. Immerhin liegen vier Evangelien vor, die vor ihrer endgültigen Abfassung teils schon eine längere Geschichte mündlicher und schriftlicher Traditionen hinter sich hatten. Ihre Grundintentionen und ihre Gottesbilder divergieren beträchtlich. Noch viel mehr gilt dies von den im Neuen Testament erhaltenen Briefen an die frühen Christengemeinden.

Aus dem monotheistischen Denkansatz heraus ist immer wieder versucht worden, die in der Bibel existierenden «Widersprüche» zu harmonisieren. In der christlichen Theologie hat man zu diesem Zweck die alttestamentlichen Gottesbilder oft als überholt weggestellt, wo sie dem neuen Gottesbild nicht nahtlos einzufügen waren. Aber auch die neu-testamentlichen Texte wurden in der Interpretation harmonisiert. Die weitgehende Homogenisierung hat geschichtlich nicht unwesentlich zur Sterilität und zum Verlust der schöpferischen Potenz der biblischen Aussagen beigetragen. Das Gottesbild des Johannes-Evangeliums ist nicht das des Markus. Und die eschatologischen Vorstellungen des ersten Briefs an die Thessalonicher sind ganz andere als die des Römerbriefs. Vielfalt ist Leben und belebt die schöpferischen Kräfte der Seele.

Im Gegensatz zum Islam hat die jüdische und christliche Tradition den unvergleichlichen Vorteil, daß ihre heiligen Bücher nicht von einem einzigen Verfasser stammen, sondern eine Zeiten und Kulturen überschreitende Vielfalt darstellen. Die Bibel ist in sich selber ein pluralistisches Phänomen, das gerade dann am meisten an Kraft und Kreativität verliert, wenn es dem monotheistisch-monistischen Prinzip geopfert wird. Das farbenprächtige Kaleidoskop biblischer Gottesvorstellungen und moralischer Impulse ist im Lauf der Geschichte immer wieder auf das einheitliche Weiß theologischer Konzeptualisierung reduziert worden.

Das Abrücken vieler Zeitgenossen von einem ein-dimensionalen Denken und ihre Hinwendung zu einer symbolisch-ganzheitlichen Wirklichkeitserfassung ist Ausdruck eines wachsenden pluralistischen Bewußtseins. Auch die Aussagen der religiösen Tradition sind Bilder und Symbole; als solche sind sie nie nur auf einer einzigen Ebene sinnträchtig und ihr Gehalt ist nie ein für allemal festlegbar.

5.3.3 Vom verabsolutierten Stammesgott zum universalen Gottes-Bild

«Seid also vollkommen, wie euer himmlischer Vater vollkommen ist» (Matthäus 5,48); «er läßt seine Sonne aufgehen über Böse und Gute und läßt regnen über Gerechte und Ungerechte» (Matthäus 5,45).

In den Ländern der jüdisch-christlichen Tradition ist in den letzten

Jahrzehnten ein rasch anwachsendes Interesse an den religiösen Traditionen des Ostens feststellbar. Der Buddhismus und der Hinduismus und auf ihnen aufbauende Meditationsformen haben in der westlichen Welt eine immer größere Zahl von Adepten gefunden. Einer der Gründe für diese Hinwendung zu den östlichen Religionen liegt darin, daß sie für die Menschen der jüdisch-christlichen Tradition eine Befreiung von den Einengungen des traditionellen Gottesbildes bringen. In den religiösen Traditionen des Ostens tritt die Gottesvorstellung entweder völlig hinter der Praxis der eigenen Daseins- und Sinnerfahrung zurück; dies kann soweit gehen, daß sogar die Frage nach der Existenz Gottes irrelevant erscheint. Oder die Frage nach der Existenz Gottes wird bewußt vermieden, weil dadurch das Absolute auf eine ungehörige Weise in ich-hafte Bewußtseinskategorien hieingezwängt wird. Diese Einstellung ist vor allem in der buddhistischen Tradition anzutreffen.

Im Hinduismus dagegen sind die Bilder für die Gottheit von einer fast unbegrenzten Vielfalt und Farbigkeit. Hier ist es die *Fülle* der Bilder, durch die ihr Bildcharakter und ihr fragmentarischer Wert, ihre begrenzte Aspekthaftigkeit überall und jederzeit unmittelbar spürbar wird. Die *Bildlosigkeit* buddhistischer Traditionen und die unbegrenzte *Bilderfülle* hinduistischer Traditionen bieten gleicherweise einen offenen Raum an, in welchem die Menschen einer pluralistischen Gesellschaft und Kultur nach ihrer individuellen Wahrheit und ethischen Orientierung suchen können, ohne dauernd mit den Ansprüchen einer religiösen oder moralischen Orthodoxie zusammenzustoßen.

Die religiösen Anschauungen, die moralischen Normen und die politischen Ideologien der jüdischen, christlichen und islamischen Kulturen sind noch immer geprägt von den Denkstrukturen einer einfachen Stammeskultur. Der *eine* Gott Israels und der *eine* Gott Mohammeds waren die unvergleichlichen und einzigartigen Gottheiten eines Volkes bzw. eines Visionärs. Per Deklaration wurde dieser Gott zum universalen Gott, wobei er alle stammesbezogenen Attribute beibehielt. Ein «Stammesfürst» wurde zum «Weltenherrscher». Im Papsttum der katholischen Kirche ist dieser für alle drei großen monotheistischen Religionen typische Vorgang auf der Ebene der Institution bis heute erhalten geblieben.

Der Fundamentalismus ist die Reaktion einer monistischen Bewußtseinsstruktur auf den Pluralismus der Gegenwart. Die traditionell-monotheistische Weltanschauung ist durch die heraufkommende Bewußtseinsveränderung in ihrer Substanz bedroht. Damit gerät auch das jahrtausendealte Fundament individueller und kollektiver Identität ins Wanken.

Gottesbild und Bewußtseinsstruktur sind wechselseitig voneinander abhängig. Nur eine neue Bewußtseinsstruktur läßt ein wirklich *universal*-monotheistisches Gottesbild zu. Und nur ein wirklich universales Gottesbild könnte den Menschen pluralistischer Gesellschaften zum hilfreichen Symbol ihrer Identität werden. Menschen in der pluralistischen Gesellschaft bedürfen einer Identität, die sich nicht auf homogene Einheiten abstützt, sondern deren Einheit innere und äußere Vielfalt umfaßt.

Anmerkungen

1 Das «Romero-Haus» ist ein Bildungs- und Tagungszentrum, das 1986 gegründet wurde und sich vor allem den Menschen der Dritten Welt verpflichtet fühlt. Sein Name ehrt den 1980 ermordeten Erzbischof Oscar A. Romero von El Salvador.

2 1859 erschien Darwins «On the origin of species by means of natural selection», 2 Bde.; dt. erstmals 1893 «Die Entstehung der Arten durch natürliche Zuchtwahl». 1871 erschien «The descent of man and selection in relation to sex», 2 Bde.; dt. erstmals 1893 «Die Abstammung des Menschen und die natürliche Zuchtwahl».

3 Als einer ihrer einflußreichsten Vertreter soll hier namentlich *Hermann Gunkel* (1862–1932) erwähnt werden. Nach ihm ist ein sinnvolles Verständnis der biblischen Bücher nur möglich, wenn die in jedem Text verwendete literarische Gattung (Reden, Predigten, Gebete, Urkunden, Erzählungen, Sprüche, Lieder, Gedichte usw.) in ihrer Eigenart erkannt und in ihrer Besonderheit gewertet wird. Gunkel bemühte sich vor allem um die Überlieferungsgeschichte der Genesiserzählungen, also auch der sogenannten biblischen Schöpfungsgeschichte. Zu seinen Hauptwerken gehören «Schöpfung und Chaos in Urzeit und Endzeit» 1895; «Die Sagen der Genesis» 1901; «Die Urgeschichte und die Patriarchen» 1911.

4 Der von Pius X. 1910 eingeführte Anti-Modernisten-Eid, den alle Kleriker abzulegen hatten, verlangte explizit auch den Glauben an die biblische Schöpfungsgeschichte im wortwörtlichen Sinn. Das hieß unter anderem auch daran, daß Eva aus der Rippe Adams geschaffen wurde.

5 Oswald von Nell-Breuning, zit. nach Rudolf Pacik, *Verrat am katholischen Glauben? Marcel Lefebvre und die Liturgiereform.* In: Niewiadomski (Hrsg.) S. 21f.

6 Das «Sanctum Officium» ist die höchste Kurialbehörde der römischen Kirche. In seinen Aufgaben- und Kompetenzbereich fällt insbesondere der Schutz der katholischen Glaubens- und Sittenlehre.

7 In den 50er Jahren zählte die katholische Kirche laut eigenen Statistiken über 500 Millionen Mitglieder.

8 So der Oberrabbiner Schlomo Goren, zit. nach M. Haussig. In: Colpe/Papenthin S. 88.

9 Aus dem gleichen Grund galt auch die christliche Mystik als häresieverdächtig, und nicht wenige Mystiker und Mystikerinnen wurden von den Vertretern der Orthodoxie verfolgt und zu Tode gebracht. Selbst ein Meister Eckhart entging wiederholt nur knapp der Verurteilung.

10 Frederic Spiegelberg, *Die lebenden Weltreligionen.* Frankfurt a. M. 1977, S. 527.

11 Keel, Othmar (Hrsg.), *Monotheismus im Alten Israel und seiner Umwelt* bietet einen hervorragenden Überblick über den aktuellen Stand der Monotheismus-Forschung.

12 Hornung, Monotheismus im pharaonischen Ägypten. In: Keel, *Monotheismus im Alten Israel und seiner Umwelt,* S. 91.

13 Zit. nach Kerényi, *Die Mythologie der Griechen,* Bd. I, S. 93.

14 Fritz Stolz, Monotheismus in Israel. In: *Monotheismus im Alten Israel und seiner Umwelt,* S. 167/172.

15 Ähnlich war vor dem Fall des Eisernen Vorhangs in den Ländern des Ostblocks für

viele Bürger der sonntägliche Gottesdienstbesuch in erster Linie eine Form des Protests gegen die kommunistischen Machthaber, eine der wenigen Möglichkeiten der Solidarität und eine Demonstration der nationalen Identität gegen die Sowjets.

16 Ein ähnlicher seelischer Vorgang ist z. B. bei den gedemütigten Frauen gewalttätiger Männer zu beobachten. Diese Frauen leiden zwar unsäglich unter den Erniedrigungen, aber gleichzeitig fühlen sie sich diesen moralisch und menschlich unendlich überlegen. Obwohl ihre Existenz durch die unheilvolle Beziehung in mannigfacher Weise zerstört ist, gibt ihnen diese heimliche und meist uneingestandene Überlegenheit so viel an Selbstwertgefühl und an Identifikation mit dem grandiosen Bild der Märtyrerin, daß sie sich nicht aus der verhängnisvollen Situation zu lösen vermögen.

17 Stolz, l.c. S. 181.

18 Dollard, Doob, Miller, Mowrer, Sears, *Frustration und Aggression.* Beltz Verlag, Weinheim und Basel 1970. Engl. Original: Frustration and Aggression, 1939.

19 Erich Fromm, *Anatomie der menschlichen Destruktivität.* Deutsche Verlagsanstalt, Stuttgart 1974. Engl. Original: The Anatomy of Human Destructiveness, 1973.

20 Die 1971 erstmals erschienene Schrift von A. Guggenbühl-Craig, *Macht als Gefahr beim Helfer* hat noch nichts von ihrer Aktualität eingebüßt und ist noch immer einer der hilfreichsten psychologischen Beiträge zur Erhellung der diesbezüglichen Zusammenhänge.

21 Lesenswert ist für diesen Zusammenhang Mario Jacobi, *Psychotherapeuten sind auch Menschen. Übertragung und menschliche Praxis.*

22 Ich verdanke wertvolle Anregungen zu diesem Thema einer unveröffentlichten Seminararbeit von Dr. med. Karl-Heinz Bauer-Rajk, 1990 eingereicht am C. G. Jung-Institut, Küsnacht/Zürich.

23 Im Jahr der 700 Jahr-Feier der Schweiz hat die Frage nach der Identität der Schweiz in unzähligen Variationen die Diskussionen im Vorfeld und die Jubiläumsveranstaltungen selbst dominiert. Auch das offizielle Fest-Theater, das *Mythen-Spiel,* wurde von der Presse als das «Suchen des Schweizers nach seiner Identität» kommentiert.

24 In: *Lexikon für Theologie und Kirche,* Art. Ökumenische Bewegung.

25 Marabel Morgan, *Die totale Frau.* Zürich, 1978. Das Buch erreichte innerhalb weniger Jahre eine Weltauflage von 3 Millionen Exemplaren und machte damit auf einen markanten Trend aufmerksam.

26 Elisabeth Badinter, *Ich bin Du. Die neue Beziehung zwischen Mann und Frau oder die Androgyne Revolution.* Auch das provozierende Buch von Jutta Voss, *Das Schwarz-Mond-Tabu. Die kulturelle Bedeutung des weiblichen Zyklus* ist in diesem Zusammenhang beachtenswert.

27 U. Baumgardt, *König Drosselbart und C. G. Jungs Frauenbild. Kritische Gedanken zu Anima und Animus.*

28 Freuds Definition der Regression ist viel enger und betrifft nur das individuell-reduktive Phänomen.

29 Das Buch erschien erstmals 1961 im Ernst Reinhardt Verlag, München/Basel. Es hat in der Zwischenzeit eine Gesamtauflage von über 100 000 Exemplaren erreicht.

30 In schweizerischen Dialekten wird noch etwas vom schöpferischen Aspekt des Wortes *büßen* ahnbar in Ausdrücken wie: ein «Büetzer« = ein Handwerker; oder eine «Büetz» = eine Arbeit; oder «büetze» = Kleider nähen, vor allem Schadhaftes ausbessern.

31 Michail Gorbatschow, *Perestroika. – Die zweite russische Revolution. Eine neue Politik für Europa und die Welt,* München 1987.

32 Herbert Haag, *Teufelsglaube.* Tübingen 1974.
Giovanni Franzoni, *Der Teufel – mein Bruder. Der Abschied von der ewigen*

Verdammnis. München 1990. Ital. Original: Il Diavolo – mio fratello, 1986. Homilien der Päpste Paul VI. 1972 und Johannes Paul II. 1986.

33 Luc Ciompi, *Außenwelt – Innenwelt. Die Entstehung von Zeit, Raum und psychischen Strukturen.* Göttingen 1988.

34 A. Mitterer, *Dogma und Biologie der Heiligen Familie.* Wien 1952.

35 A. Jaffé, *Der Mythus vom Sinn im Werk von C. G. Jung.* Freiburg 1978.

36 Über den Dialog in der pluralistischen Gesellschaft. In: *Schriften zur Theologie.* Bd. VI. S. 46–58. Zürich 1965.
Karl Rahner hat die theologische Entwicklung vor dem 2. Vatikanischen Konzil wie die theologischen Arbeiten des Konzils selbst entscheidend beeinflußt.

37 Es ist hier nicht von Belang, ob diese Anweisung auf Paulus selbst zurückgeht oder nicht.

38 Hans Küng, *Wahrhaftigkeit.* Freiburg 1968.

39 In der *«Bergpredigt»* wurden durch frühchristliche Redaktionsarbeit Worte Jesu zusammengruppiert, von denen mit Sicherheit angenommen werden kann, daß sie ursprünglich bei verschiedenen Gelegenheiten gesagt wurden.

40 Gerhard Lohfink, *Wem gilt die Bergpredigt?* Freiburg 1988.

Literatur

Badinter, Elisabeth: *Ich bin Du. Die neue Beziehung zwischen Mann und Frau oder die androgyne Revolution.* Piper, München/Zürich 1986.

Battke, Marion: *Das Böse bei Sigmund Freud und C. G. Jung.* Patmos, Düsseldorf 1978.

Bauer-Rajk, Karl-Heinz: *Laiós und sein Sohn.* Unveröffentlichte Seminararbeit am C. G. Jung-Institut Küsnacht/Zürich 1990.

Baumgardt, Ursula: *König Drosselbart und C. G. Jungs Frauenbild.* Kritische Gedanken zu Anima und Animus. Walter, Olten 1987.

Brunner-Traut, Emma: *Die fünf großen Weltreligionen.* Herder, Freiburg i. Br. 1974.

Campbell, Joseph: *Der Heros in tausend Gestalten.* Suhrkamp, Frankfurt am Main 1953.

Ciompi, Luc: *Außenwelt – Innenwelt. Die Entstehung von Zeit, Raum und psychischen Strukturen.* Vandenhoeck und Ruprecht, Göttingen 1988.

Colpe, Carsten / Papenthin, Heike (Hrsg.): *Religiöser Fundamentalismus – unverzichtbare Glaubensbasis oder ideologischer Strukturfehler?* Alektor, Berlin 1989.

Dollard, J. u. a.: *Aggression und Frustration.* Beltz, Weinheim 1970.

Fetscher, Irving: *Toleranz.* Von der Unentbehrlichkeit einer kleinen Tugend für die Demokratie. Radius, Stuttgart 1990.

Franzoni, Giovanni: *Der Teufel – mein Bruder. Der Abschied von der eigenen Verdammnis.* Kösel, München 1990.

Frieling, Reinhard (Hrsg.): *Die Kirche und ihre Konservativen.* Vandenhoeck und Ruprecht, Göttingen 1984.

Fröhlich, Cornelia: *Gott, Chaos und Gesetz. Die Wandlung des Gottesverständnisses im Jeremiabuch.* Lizentiatsarbeit an der Theologischen Fakultät der Universität Zürich 1986.

Fromm, Erich: *Anatomie der menschlichen Destruktivität.* Deutsche Verlagsanstalt, Stuttgart 1974.

Gorbatschow, Michail: *Perestroika – Die zweite russische Revolution.* Campus, München 1987.

Grabner-Haider, Anton/Weinberger, Otto/Winke, Kurt (Hrsg.): *Fanatismus und Massenwahn.* Leykam, Graz 1987.

Guggenbühl-Craig, Adolf: *Macht als Gefahr beim Helfen.* Karger, Basel 1977.

Haag, Herbert: *Teufelsglaube.* Katzmann, Tübingen 1974.

Hurwitz, Sigmund: *Lilith, die erste Eva.* Daimon, Zürich 1980.

Jacoby, Mario: *Psychotherapeuten sind auch Menschen.* Walter, Olten 1987.

Jäggi, Christian J./Krieger, David J.: *Fundamentalismus. Ein Phänomen der Gegenwart.* Orell-Füssli, Zürich 1991.

Jaffé, Aniela: *Der Mythos vom Sinn im Werk von C. G. Jung.* Walter, Olten 1978.

Jeanson, Francis: *La foi d'un incroyant.* Editions du Seuil, Paris 1963.

Jung, C. G.: *Antwort auf Hiob.* Gesammelte Werke Band 11. Walter, Olten 1971.

Jung, C. G.: *Symbole der Wandlung.* Gesammelte Werke Band 5. Walter, Olten 1973.

Keel, Othmar (Hrsg.): *Monotheismus im alten Israel und seiner Umwelt.* Schweizerisches Katholisches Bibelwerk, Fribourg 1980.

Kerényi, Karl: *Die Mythologie der alten Griechen.* 2 Bde., Deutscher Taschenbuchverlag, München 1966.
Khoury, Adel Th.: *Der Islam, sein Glaube – seine Lebensordnung – sein Anspruch.* Herder, Freiburg i. Br. 1988.
Kochanek, Hermann (Hrsg.): *Die verdrängte Freiheit. Fundamentalismus in den Kirchen.* Herder, Freiburg i. Br. 1991.
Küng, Hans (Hrsg.): *Christentum und Weltreligionen.* Piper, München 1984.
Küng, Hans: *Wahrhaftigkeit.* Zur Zukunft der Kirche. Herder, Freiburg i. Br. 1968.
Lohfink, Gerhard: *Wem gilt die Bergpredigt?* Herder, Freiburg i. Br. 1988.
Meyer, Thomas: *Fundamentalismus. Aufstand gegen die Moderne.* Rowohlt, Reinbek bei Hamburg 1989.
Meyer, Thomas (Hrsg.): *Fundamentalismus in der modernen Welt. Die Internationale der Unvernunft.* Suhrkamp, Frankfurt am Main 1989.
Mitterer, A.: *Dogma und Biologie der Heiligen Familie.* Wien 1952.
Niewiadomski, Josef (Hrsg.): *Eindeutige Antworten? Fundamentalistische Versuchung in Religion und Gesellschaft.* Österreichischer Kulturverlag, Thaur 1988.
Odermatt, Martin: *Individuation und Institution.* Vortrag zum C. G. Jung-Gedenktag. Broschüre Zürich 1982.
Rahner, Karl: *Schriften zur Theologie,* Band 6. Benziger, Einsiedeln 1967.
Riemann, Fritz: *Grundformen der Angst.* Ernst Reinhardt, München/Basel 1961.
Spiegelberg, Frederic: *Die lebenden Weltreligionen.* Insel, Frankfurt am Main 1977.
Tibi, Bassam: *Der Islam und das Problem der kulturellen Bewältigung sozialen Wandels.* Suhrkamp, Frankfurt am Main 1985.
Toleranz heute, 250 Jahre nach Mendelssohn und Lessing. Veröffentlichung aus dem Institut Kirche und Judentum. Berlin 1979.
Vogelsang, Ethel W.: *To redeem the Daimonic. An Attempt at a psychological Interpretation of the Lilith Image in Feminin Psychology.* Unveröffentlichte Thesisarbeit am C. G. Jung-Institut Küsnacht/Zürich, 1981.
Voss, Jutta: *Das Schwarzmond-Tabu.* Kreuz, Stuttgart 1988.
Zahrnt, Heinz: *Jesus aus Nazareth.* Ein Leben. Piper, München 1987.